JN095889

文部科学省後援

秘書検定

2級 集中講義

改訂新版

早稲田教育出版

まえがき

秘書検定は，「会社（職場）常識」を学ぶにはこれ以外にはないくらいのうってつけの教材になります。ですから，学生さんの就職対策としての勉強や資格取得には，鬼に鉄棒（かなぼう）的な役割を果たしてくれます。

また，既に社会人になっている人にとっては，会社の中での「身の処し方についての在り方」が学べますから，会社の中で自信を持って仕事をすることができます。

本書の３級で，秘書の仕事（秘書技能）を知れば，会社常識と社会性が身に付けられると述べました。これを詳述すると，３級では基礎知識が学べ，２級では応用問題で，基礎を越えた会社での仕事の仕方，上司や来客への接し方が学べるということです。

＊

働く人なら誰にも言えることですが，特に就職を控えた学生さんにとって２級合格を目指すことは大切なことです。就職すればそこは職場社会です。感じのいい来客応対はどうあるべきか，敬語の使い分けはどのようにするのかなどが，職場常識の宝庫である秘書検定を通して分かるようになるからです。

＊

受験者の中には，３級は易しいから２級から受験するという人がいます。会社常識を基礎知識として持っている人が３級は易しいというのであれば，それはそれでよいわけですが，基礎がなくて応用ができるというのは，勘とか見当による判断が当たったという場合が往々にしてありますから，ご自分を振り返って勉強の仕方に注意してください。

応用とは，基本を実際に使うことをいいます。職場社会の実際はほとんどが応用の世界です。ということで，秘書検定を受験されるなら，２級までは必須と考えてください。既に職場社会の経験をお持ちの方は２級からの受験もありますが，その場合は，準１級とその上を目標にしてください。あなたの人柄を変えてくれること請け合いです。

学習の努力が実り，秘書検定の２級に合格し，自信を持って活躍されることを期待しています。

公益財団法人 実務技能検定協会　秘書検定部

この本の使い方

秘書の仕事は領域が広いため学ぶべき事柄も広範囲にわたりますが，本書では審査基準に設けられた範囲を確実にカバーし，内容もレベルも，級位に沿って編集しています。

２級では，中級秘書としての知識と，その業務を行うのに必要とされる技能に関して出題されます。「一般的な仕事を率先して実行する」能力と「状況に応じて適切に判断して実践する」能力が要求されます。試験の出題範囲は，以下の理論領域と実技領域になります。詳細は，後述の「秘書技能審査基準　２級」を参照してください。

理論領域　Ⅰ 必要とされる資質，Ⅱ 職務知識，Ⅲ 一般知識

実技領域　Ⅳ マナー・接遇，Ⅴ 技能

集中講義シリーズの特長――自分一人でも学習できる

本書は，次のような点に配慮して編集されています。

- ◆本文での解説はできるだけ平易な言葉を用いている。
- ◆難しい漢字には振り仮名を付けている。
- ◆難しい用語には「＊」マークを付け，そのページの下段に解説欄（「ワードCheck！」）を設けている。
- ◆秘書技能検定の試験範囲を十分にカバーし，個々の項目を詳しく解説しているので，独学でも無理なく学習を進めることができる。
- ◆学校で秘書の勉強をしている人にとっても，講義から得たものを補強する最適な参考書となるよう編集している。

本書の学習の仕方――より効率的な学習をするために

次のような利用の仕方をすると，一層効果的に学習できます。

- ◆「CASE　STUDY」では最適な対処法を自分で考えてみる。提示された状況説明を読んだ後，すぐに解答・解説（「対処例」や「スタディ」）を読むのではなく，イラストをじっくり見ながら考え，まず自分なりの解答を出すようにする。その後，自分の答えと照らし合わせて解答・解説を読むと視覚効果も相まって記憶に残りやすくなる。
- ◆各 Lesson の本文説明で重要な部分は箇条書きにしてあるので，注意して読むことが大切。ここからの出題が少なくない。また，自分で留意したいと思う箇所にマーカーを引くなどしておくと，読み返すときに，ポイントを絞った効率的な学習ができる。

◆言葉は知っていても意味を曖昧につかんでいることが多い。「＊」マークの用語があれば，「ワードCheck！」で確認するほか，自分で不確かな用語は印を付けて調べるようにする。また，関連用語を列挙した箇所には用語の前に□マークが付いているので，理解したらそこにチェック印を入れておくとよい。

◆ Lessonの本文を読み終えたら，「SELF　STUDY」の「POINT 出題 CHECK」と「CHALLENGE 実問題」で過去問題を研究する。

①「POINT 出題 CHECK」でどのような問題が出るかを把握する。

◎必要に応じて誤答を導くような選択肢の文言例を出して解説（「●次のような間違えやすい問題に注意しよう!!」）しているので要チェック。そうした文言で多くの人が誤答しているので注意したい。

◎ここでの過去問題は，「テーマ」や「ケース」別に分類し，全出題範囲をカバーしている。また，選択肢は理解しやすいように重要なものに絞って掲載しているので，問題の傾向がつかみやすくなっている。

◎ここでの過去問題には既に「○」，「×」が付けられているが，これは何度も目を通すときに，すぐに「○」，「×」を確認して記憶に残すためである。従って，最初は各選択肢がなぜ「×」，あるいは「○」なのかを考えてみることが重要。その後，解説を読んでその理由を理解するようにしたい。実力試しに解答を隠して，自分で選択肢に「○」，「×」を付けてみるのもよいが，不明な点があれば，該当する本文解説を読み直すことが大切である。

◎ここでの記述問題はよく出題されるものに絞ってあるので，実際に自分のノートなどに解答を書いてみるとよい。

②「CHALLENGE 実問題 」では学習した効果を検証する。

◎難易度の★マークは★の数が多い程，難しい問題です。

◆巻末には模擬試験問題が掲載されているので，全学習が終了したら挑戦して実力を確認してみる。忘れていたところや弱点部分を自分でチェックして，再度本文部分を重点的に学習し直すとよい。

◆目 次◆

受験ガイド

◆1．秘書検定の受け方

1．秘書検定の範囲

試験は「理論領域」と「実技領域」に分けられます。理論領域には「Ⅰ必要とされる資質」「Ⅱ職務知識」「Ⅲ一般知識」が，実技領域には「Ⅳマナー・接遇」「Ⅴ技能」が含まれています。

2．合格基準

理論領域・実技領域とも，それぞれの得点60%以上の場合に合格となります。どちらか一方が60%未満のときは不合格となります。

3．試験方法

2級は筆記試験だけです。問題の約90%がマークシート方式で，五つの選択肢から一つだけ選ぶ択一問題になっています。残りは記述式で，試験時間は120分です。

4．受験資格

学歴・年齢その他の制限は一切なく，誰でも受験することができます。

5．試験実施日

原則として，毎年2月，6月，11月に実施されます。

6．申込受付期間

試験日のほぼ2カ月前から1カ月前までが受付期間となります。検定協会所定の「受験願書」に付いている「秘書検定案内」で確認してください。

7. 受験申込方法

(1) 個人申込の場合

以下の2種類の申込方法があります。

①インターネットで申し込む

パソコン，タブレット，スマートフォンで以下のアドレスにアクセスし，コンビニエンスストアまたはクレジットカードで受験料を支払う。

URL　https://jitsumu-kentei.jp/

②郵送で申し込む

現金書留で，願書と受験料を検定協会へ郵送する。

（願書は検定協会より取り寄せる）

(2) 団体申込の場合

学校などを単位としてまとめて申し込みをする場合は，検定協会所定の「団体申込用受験願書」が必要です。「受験願書」に必要事項を記入し，受験料を添えて必ず学校等の担当者に申し込んでください。

8. その他

試験会場，受験料，合否通知，合格証の発行等，また全国のテストセンターで実施のコンピューターを使用して秘書検定（2級・3級）を受験するCBT試験については秘書検定のホームページをご覧ください。不明の点があれば，下記へお問い合わせください。

公益財団法人 実務技能検定協会　秘書技能検定部
〒169-0075　東京都新宿区高田馬場一丁目4番15号
電話 03(3200)6675　FAX03(3204)6758

◆2．マークシート方式の答え方

1．マークシート方式とは

マークシート方式とは，問題に対する解答を幾つかある選択肢の中から選び，その番号を解答用紙にマークする方式のことです。「秘書検定」の場合は，「適当と思われるもの」，または「不適当と思われるもの」を五つの選択肢の中から一つだけ選ぶ方式です。解答用紙は，コンピューターでマークされた番号の正誤を光学的に読み取って採点していきます。従って，マークするときは枠からはみ出さないように正確に塗りつぶさなければなりません。

2．HB の黒鉛筆と高性能の消しゴムを持っていく

解答用紙にマークする鉛筆は，「HB の黒鉛筆」に限定されているので指定以外の鉛筆は使用しないように注意します。間違って塗りつぶした箇所を消す場合はきれいに消し去ることが大切です。高性能の「消しゴム」を用意しましょう。

3．順番ずれがないように注意する

採点するのは機械なので，人間が採点するような融通性は全くありません。解答を 1 問ずつずらしてマークするようなミスをしないように注意します。

4．易しい問題から処理していく

試験時間は 120 分で，設問は 35 問（内記述式問題 4 問）なので，1 問当たり約 3 分強となりますが，記述式問題もあるので，選択肢の問題は 3 分とみておけばよいでしょう。問題を読んで解答に迷ったら，迷った選択肢に印を付けておき，易しい問題から先に処理してしまうようにします。

5．最後の 3 分間は見直す時間にする

マーク漏れがないかどうか，最後の 3 分間は最終チェックの時間にします。マークしなければ確実に失点しますが，迷った選択肢もどれかにマークすれば得点の可能性があります。マーク漏れがないようにしましょう。

6．解答用紙は折ったり汚したりしない

解答用紙を折ったり汚したりすると，コンピューターが誤認してしまうことがあるので注意します。消しゴムのくずが解答用紙に付かないように手できれいに払いのけておくようにします。

◆3．解答の仕方の留意点

３級，２級の検定試験では，マークシート方式が約 90%，記述式が 10%になっています。具体的には，「必要とされる資質」，「職務知識」から各５問，「一般知識」から３問，「マナー・接遇」から 10 問，「技能」から８問の計 31 問がマークシート方式となっています。記述式は，「マナー・接遇」から２問，「技能」から２問の計４問です。従って，３級，２級では五つの選択肢から一つの正解を選ぶマークシート方式をいかに制するかが合否の鍵となります。

1．マークシート方式の攻略法

マークシート方式は，必ず五つの選択肢の中に正解が一つあるということですが，逆に言えば，正解は一つしかないということです。このことを頭に置いて以下のことに留意します。

(1) 選択肢を読み，ある項目が正答であると確信した場合。

残りの四つの選択肢を再度検討し，適当なものに「○」，不適当なものに「×」を付けていきます。設問が「適当と思われるものを一つ選びなさい」であれば，残りが全て「×」になるはずです。設問が「不適当と思われるものを一つ選びなさい」であれば，残りは全て「○」になるはずです。そうなれば，選んだ選択肢は正答だということになります。

もし，設問が「不適当と思われるものを一つ選びなさい」で「○」とはならない選択肢が残った場合は，最初に選んだ選択肢は必ずしも正答とはいえなくなります。その場合は，もう一度設問をよく読み，どちらかをふるい落とすヒントを捜します。その他，後述する「選択肢の落とし穴」に引っかかっていないか検証します。

(2) 選択肢を読み，これだという項目がない場合。

問題を読み直し，選択肢を消去法で消していって正答を導きます。これは，知らない用語などが選択肢に出てきた場合に有効です。例えば，用語と訳語の組み合わせで不適当なものを選ぶケースをみてみましょう。

1）ビジター　＝　協力者
2）サポーター　＝　支援者
3）リポーター　＝　報告者
4）マネジャー　＝　管理者
5）アドバイザー　＝　助言者

まず用語と訳語が合っていると思えるものから「○」を付けていきます。例えば，2）サポーターは，「サッカーのサポーター」などから「○」だと推測がつきます。また，3）リポーターは「テレビ番組のリポーター」などから，4）マネジャーは「芸能人のマネジャー」などから，そして 5）アドバイザーは「アドバイスをする」という言葉などから「○」だと推測できます。そうすると，残った1）ビジターが「×」だと推定できます。

このように，確実でなくても見当が付くものから消していくと，選択肢が少なくなるので正答を導きやすくなります。

2．選択肢の落とし穴に注意する

多くはそのことに対して知識があるかどうかを素直に問う問題ですが，中には正答に思えるような表現を用いて受験者を迷わせる問題もあります。受験者が早合点したり，うっかり見過ごしたりすることで不正解に導くことが真の目的ではなく，そのような設問で「早合点したり，勝手な解釈をしたり，見過ごしてしまうこと」がないかどうか，「必要とされる資質」を問うているといえます。特に以下のような問題に注意しましょう。

(1) 一般的には評価されることも，「不適当」とされるものがある。

例えば，秘書にふさわしい人柄や性格に関する問題で，「何事も人に頼らず，最後まで一人でやり抜く性格」という選択肢があった場合，このような人物は通常はよい評価を得るので「○」にしたいところですが，「秘書としての人物像」としては不適当の「×」になります。それは，協調性やチームワークを求められる秘書の仕事には向かない性格だからです。「人の意見に左右されず，どのようなときにも自分の信念は曲げない人」なども同様ですが，「秘書とはどのような仕事をし，それにふさわしい性格や人物像とはどのようなものか」を理解していれば，このタイプの問題には引っかからないはずです。

(2)「適当」の文章の後半に「不適当」を忍ばせている選択肢がある。

文章の前半で授業や本で学んだことを述べて，後半にさりげなく不適当な言葉を忍ばせている選択肢もあります。例えば，「開封した郵便物は急ぎのもの，重要なものを上にして渡し，速達や書留は開封しないで渡している」という項目は，一見正しいようですが，「速達」は私信以外は開封して渡すことになっているので不適当になります。このように，思わぬところに落とし穴が隠されているので，途中まで読んで早合点しないように，くれぐれも注意しましょう。

(3) 程度によって「適当」になったり，「不適当」になったりする。

例えば，上司を理解するというテーマで出題される場合，「上司を知る」ということが程度の問題で適当になったり，不適当になったりします。「上司をよく補佐するために，上司の基本的なことは知っておくようにしている」は適当ですが「上司をよく補佐するために，上司のことは詳細に知るように心がけている」は不適当になります。つまり，「上司の基本的な情報を知るのはよい」が，「詳細に知ろうとするのは上司のプライバシーに深く立ち入ることになってよくない」というわけです。

また，「上司が書いた原稿の清書をする」ケースでは，「原稿に誤字があったときは，上司に確認してから直している」も，「原稿に明らかな誤字があったときは，いちいち上司に確認しないで直している」も同じように適当になります。原理原則を言えば，誤字があった場合は勝手に直さずに上司に確認するのが正解です。しかし，「陽春の侯」と書いてあれば，「侯」を「候」に直したり，「斎藤」を「斉藤」と誤記していたので訂正したなどの場合は，上司に確認したり報告したりするほどのことではないので，「……いちいち上司に確認しないで直している」は適当になるのです。逆に，そうしたことを「報告して確認する」のは不適当になります。それは，誤字だと分かっていることをわざわざ報告するのは，上司を煩（わずら）わせることになるからです。

これらの「程度」をどこで判断するかというと，「上司を知る」では「基本的なこと」と「詳細に」であり，「原稿の清書」では「『明らかな』誤字」です。こうした言葉も見落とさないで考える習慣をつけるようにしましょう。

(4) 不適当な選択肢が二つあった場合は最も不適当なものを選ぶ。

受験生がよく迷うのは，不適当なものを選ぶとき選択肢に二つ不適当と思われるものがある場合です。例えば，次のような問題です。

> 秘書Ａがいつもの時刻に出社すると，上司は既に出社していて忙しそうに調べものをしていた。このような場合，Ａは上司にどのように対応すればよいか。次の中から不適当と思われるものを一つ選びなさい。

当然，選択肢は五つあるのですが，ここでは問題をはっきりするために二つで考えてみます。

①あいさつしながら上司のところへ行き，いつも一番で行っている日程の確認はいつするかと尋ねる。

②邪魔になるといけないので，何も言わず，静かにお茶だけを机の上に置いてくる。

上司は忙しそうにしているのだから本来は，「すぐにお茶を持って行き，あいさつをして，何か手伝えることはないかと尋ねる」のがよい対応と考えられます。

①は，上司が忙しくしているのに，手伝おうかと気遣いの言葉もかけずに自分の仕事の日程の確認をするなど，あまりよい態度とはいえません。

②では，上司の邪魔をしないようにと配慮してお茶だけを置いているわけですが，「何も言わず」ということは「あいさつもしない」ということになります。①も不適当ですが，上司にあいさつをしなかったということで，②はもっと不適当ということになり，この場合の正答は②になります。

このように不適当なものを選ぶ場合に，迷う選択肢があれば最も不適当なものを選びます。

また，「適当なものを選ぶ」場合も同様です。例えば，「来客のお茶を下げるときに手を滑らせて茶わんを倒した」という設定で，謝り方として適当なものを選ぶ場合に，①「失礼いたしました」，②「申し訳ございませんでした」の選択肢があれば，より適切なものを選ぶようにします。①も不適当ではありませんが，謝り方としては②の方がより丁寧な言葉になるのでこちらが正答になります。

3．イージーミスをしない

よく読めば分かったのにと，後で悔やむような単純ミスをしないように気を付けます。

(1)「適当と思われるものを一つ選びなさい」と「不適当と思われるものを一つ選びなさい」に注意する。

設問は「適当と思われるものを一つ選びなさい」と「不適当と思われるものを一つ選びなさい」の二つですが，不適当なものを選択する問題が続いたときに「適当と思われるものを一つ選びなさい」の設問が出てきても，「不適当」に慣れてしまっているので，無意識にそちらを選んでしまうというミスを犯しがちです。しかもその場合は当然不適当な選択肢が四つもあるので，すぐに「目当てのもの」が見つかり，後の選択肢を見ないでマークしてしまうのです。こうしたミスは結構多いので，十分な注意が必要です。

(2) 問題をよく読み，キーワードを見落とさない。

設問には「会議が始まる直前」とか「退社時刻が過ぎたので」などの状況設定や，先述した「詳細に」とか「明らかな」などのちょっとした言葉が書かれており，それらが正解を得るための鍵になることが多いものです。従って，問題文をよく読み，キーワードを見落とさないようにしなければなりません。

例えば，「会議が始まる直前」と設定されている場合，「F氏に取り次ぐように電話があったので，席に着いていたF氏に小声で取り次いだ」という選択肢は適当でしょうか，それとも不適当でしょうか。「会議中」であれば，小声でも口頭ではなくメモで取り次がなくてはなりませんが，「会議前」であれば口頭で取り次いでも何ら問題ないことになります。

このように，会議中と会議直前とでは正解が異なるので，問題をよく読み，正誤を左右する言葉をうっかり見落とさないように注意することが大切です。

4．最後の見直しは記入漏れのチェックのみ

問題は３分を目安に解けば十分ですが，平易な問題はできれば２分程度で解くようにし，非常に迷う問題以外はその場で確定していきます。問題用紙に書いておいて，後でまとめてマークしようなどと考えてはいけません。マークシートへの転記ミスの原因になります。解いた問題は見直さないことを前提にして１問ずつ確定していきます。最後の見直しは，記入漏れがないかどうかの確認だけにしましょう。

5．記述式問題への対応

記述式問題は「マナー・接遇」と「技能」から各２問ずつ出題されますが，特に次の点に留意します。

(1) 誤字に注意し，用語を正しく使う。

漢字の間違いや送り仮名の付け方に注意します。

(2) 簡潔で分かりやすい文章を書く。

できるだけ簡潔に，誰が読んでも分かるように書きます。

(3) 丁寧に読みやすく書く。

文字は丁寧に，きれいに書くようにします。読みやすさが重視されるので，殴(なぐ)り書きや崩(くず)し書きは厳禁(げんきん)です。また，返信はがきの問題で，「御出席」や，「御（出席）」，「御芳（名）」，「行」などを消す場合は，「~~御出席~~」のように２本線できれいに消すようにします。

(4) 記入漏れに注意する。

グラフの記述では，「タイトル」や「調査時点の日付」など，書き込むべき要素に漏れはないか，問題文にあるデータとよく照合します。

(5) 時間配分に注意する。

記述式の問題で一番時間を要するのは，グラフの作成です。事前に作成してみて，実際にどれくらいかかるのか，所要時間を計っておくことが大切です。

(6) 定規などの用意について。

グラフ作成の問題では，「定規を使わずに書いてよい」と記してあります。問題が，グラフの書き方が分かっていればよいからですが，定規を使った方が書きやすければ，定規を使っても構いません。

秘書技能審査基準
● 2級 ●

程　度	領　域		内　容
秘書的業務について理解ができ，一般的な秘書的業務を行うのに必要な知識，技能を持っている。	**Ⅰ必要とされる資質**	（1）秘書的な仕事を行うについて備えるべき要件	①一般的に秘書的業務を処理する能力がある ②判断力，記憶力，表現力，行動力がある。 ③機密を守れる，機転が利くなどの資質を備えている。
		（2）要求される人柄	①身だしなみを心得，良識がある。 ②誠実，明朗，素直などの資質を備えている。
	Ⅱ職務知識	（1）秘書的な仕事の機能	①秘書的な仕事の機能を知っている。 ②上司の機能と秘書的な仕事の機能の関連を知っている。
	Ⅲ一般知識	（1）社会常識	①社会常識を備え，時事問題について知識がある。
		（2）経営管理に関する知識	①経営管理に関する初歩的な知識がある。
	Ⅳマナー・接遇	（1）人間関係	①人間関係について一般的な知識がある。
		（2）マナー	①ビジネスマナー，一般的なマナーを心得ている。
		（3）話し方，接遇	①一般的な敬語，接遇用語が使える。 ②短い報告，説明，簡単な説得ができる。 ③真意を捉える聞き方が一般的にできる。 ④忠告が受けられ，注意ができる。
		（4）交際の業務	①慶事，弔事に伴う庶務，情報収集とその処理ができる。 ②贈答のマナーを一般的に知っている。 ③上司加入の諸会の事務を扱うことができる。

程　度	領　　域		内　　容
	V技　　能	(1) 会議	①会議に関する知識，および進行，手順についての知識がある。 ②会議の計画，準備，事後処理ができる。
		(2) 文書の作成	①文例を見て，社内外の文書が作成できる。 ②会議の簡単な議事録が作成できる。 ③折れ線，棒，簡単な円などのグラフを書くことができる。
		(3) 文書の取り扱い	①送付方法，受発信事務について知識がある。 ②秘扱い文書の取り扱いについて知識がある。
		(4) ファイリング	①一般的なファイルの作成，整理，保管ができる。
		(5) 資料管理	①名刺，業務上必要な資料類の整理，保管が一般的にできる。 ②要求された社内外の情報収集，整理，保管が一般的にできる。
		(6) スケジュール管理	①上司のスケジュール管理が一般的にできる。
		(7) 環境，事務用品の整備	①オフィスの整備，管理，および事務用品の整備，管理が一般的にできる。

第1章

必要とされる資質

スタディガイド
領域：理論編
領域：実技編
テスト

SECTION 1

秘書の心構え

Lesson 1 職業人としての自覚と心得

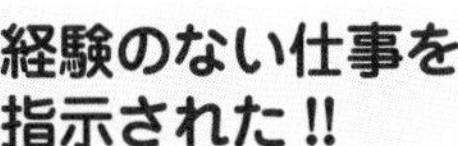

▶秘書Aは上司から，販売企画書の作成を指示されました。上司は今までこの企画書の作成を先輩C以外に指示したことはなく，Aには未経験の仕事です。このような場合，Aは上司にどのように対応すればよいのでしょうか。

対処例 ○△×?…

自分には経験がないので，指示であれば先輩に聞きながら作成することになるが，それでよいかと確認すればよいでしょう。

スタディ !!

上司が作成の指示をしたのは，Aの独自性を期待してのことかもしれません。いずれにしても，Aは経験のないことをやるので，経験者に教えてもらう必要があります。上司にそのことを了承してもらって，前向きに引き受けるのが適切な対応ということになります。

職業人としての自己管理の基本

職業人として重要なのが自己管理です。自己管理ができていないと，朝起きられずに遅刻したり，体調を崩（くず）して休むようなことになり，自分の職責を果たすことができなくなってしまいます。どんなに仕事ができる優秀な人も，休みや遅刻が多ければ，関係者に迷惑をかけて信用をなくし，ついには仕事を任せられないダメ人間というレッテルを貼られて誰からも相手にされなくなってしまいます。

自己管理の中でも，「健康管理」「時間管理」「金銭管理」「感情のコントロール」の四つは基本となるものなので，特に留意しておかなければなりません。

●健康管理

急に会社を休んだりすると，上司や同僚たちに多大な迷惑をかけてしまいます。暴飲暴食や夜更かしなどで体調や生活のリズムを崩（くず）すことがないように気を付けなければなりません。また，ストレス＊1）がたまると精神的，肉体的なダメージを受けて病気になりやすいので，スポーツやエクササイズなど，自分に合った発散方法を見つけて，ストレス解消を図るように心がけましょう。

健康管理の基本は，規則正しい生活です。栄養を考えた三度の食事，適度な運動，十分な睡眠を心がけ，職場では常に明るく，快活に仕事ができるようにしておかなければなりません。疲れた顔や眠そうな顔で仕事をしていると，周囲の人も不愉快になります。特に秘書は，来客接遇（せつぐう）＊2）など多くの外部の人と接することになるので注意が必要です。どんなに接遇技術が優れていても，接遇に笑顔や快活さが失われていたら，来客が満足するようなサービスは提供できないということを心得ておきましょう。

●時間管理

時間管理で重要なのは，①時間を守ること，②時間を有効に活用すること，③時間当たりの作業効率を上げることです。

約束した時間を守ることは，職業人にとって鉄則です。約束した時間に遅れることは，約束した相手の時間を無駄にすることです。

使用料金や社員の給料など，時間が一つの基準になって計算されるように，ビジネスの世界では「時は金なり」で，時間は金銭に換算されます。つまり，10分遅れることは，相手の10分に相当する金額の損をさせたことになります。もし，30分遅刻して20人の社内会議の開催を遅らせたら，10時間分の損失を会社に与えることになります。それは社員一人の1日分以上の損失です。ビジネスでなぜ「時間厳守が鉄則」だと言われるかよく分かるでしょう。

次に，時間の有効活用ですが，ビジネスの世界では時間は均等に使われません。多忙なときもあればそれほどでもないとき，かなり暇なときなど，状況によって仕事時間に差が出てきます。秘書の仕事でいえば，来客が多いときは多忙ですが，上司が出張中は比較的暇になります。まとまって空いた時間や断続的に空いた時間を利用して，それぞれの時間に見合った仕事をすれば，時間は有効に活用されます。いかに工夫して時間を有効活用するか……その人の時間管理の技量が問われるところです。

＊1）ストレス＝外部からの刺激に対する防衛反応として示す，肉体的・精神的な不具合のこと。
＊2）接遇＝相手に満足を提供する行動。単なる接待・応接ではなく，よい人間関係を築くために最良のサービスを提供し，相手に最大の満足を得てもらうこと。

最後に，時間当たりの作業効率を上げることですが，例えばパソコンの文書作成で1時間に10枚作成できるAと，20枚作成できるBとでは時間当たりの作業効率が違います。Bの半分しか仕事をこなせなかったAは，入力作業や編集作業などのパソコン業務に習熟＊1）し，作業効率を上げるよう努力しなければなりません。仕事をするときは，常に時間当たりの作業効率を考え，手際よくスピーディーに仕事を処理するように心がけることが大切です。

●金銭管理

社会人としては，給料（収入）に見合った生活費（支出）と貯蓄をバランスよく配分する金銭感覚が求められます。きちんと金銭管理をし，浪費をしないように心がけます。

職業人としては，職場における金銭の取り扱いに注意し，自分の金銭を扱う以上に厳重に管理する必要があります。秘書は，上司の経理事務を行うほか私的な事務処理などで現金や小切手＊2）を預かったりするので，紛失したりしないように細心の注意を払わなければなりません。小切手や約束手形＊3）などは，紙一枚ですが，高額な場合も多いので扱いには特に注意が必要です。

●感情のコントロール

ビジネスの場では冷静に，客観的に判断して行動していかなければなりません。職場には気が合わない人がいるものですが，好き嫌いに左右されないよう，うまく感情をコントロールし，誰とでも協調して仕事ができるように心がけることが大切です。ときには，上司や先輩に注意されることもあるでしょうが，注意されたことに対しては素直にわびて反省し，感情的なしこりを残さないようにします。

また，秘書は顧客や取引先から苦情を受けることがありますが，相手が感情的に話をしてきたとしても，相手の話を根気よく最後まで聞く……というような冷静さが求められます。上司と関係者との橋渡し役を担っている秘書にとって，感情のコントロールは重要な課題です。

＊1）習熟＝慣れてしっかり自分のものにすること。
＊2）小切手＝振出人が，銀行を支払人として，受取人または持参人に一定の金額を支払うことを支払人（銀行）に委託する有価証券。
＊3）約束手形＝債務者が債権者に，一定の時期に，一定の場所（銀行）で，一定の金額を支払うことを約束して振り出した有価証券。

仕事に取り組む基本姿勢

秘書としてよりよい仕事をするためには，常に向上心を持つことが大切です。前向きな姿勢で仕事を捉え，新しい仕事にも進んで挑戦するようにしましょう。また，自分の仕事だけでなく，会社の各部門の仕事にも関心を持つようにし，上司の補佐は，仕事の流れを捉えてタイミングよく行うようにします。

●向上心を持つ

ビジネス社会は常に進歩しています。パソコンやOA機器も今後さらに進化していくでしょう。今持っている知識や技術に満足せずに，より新しいもの，より高度なものを学ぼうとする意欲を持たなければ，時代に取り残されてしまいます。常に研究心・向上心を持ち，より高度な仕事が処理できるように挑戦していきましょう。

●仕事の守備範囲を広げる

いつも仕事の守備範囲を広げていくように心がけましょう。そのためには，困難な仕事にも勇気を持って挑戦していかなければなりません。上司が，これまで経験したことがない仕事を指示したときにも，尻(しり)込みしないで快く引き受けます。仕事の途中で困難に直面したら，一人で悩まず，先輩にアドバイスを求めるなどしてやり遂げるようにします。

一度そうした困難を克服(こくふく)して仕事を成し遂げたら，その経験が大きな自信となり，未知の仕事に抵抗なく取り組めるようになります。

●会社全体を把握する

自分の仕事をしながら，会社全体のことについても知るようにしましょう。関係部門はもちろんのこと，直接関わりがない部門のことも知っておくようにします。また，会社の歴史や取り扱い商品にも関心を持つなど，会社全体を把握(はあく)することが大切です。

●仕事の流れを理解する

仕事をスムーズに行うためには，仕事の流れに沿って余裕のあるスケジュールを組む必要があります。個々の仕事のつながりを考え，優先順位を間違えないように計画を立てましょう。

また，秘書は，上司の仕事の流れや行動をよく理解し，次の展開を推測してタイミングよく補佐することが大切です。以下のようなことに留意しましょう。

- **◆上司と自分のスケジュールを頭に入れて仕事の段取りをつける。**
- **◆上司をタイミングよく補佐できるように，自分の仕事を調整する。**
- **◆自分の都合だけでなく，全体的な流れを考えて仕事を進める。**

職業人としての基本的心得

秘書は，秘書である前に職業人であることを自覚し，仕事をする者として以下のようなことを心得ておく必要があります。

●月曜・金曜日はなるべく休まない

休み明けの月曜日や休み前の金曜日は，特に忙しい日になるのでなるべく休まないようにします。休み中に遊び疲れ，体調を崩して会社を休むなどということも，職業人として決してやってはいけないことです。

●急に休む場合は自分で上司に連絡する

何らかの事情で，急に休むことになったら自分で電話して上司に連絡します。大幅に遅刻しそうなときも同様です。無断欠勤は厳禁（げんきん）です。

●先輩には敬意を払い，後輩には自主性を重んじて指導する

先輩に対しては敬意をもって接するようにします。親しくなったからといってなれなれしい言葉遣いをしてはいけません。必ず敬語を用いるようにします。

後輩を指導する場合は全てを教えようとするのではなく，自主性を重んじて，できるだけ一人でやるように励まし，困っているときに手伝うようにします。

●朝は時間に余裕を持って出社する

出勤したら身なりを整えて一日の仕事の準備をします。始業時間の間際に慌ただしく席に着くことのないようにします。

●上司だけでなく，誰に対しても心配りを忘れない

同僚が忙しくしているときは「間に合わないようなら手伝おうか」と声をかけたり，外出するときは「ついでに何か用事はないか」と尋ねるなど，職場では相手のことを思いやる気持ちが大切です。上司はもちろんのこと，先輩や同僚，後輩など誰に対しても心配りを忘れないように心がけます。

●取引先とは仕事中心の付き合いをする

取引先とは仕事中心の関係を保つようにします。相手先の秘書と親しくなったからといって，友達言葉で話したりしてはいけません。相手が年下であっても敬語を用いて話すのが鉄則です。

また，取引先から会食に招待されたりすることもありますが，その際は必ず上司に報告して了承を得るようにします。

●顧客，取引先優先を心得る

ビジネスの世界では，顧客第一主義が常識です。社内のどの上役より顧客や取引先を優先することを心得ておきます。

SELF STUDY

過去問題を研究し
理解を深めよう！

POINT 出題 CHECK

仕事に取り組む姿勢や職業人としての常識を備えているかどうかを問う問題が出される。職業人としてどうあるべきかを理解していればそれほど難しくはない。

退社時

上司からミュージカルの切符をもらった。その日，上司は取引先に出かけ，帰社予定時刻は６時半。待っていると開演時刻に間に合わない。

× ①切符は上司からもらったもので，劇場に行くことは上司も知っているはずなので定刻になったら退社する。

○ ②上司が取引先へ出かけるときに，理由を話して，帰社を待たずに定時に退社することを話しておく。

①定刻に帰って差し支えないが，上司の了承を得ておくのが望ましい。

後輩の指導

後輩に，期限までに間に合いそうもないので手伝ってもらえないかと言われた。様子を聞くと，期限までに間に合いそうである。

○ ①期限までにはまだ時間がある，続けてみて，本当に間に合いそうになかったら手伝うと言う。

× ②要領を覚えれば早くできる，自分がやって見せるので覚えるようにと言って，残りを全部引き取る。

②見て覚えるようにと全部引き受けては指導することにはならない。

先輩や同僚への心配り

× ①同僚Ｂが，体の調子が悪いと言いながら出勤してきたので，「仕事も大事だが，自分の体の方が大事なのだから，すぐに早退したらどうか」と言った。

○ ②退社するとき，先輩Ｄの机の上に取引先宛ての速達郵便物が置いてあったので，「先に失礼するがポストに投函しておこうか」と言った。

①相手の体を心配するのはよいが，早退を勧める立場にはない。

CHALLENGE 実問題

1 難易度 ★★☆☆☆

他部署から異動してきて間もない秘書Aは先輩Cから，「Aが秘書課の雰囲気に溶け込めないでいるらしいと他の秘書から聞いたが，そうなのか」と尋ねられた。Aとしてはそう思っていなかった。このような場合，AはCにどのように答えるのがよいか。次の中から不適当と思われるものを一つ選びなさい。

1)「そう感じる人がいるのなら，気付かず申し訳なく思う」と言う。
2)「自分はそう思っていなかったが，心配をかけてすまない」と言う。
3)「振る舞いに出ていたのかもしれないから，気を付けるようにする」と言う。
4)「自分には思い当たらないのだが，どのようにしたらよいだろうか」と言う。
5)「心配をかけたが自分ではそう思っていないので，ただのうわさだと思う」と言う。

2 難易度 ★★★☆☆

秘書Aは今月いっぱいで他部署に異動することになり，後任は後輩Bに決まった。次は仕事を引き継ぐに当たりAが行ったことである。中から不適当と思われるものを一つ選びなさい。

1) 業務の引き継ぎの他に，上司の食事の好みや私的なことについても簡単に話をした。
2) Bに，異動した後も分からないことがあったらいつでも聞きに来て構わないと言った。
3) 同僚に，Bは何かと不慣れだと思うので，いろいろと力を貸してあげてほしいと頼んだ。
4) Bに，引き継いだ仕事は初めのうちは上司にこれでよいか都度確認しながらするように言った。
5) 自分がミスした経験を話すのは役立つかもしれないので，そのような話も交えながら引き継いだ。

【解答・解説】1＝5）異動してきて間もないAを心配してくれているのである。自分は溶け込めているつもりでも，このような場合は素直に受け入れて，心配をかけていることをわびるなどしないといけない。それを，ただのうわさだと思うと言うなどは不適当ということである。
2＝4）この場合，上司に確認しなくてもBが出来るよう引き継ぐのがAの役目である。それを都度確認しながらするようになどは，上司を煩わせることにもなるので不適当ということである。

Lesson 2 補佐役としての心得

もっと私に合わせた仕事の仕方を !!

▶秘書Aは新しくついた上司から，「もっと私に合わせた仕事の仕方をしてもらわなければ困る」と注意を受けました。上司には「申し訳ございません」とわびましたが，注意を受けた内容に，Aは今後どのように対応すればよいのでしょうか。

対処例 ○△×?…

上司の好みや性格を前任の秘書に尋ね，自分の仕事の仕方を話してアドバイスをもらうようにすればよいでしょう。

スタディ 

Aの仕事の仕方が，新しい上司には合っていないようです。上司の性格や好み，仕事のやり方はAが考えてもすぐに分かることではないので，前任者に教えてもらうのが近道でしょう。

上司の有能な補佐役となる

秘書は，上司を補佐することが役目です。従って，有能な秘書であるためには，「どのようにすればよりよい補佐ができるか」を常に考え，実践していかなければなりません。上級秘書になればなるほど，補佐能力や仕事に対する責任が問われるようになります。

よりよい補佐を目指すためには，特に以下のようなことに留意します。

●上司への気遣いを忘れない

気遣いとは，相手のためを思って，いろいろと心配りをすることです。上司の身の回りの世話をする際は，気遣いを忘れてはいけません。例えば，飲み物や食事を出すときは上司の好みに配慮するだけでなく，季節や天候も考慮して選ぶなど細かい点にまで心を配ることが求められます。また，上司のことを気遣って何かをする場合，重要なのはタイミングです。上司が望んでいるときに，望みのものをタイミングよく提供することが大切で，どんなに心を込めてしたことでも，タイミングがずれたら効果も半減してしまいます。

また，上司を気遣ってのことであっても，上司に指示するようなことを言ったりしてはいけません。例えば，顔色が悪いから早退したらどうかと提案することは，「早退なさってはいかがでしょうか」と丁寧な言い方をしても，早退しろと「指示」していることになります。早退するかどうかは上司が判断することで，秘書が口を挟むようなことではないからです。秘書は自分の立場をわきまえ，その範囲の中で気配りができるように努めなければなりません。

●上司の意向に沿って仕事をする

上司が気持ちよく仕事に専念できるように補佐するのが秘書の仕事です。仕事の仕方も，上司の意向に沿って進めることが大切です。特に，上司の身の回りの世話では，性格や好みが人ぞれぞれ異なることに留意し，対応もついた上司に合わせて工夫することが大切です。また，日常業務についても，事前に上司と打ち合わせをするときに上司の好む仕事の仕方を聞き出すようにし，それに合わせるようにします。自分流の仕事の仕方をしたり，新しい上司に対して，前の上司の仕事の仕方を押し通すようなことをしてはいけません。

上司が代わったときは，その上司の前任秘書に仕事の仕方を聞いたり，新しい上司に，仕事の仕方はこれでよいかと確認するなど，今補佐している上司の意向を確かめながら仕事を進めていくことが大切です。

●陰の力に徹する

秘書は，常に「上司あっての秘書」であることを自覚し，上司の仕事がスムーズに運ぶように，上司の補佐役となって働くことを心がけなければなりません。そして秘書の役割は，主役である上司が本来の業務を果たし，素晴らしい業績を挙げるように支えていくことです。

秘書の仕事は裏方の仕事であり，努力の割には周囲から評価されない地味(じみ)で目立たないものです。むしろ，目立たないように，出過ぎないように心がけながら，上司の補佐に徹(てっ)していくことが，秘書の本来の在り方なのです。そして，その秘書がいなくなったとき初めて，上司がその秘書の果たした役割の重要性を知る……というのが秘書の理想的な姿といえましょう。そうした姿を目標に，上司の陰の力に徹することに誇りを持ち，仕事に取り組みたいものです。

●上司をよりよくサポートするための留意点

上司をよりよく補佐するために，以下のようなことにも留意しましょう。

◆上司の職務や権限，加入している社外の団体や役職などを把握しておく。

◆会社の業務全般の仕事内容を把握し，各部門にどの資料があるかも心得ておく。
◆自分が管理する資料がどこにあるか，誰でもすぐ分かるように整理しておく。
◆秘書の職務範囲を自覚し，陰の力として上司を気遣いながら補佐する。
◆ OA 機器を使いこなせるようにしておく。特にパソコンやインターネットに関する知識を持ち，業務に必要な操作はマスターしておく。

上司の人間性を理解する

上司を補佐する秘書が，上司を煙たがったり，避けたりしていてはいけません。自分から進んで上司を理解するよう心がけなければ，いつまでたっても有能な補佐役にはなれません。

また，上司の趣味や嗜好品（しこうひん）など一般的なことを知るだけでなく，人柄や性格，知性や教養などを含めて人間性を理解することが大切です。自分とは合わないタイプの上司だと感じても，上司のことを理解しようと努力していくうちに，次第に上司の気心も分かってきて，仕事の呼吸も合ってくるようになるものです。

以下のようなポイントを押さえておきましょう。

◆上司の考え方を理解し，言葉の真意をつかむよう心がける。
◆上司が関心を持っていることや活動範囲を知り，適切なサポートを心がける。
◆気遣いや心配りができるよき補佐役になるよう努力する。
◆補佐の仕方にズレがあれば，早い段階で上司と話し合って是正（ぜせい）する。

ミスしたときの対応

人間は誰でもミスをするものです。上司も人間ですからミスをしますが，秘書としてはその状況に応じて適切な対応をしなければいけません。

上司が作成した文書などで誤字脱字があったら，上司に確認して訂正するのが基本です。ただし，固有名詞の誤記など確認するまでもない明白な単純ミスは，秘書が処理して済ませます。また，上司の勘違いによる指示ミスなどに対しては，「～ではありませんか」とミスを指摘するような言い方をするのではなく，「私の聞き違いではないかと思うので，確認させていただきたいのですが……」などと前置きしてから尋ね，上司のミスにしないようにする配慮が必要です。

逆に上司からミスを指摘されたときは，仮にそれが自分のミスでなくても，言い訳などしないですぐにわびます。事実は，（話す必要があれば）何かの折にそれとなく話せばよいでしょう。

SELF STUDY

過去問題を研究し
理解を深めよう！

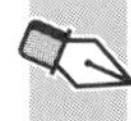

POINT 出題 CHECK

「上司への気遣い」に関する問題が多く出題される。秘書が心得ておくべき「気遣い」と秘書の立場をわきまえない「気遣い」があり，その二つをしっかり区別して理解しておくことが必要。「上司の意向に沿った仕事の仕方」を問う問題もよく出題されるが，基本的な考え方を理解していれば難しい問題ではない。

●次のような間違えやすい問題に注意しよう !!

●相互理解が必要→×相互理解はよいことだ（通常はそれで通用するが，秘書と上司という立場を考えなければならない）

✻ 上司の意向に沿った仕事の仕方

上司がＴ部長に代わった。Ｔ部長は前についていた上司（部長）とは性格も好みも違い，仕事の仕方も違うので戸惑うことが多い。

○　①以前Ｔ部長についていた秘書に，Ｔ部長の性格や仕事の仕方で，特に注意することを教えてもらって対応する。

×　②まずは前部長のときのやり方をし，Ｔ部長から注意されたら，一つ一つＴ部長に合わせるようにしている。

○　③Ｔ部長は前部長とは違うのだから，Ｔ部長を理解するまでは，一つ一つ尋ねたり確かめたりしながら補佐をする。

②注意されてから合わせるようではいけない。

✻ 上司を理解する

×　①秘書業務は，上司と秘書との相互理解が必要だから，秘書自身の性格を上司に理解してもらうことが必要である。

○　②上司の性格や好みを把握し，きめの細かい補佐をする必要のあるなしを考えながら仕事をすることが大切である。

①秘書の性格を上司が理解しようとするのは相互理解を深める意味で好ましいことである。しかしそうするかどうかは上司の考え方に委ねられていることであり，秘書が上司に当然のごとく求めるものではないことを理解しておかなければならない。②細かい補佐を嫌う人もいるので，その必要性を考慮するのは適当である。

上司への気遣い

「風邪気味で体調がよくないが，Y部長との打ち合わせがあるので休んでもいられない」と上司が言った。打ち合わせは11時からの予定である。

○　①11時までは，電話や不意の来客は取り次がないようにした方がよいかと聞いた。

×　②Y部長に，打ち合わせの時間を変更してもらいたいと頼んでみたらどうかと言った。

②秘書が上司に変更を頼めと指示している。変更するかどうかは上司が判断すること。いくら上司を気遣ってのことであっても，秘書の立場を越えて上司の仕事に口を挟んではいけない。

陰の力

取引先のF氏が絵の個展を開くことを知ったので，お祝いに花を贈ることを上司に提案し，賛同を得て花を贈った翌日，F氏からの電話で，「あなたの心配りのおかげと感謝している」と言われた。

×　①「いいえ，秘書として当たり前のことをいたしたまでです」と言う。

×　②「いいえ，自分は思いついたことを上司に話したまでです」と言う。

○　③「いいえ，上司からの指示でそのようにいたしました」と言う。

①，②秘書の提案であっても，③のように上司の指示で贈ったと上司を全面的に立てて，自分はあくまで陰に徹するのが有能な秘書である。

上司のミス

上司から，「外出するので出しておいてもらいたい」と，取引先のパーティーの出席はがきを渡された。出すときに見ると同行者の名前が違っていた。

×　①上司が戻ったら名前の漢字が違っていると話すことにし，それまでは何もしない。

○　②名前の漢字を訂正して郵送し，上司が戻ったら出したことを報告する。

①この程度のことは黙って直して出しておけばよいことである。

秘書の責任ではないミス

「新製品発表会の案内状がY社に届いていないようだが，困るじゃないか」と上司に注意された。しかし案内状送付リストにY社は入っていなかった。

×　①「リストにY社はなかったが，すぐに送る」と上司に言って，わび状を添えてY社に送る。

①まず，上司に謝らないといけない。わび状は大げさ。案内状を送った後，Y社をリストに追加するのを忘れないようにする。

CHALLENGE 実問題

1 難易度 ★★☆☆☆

Aは今まで先輩に付いて秘書の見習いをしていたが，来月から一人で秘書業務を行うことになった。そこで，新たな気持ちで仕事をしようと次のように考えた。中から<u>不適当</u>と思われるものを一つ選びなさい。

1）いつも明るく振る舞って，周囲を明るい雰囲気にしよう。
2）自分ができる仕事を上司に伝え，秘書業務の幅を広げよう。
3）機敏に行動することによって，上司の気持ちも引き締めよう。
4）定型的な仕事であっても，いつも新鮮な気持ちで取り組もう。
5）何事にも注意深く取り組み，的確に仕事ができるようにしよう。

2 難易度 ★★★☆☆

総務部のAは，部長の秘書を兼務することになった。次はAが，上司の仕事の手助けや身の回りの世話をよりよくするために考えたことである。中から<u>不適当</u>と思われるものを一つ選びなさい。

1）初めのうちは，小まめに確認しながら仕事を進めるのがよいのではないか。
2）上司の性格を理解するまでは，上司から指示された仕事を最優先にするのがよいのではないか。
3）上司の仕事に直接関係がないことでも，知らせた方がよいと思うことは報告するのがよいのではないか。
4）上司が加入している団体の事業内容や，その団体での人間関係を知るようにするのがよいのではないか。
5）急な残業があるかもしれないので，終業時間後の私的な約束は時間に余裕を持たせるのがよいのではないか。

【解答・解説】1＝3）秘書の仕事は上司が仕事をスムーズに進められるように手助けすることである。その手助けを機敏にするのはよいが，それはAが仕事をする上でのこと。それによって上司の気持ちも引き締めようなどの考えは不適当ということである。
2＝2）上司の仕事の手助けや身の回りの世話をよりよくするために，性格を理解することは必要。が，仕事はどれも期限や重要性などに応じて優先順位が決まる。従って，上司から指示された仕事を最優先にと考えたのは不適当ということである。

Lesson 3 機密を守る

上司の住所を知りたいと電話が……

▶秘書Aは上司が外出中，取引先のK氏から「M部長の自宅の住所を教えてもらいたい」との電話を受けました。個人的なことで上司の世話になったので，お礼の品を贈りたいということです。Aの会社では原則として，自宅の住所は社外の人には知らせていません。このような場合AはK氏に，上司は外出していると言ってからどのように対応すればよいのでしょうか。

対処例 ○△×?…

K氏が自宅の住所を聞く理由が分かっているので，上司の了承を得てから知らせることにし，「後ほど連絡させてもらう」というように言えばよいでしょう。

スタディ !!

自宅の住所を，何かの理由をつけて聞き出そうとする人もいます。この場合はお礼の贈り物をするという理由ですが，それも上司に確認しないことには，本当のことかどうか分かりません。従って，先方には改めて連絡すると言っておき，上司に確認してから知らせるというのが適当な対応ということになります。

機密を守るための心得

企業の機密を守るのは，社員の義務です。企業機密には，未発表の企業の合併や業務提携，組織の統廃合，現在研究開発中の製品の情報や企画中の内容などがありますが，これらが外部に漏れると，競争企業に先手を打たれるなどして，企業にとっては大きな痛手になってしまいます。また，機密情報が漏れると，会社に影響を与えるだけでなく，株価の変動など社会全体に大きな影響をもたらすことになります。秘書は仕事柄，機密事項に触れる機会が多いので，機密保持には特に注意を払わなければなりません。機密を守り切ることが，「信頼のおける秘書」という評価につながっていきます。

機密を守るためには，普段から次のようなことに留意します。

◆機密事項について聞かれたら，「自分は知る立場にない」ときっぱりと話す。
◆家庭内や電車内でも注意を払い，仕事上の話をするのは控えるようにする。
◆保管から廃棄まで，機密書類の取り扱いには細心の注意を払う。
◆機密を守るという理由で，社内の交友関係を狭めるようなことをしない。
◆話してよいこと，話してはいけないことを適切に判断し，臨機応変に対応する。

機密事項・個人情報は口外しない

秘書は，上司の行動が外部に漏れないように注意を払わなければなりません。特に，上司の行き先などは企業秘密に相当する情報なので，内部でも部長などの関係者以外には他言しないようにします。また，住所や自宅の電話番号などは，上司の個人情報なので，上司の許可がない限り他言してはいけません。この他，上司は個人的な用事で外出する場合もありますが，これについても，秘書が業務を遂行する上で支障（ししょう）がないなら社内の人にも余計なことは言わないようにします。

●職務に関わる上司の動静は機密事項と心得る

上司の出張や取引先との面談などは機密事項になります。上司の行き先や面談相手の情報から，企業の方針や進めている仕事の進捗（しんちょく）状況が推測されかねないからです。新聞記者だけでなく，ライバル企業もさまざまな手を使って情報を入手しようとしていることを，秘書は心得ておかねばなりません。

●上司の個人情報を守る

秘書は職務柄，上司のプライベート情報を知る立場にあります。それは立場上知り得たことで，本来は個人の秘密情報です。従って，秘書はその個人情報を守る責務があります。「上司の友人だ」と言っているから上司と親しいのだろうと勝手に判断して，うっかり上司の個人情報を話してしまった……というようなことがないように十分気を付けましょう。

●上司の私用に関して余計なことは話さない

上司の私用は，機密というようなものではありませんが，上司としては社内の者にもあまり知られたくないものです。従って，上司が「ちょっと私用で外出する」と告げた場合，上司の上役などから所在を聞かれたら，「私用で外出している」と言わずに「離席している」あるいは単に「外出している」と言うようにします。わざわざ「私用で」と言わなくても，秘書の仕事は果たせるからです。

SELF STUDY

過去問題を研究し
理解を深めよう！

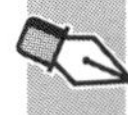

POINT 出題 CHECK

「上司の行き先」,「上司のプライベート事項」,「上司の私用」に関して，どこが機密なのか，なぜ口外してはいけないかの理由を押さえておく。

✻ 上司の行き先

上司（部長）が不在中の対応である。

○　①他部署の部長に,「クリニックに行っているが，そろそろ戻る時刻だ」
（上司は風邪気味と言って，クリニックに行ったので）

○　②不意に訪れた取引先の人に,「仕事が立て込んでいて時間が取れない」
（上司は急な連絡会議に出席しているので）

①社内の部長に行き先を隠さなくてもよい。②上司が緊急の会議に出席していることを話していないので適当。

✻ 上司のプライベート事項

上司（部長）が外出中，取引先のＳ氏から電話があり「部長から子息の結婚式があることを聞いた。式場はどこか。祝電を送りたい」とのことである。式場はＴホテルだと聞いて知っている。

×　①Ｓ氏にどこまで話してよいか分からないので,「申し訳ないが，私はよくは知らない」と言う。

①結婚式のことを上司から知らされているので教えて差し支えない。

✻ 上司の私用

上司（経理部長）の外出中，営業部長から「経理部長に至急，確認したいことがある」と言われた。上司は,「個人的な用で銀行に行く。そう遅くはならないと思う」と言って出かけていた。

×　①上司は個人的な用で銀行に行くと言って外出した，戻ったら連絡するがそれでよいかと言う。

①「個人的な用で」などと言わなくても用は足せる。「外出中だが，もうすぐ戻る予定だから，戻ったら連絡する」と言えばよい。

CHALLENGE 実問題

1 難易度 ★★★☆☆

秘書Aの上司（部長）の栄転が社内で発表され，取引先にも伝わり始めている。次の「　　」内は，そのことに関してAが上司に言ったことである。中から不適当と思われるものを一つ選びなさい。

1）取引先が栄転先での役職名を知りたいと言ってきたので，「お知らせしてよろしいですか」
2）課長が送別会を行いたいと言ってきたので，「ご都合のよろしいお日にちをお聞かせくださいませんか」
3）取引先から餞別が届くかもしれないので，「お返しがすぐにできるよう事前にご用意いたしましょうか」
4）上司が後任者と打ち合わせをしたいと言ったので，「いつごろをご希望でしょうか。日程を調整いたします」
5）取引先のF氏から栄転前に一度会食がしたいという電話があったので，「どのようにご返事いたしましょうか」

2 難易度 ★★★☆☆

秘書Aの上司（山田部長）は，「しばらく本部長のところに行っている。このことは内密に」と言って席を外した。そこへ他部署のZ部長が，「山田部長に直接聞きたいことがある。さっき見かけたが」と言って訪れた。このような場合，AはZ部長にどのように対応すればよいか。次の中から適当と思われるものを一つ選びなさい。

1）「さっき見かけたというのは，本部長のところか」と言う。
2）「行き先を言わずに席を立ったので，戻ったら連絡する」と言う。
3）「少し前までいたが今は席を外している。私に分かることか」と言う。
4）「他部署で打ち合わせをしているが，戻る時間は分からない」と言う。
5）「席を外しているが社内にいるので，急ぎであれば連絡を取ろうか」と言う。

【解答・解説】1＝3）餞別をもらったら，新しい職場や環境に慣れたころに近況報告も兼ねて礼状を送るのが一般的なマナー。場合によりお返しをすることもあるが，もらってすぐにはしないもの。従って，3）のように言ったのは不適当ということである。
2＝2）「このことは内密に」と言われたのである。このような場合，行き先は知らないこととして，不在の上司を訪ねてきた他部署の部長に対する通常の対応をするのがよい。従って，2）のように言うのが適当ということである。

Lesson 4 求められる人柄と身だしなみ

上司に不機嫌そうに話しかけられ……

▶秘書Aは，常務との話し合いから戻ってきた上司にお茶を持っていったところ，上司が「常務の考え方にはついていけない。いつも結論が出ない」と不機嫌そうに話しかけてきました。Aは，上司と常務は馬が合わないということを社内のうわさで知っています。このような場合，Aは上司にどのように対応すればよいのでしょうか。

対処例 ○△×?…

「いつも何かと大変なご様子でございますね」などと応じるのがよい対応でしょう。

スタディ !!

このような状況から判断すると，上司の言葉は独り言のようなものでしょう。Aが対応できる内容ではないので，上司の気持ちを包むような言葉で応じるのがよいでしょう。こうした対応の仕方に，秘書の人柄がにじみ出てきます。

人柄は内面からにじみ出る

秘書は，上司と関係者を結ぶ橋渡し役としての職務を担っています。その役割を滞（とどこお）りなく果たしていくためには，上司はもとより，社内外の誰からも信頼されなければなりません。

しかし，信頼は最初から得られるものではなく，日ごろの人間関係や仕事を通して形成されていくものです。そして，日ごろの人間関係で評価されていくのが，その人の内面からにじみ出る人柄や人間性です。

秘書の人柄として「誠実さ」，「明朗さ」，「謙虚さ」，「協調性」，「責任感」，「機敏さ」は不可欠な要素ですが，以下のようなことにも留意しておきましょう。

◆いつも明るく笑顔を絶やさず，誰に対しても公平な態度で接する。
◆どんなときでも感情のコントロールができる。
◆柔軟性に富んだ考え方ができる。
◆沈着冷静で，客観的な判断ができる。
◆思いやりがあり，他人への細やかな心配りができる。
◆ユーモア＊1）があり，ウイット＊2）に富む。
◆寛大で周囲を気遣い，協力的な姿勢で仕事ができる。
◆口が堅く機密が守れる。

「社交術」よりも知性やセンスを磨く

秘書は好ましい人間関係を築いていく役割を担っていますが，中級以上の秘書になると，対人関係においても難しい状況に直面することが多くなります。そうした困難な状況をうまく乗り切るために必要となるのが柔軟なものの考え方，ユーモアやウイットに富んだ会話のセンスです。特に会話では，下手な冗談や品のない駄じゃれではなく，場が和（なご）み爽（さわ）やかな笑いを誘うようなユーモアやウイットのセンスを磨くことが必要です。

また，常に向上心を持ち，知性や教養を高めていくことも大切です。豊かな教養を身に付けていると，相手の人間性や教養の程度も測れるようになり，それに応じた会話ができるようになります。

多くの人と接する秘書には，社交性が求められますが，それは仕事をよい方向に導くためのものです。従って，「社交術」というテクニックを身に付けるよりも，まず知性や教養，センスを磨くことに努め，その上で感じのよい人柄が出てくるような社交性を身に付けていくように心がけなければなりません。

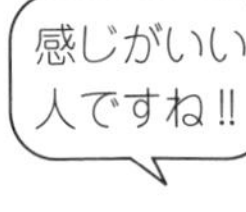

＊1）ユーモア＝上品で気が利いたしゃれ。
＊2）ウイット＝機知。相手の心無い言動や攻撃的な態度などを，やんわりとかわして，その場の雰囲気を和らげたり，状況に合った気の利いた言葉がとっさに出せる才気。

洗練された身だしなみを心がける

身だしなみとは，身の回りについての心がけのことで，人に不快な印象を与えないように，髪や衣服などの身なりを整えるとともに，礼儀作法（れいぎさほう）を身に付けて言葉や態度をきちんとすることです。

秘書としては，「人に不快な印象を与えないように」という消極的な態度ではなく，誰に対してもよいイメージを与えて会社や上司の評価を上げようと努める姿勢が求められます。そのためには，身なりだけでなく，言葉遣いや態度にも気を配り，常に洗練された身だしなみを心がける必要があります。

●秘書にふさわしい装い

装いについては特に以下のようなことに留意しましょう。

◆服装

派手なものやブランド物など高価な服は必要ない。むしろそうしたものは控え，簡素なものをベースにする。色の組み合わせには気を配り，センスのよい上品な装いを第一にする。

◆アクセサリー

多くのアクセサリーを身に着けるのは下品に見えるので避け，華美なものや大ぶりなものは派手になるので慎む。女性の場合，イヤリングやピンは，電話をするときに邪魔にならないものにする。

◆化粧（女性の場合）

厚化粧は不快感を与えるのでナチュラルメイクを心がけ，口紅やマニキュアの色にも注意。マニキュアは健康な爪の色を演出する程度にする。香水も香りの強いものは避ける。なお，ビジネスの場なのでノーメイクは不可。

◆髪形

髪が長い場合は，後ろにまとめて邪魔にならないようにする。お辞儀したときに，髪の毛が顔を覆（おお）うように垂（た）れ下がるのは見苦しいので注意する。

◆靴

ビジネスの場では活動的で機能性のある，シンプルな中ヒールのパンプスなどが適切。飾りの多いものや派手なもの，ハイヒールは避ける。雨の日などは汚れにも注意する。

SELF STUDY

過去問題を研究し理解を深めよう！

POINT 出題 CHECK

「人柄」については問題をよく読み，選択肢の中に不適切な記述が含まれていないかチェックするとよい。「身だしなみ」では「装い」についてしっかり押さえておく。「服装」，「アクセサリー」，「化粧」，「髪形」，「靴」について，秘書としてふさわしいか否かが問われる。その理由を把握しておけば難しくはない。

✼ 人柄

上司から，「みんなに君のような笑顔があるといいのだが……」と言われた。上司はなぜみんなに笑顔を求めているのだろうか。

○　①笑顔のある人には親しみが感じられ，物事を頼みやすいから。
○　②笑顔のある人は性格も明るく，周囲を明るい雰囲気にしてくれるから。
×　③笑顔のある人は相手の心を和ませ，態度の善しあしが気にされないから。

③笑顔がある人だからといって，態度の善しあしが問われないことはない。笑顔があっても，態度が悪ければ気にするのは当然である。

✼ 装い

秘書の身だしなみについて述べたものである。

×　①靴は，ヒールのないものがよく，機能性だけを重視して選ぶとよい。
○　②化粧は，人前に出るときのエチケットとして，しなければいけないものである。
○　③夏物の洋服は，男性の背広が長袖であっても，女性のスーツは半袖でもよい。
○　④髪は，だらしない感じを与えないように，ピンで留めたり，束ねたりするとよい。
○　⑤イヤリングやピンは，電話をかけるとき邪魔にならなければ，しても構わない。

①ヒールがないものもデザインによってはよいとしても，秘書は仕事柄，改まった印象が求められるから，機能性だけを重視して選ぶのは不適当。

CHALLENGE 実問題

1 難易度 ★★☆☆☆

秘書Aは，「秘書には知的能力も必要だが，健康で体力があることも必要」と本で学んだ。それは具体的にどのようなことか，同僚と次のように話し合ってみた。中から不適当と思われるものを一つ選びなさい。

1）健康で体力があれば，休んでいる上司や同僚などの仕事のカバーができるからではないか。
2）秘書は何事にも機敏な行動が求められるが，それができるのは健康で体力があるからではないか。
3）秘書には体を動かす仕事や根気の要る仕事もあるが，健康で体力がないとそれができにくいからではないか。
4）秘書は何事にも気を配らないといけないが，健康で体力がないと集中力に欠けて気配りができなくなるからではないか。
5）上司から安心して仕事を頼んでもらえるようにしないといけないが，健康で体力がないとそれが難しいからではないか。

2 難易度 ★★★★☆

新人秘書Aは同僚Bと，相手によい印象を与えるにはどのようなことを心がければよいか，次のように話し合った。中から不適当と思われるものを一つ選びなさい。

1）相手が誰であっても礼儀正しく接するのがよいのではないか。
2）身なりは，適度に流行も取り入れて整えるのがよいのではないか。
3）他部署に行くときなどは，忙しくないときでもきびきびとするのがよいのではないか。
4）話の仕方に気を使い，温かみの感じられる言い方で受け答えをするのがよいのではないか。
5）来客などを取り次ぐときは，落ち着いた態度でゆったりと振る舞うのがよいのではないか。

【解答・解説】1＝1）上司の仕事のカバーを秘書ができるという考え方は，根本的に間違っている。健康で体力があることは，自分に課せられた任務を全うするために必要なこと。休んでいる同僚などのカバーは結果としてできることで，そのために必要と考えるのは筋が違っているということである。
2＝5）ゆったりと振る舞うとは，ゆっくり，のんびりした行動のこと。来客を取り次ぐときよい印象を持ってもらうには，動作はきびきびとしていた方がよい。従って，落ち着いた態度はよいが，ゆったりと振る舞うというのは不適当である。

SECTION 2

要求される資質

Lesson 1 仕事を処理する際の基本的心得

前の上司への面会を頼まれたが……

▶秘書Aの上司だったTが異動になりました。そのような折，Aは，顔見知りである取引先のK氏から電話を受けました。「Tさんに会いたいが，都合を聞いてもらえないか」とのことです。K氏はTの異動のことは知らないようです。Tには今は同僚Bが秘書としてついています。このような場合，AはK氏にTは異動になったと話してからどのように対処すればよいのでしょうか。

対処例 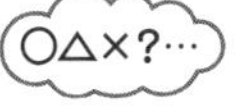

K氏に，「今の秘書のBから連絡させる」と言い，Bに伝えて後のことを頼むようにすればよいでしょう。

スタディ

既にAはTの秘書ではないのですから，顔見知りのK氏からの電話であっても，今の秘書Bを無視してTに直接連絡を取ることはできません。従って，K氏にBのことを話し，Bにそのことを伝えるというのが適切な対処ということになります。

仕事では「上司の了承を得る」が原則

仕事は上司の指示を受けて，あるいは了承を得て遂行するのが鉄則です。日々行う日常業務は，いちいち上司の指示を待たずに秘書の判断で行うことになりますが，それに関しても事前に上司と打ち合わせておくわけですから，実質的には上司の了承の上で処理していることになります。このように，秘書は，上司の指示のもとに仕事をするわけですが，ときには他部署の上役に仕事を頼まれたり，他部署の秘書から手伝いを頼まれたりすることもあります。このような場合も，基本的には，仕事をする前に上司に報告し，了承を得ておくことが原則となります。

●他部署の上役や上司の上役に仕事を頼まれたとき

営業部長の秘書などは，他部署の上役（総務部長など）や上司の上役（常務や専務など）に仕事を頼まれることがあります。担当の秘書が休んでいたり，出かけて不在だったりと理由はいろいろでしょう。

そのようなときは，その場で「かしこまりました」といったん引き受けて，資料や書類などを受け取ります。その後上司に報告し，了承を得てから仕事を処理するようにします。頼まれたとき，「私は部長秘書だから，部長の了承を得てからでないと引き受けられない」とか「事前に部長の了承を取ってほしい」などといった対応をしてはいけません。

また，「書類を経理部長に渡してほしい」と頼まれた場合など，短時間で済む仕事は，上司に報告して了承を得るまでもなく，快く引き受けて処理するようにします。この程度のものは，処理した後でもいちいち上司に報告する必要はありませんが，報告した方がよいと判断すれば報告します。

●手伝いを頼まれたとき

他部署の秘書から，緊急に送付する資料の袋詰めなどを頼まれたりすることがあります。急ぎの仕事もなく手伝うことができる場合は，上司に了承を得て手伝うようにします。上司が不在のときは上司の代行者や秘書課長の了承を得て仕事を手伝い，上司が戻ったら事情を説明して事後了承を得るようにします。このとき，別の部屋で作業する場合は，上司が帰社したときに分かるように上司の机上にメモを置いておくようにします。

手伝いを頼まれたら上司の了承を得るのは原則ですが，すぐ済む簡単な仕事の手伝いなどは，上司を煩（わずら）わせることになるのでいちいち報告したりしません。

●手伝いを頼むとき

同僚や先輩などに手伝いを頼むときも，事前に上司の了承を得るのが基本ですが，了承を得る前に先輩や同僚の仕事の状況を尋ね，手伝ってもらえる時間的ゆとりがあるかどうかを確認して，手伝うことの了解を得ておくと仕事がスムーズに運びます。上司の了解を得ても，先輩や同僚が忙しくて手伝うのが難しい場合もあるからです。その場合は，再度上司に相談しなければならなくなり，二度手間になって上司を煩わせてしまいます。事前に仕事の状況を聞いて，手伝いが期待できない場合は，別の方法を考えて上司に相談します。

また，上司の了解を得て正式に仕事の手伝いを頼むときは，必ず「上司の了解を得たこと」を告げるようにします。

仕事に対する基本姿勢

秘書の仕事は，広範囲に及ぶだけでなく，細かく断続的に指示されます。それらをいかに効率的に処理していくかが秘書の腕の見せどころとなります。忙しさを理由に自分の仕事を相手に押し付けたり，上司の仕事の割り振りに文句をつけるようでは秘書として失格です。

有能な秘書として上司を補佐するために，仕事に対する以下の基本姿勢を心得ておきましょう。

●仕事の範囲を心得る

「CASE STUDY」でも触れましたが，取引先から前の上司への面会手配を依頼されたときは，現在担当している秘書を差し置いて直接前の上司に取り次ぐようなことをしてはいけません。取引先に事情を話し，現在の秘書から連絡してもらうなど，自分の職務範囲を超えないように注意しなければいけません。

●相手に仕事を押し付けない

上司と関係者との間に立って橋渡し役をするのは秘書の仕事です。秘書が引き受けるべき仕事を，上司や相手に押し付けるようなことをしてはいけません。

例えば，「上司が緊急部長会議を開くこと」を営業部長に伝えたとき，「議題は何か」と聞かれたが，知らされていなかったので「直接上司に聞いてほしい」と答えるような対応です。これは「知りたいなら自分で聞いてくれ」と秘書の仕事を相手に押し付けていることになります。この場合は，「知らされていないが，必要なら聞いて連絡する」と応対しなければいけません。

●文句を言わずに提言する

上司の仕事の仕方や仕事の割り振りなどについて，文句を言うだけでは評価を下げてしまいます。文句を言うのはマイナス志向，問題点があるのなら，解決のためのアイデアや改善策を提案するなど，プラス志向で対処しましょう。

●早めに手を打つ

複数の仕事が重なるなどして仕事の対応が難しくなったときは，早めに上司に状況を説明し，適切な指示を受けます。そのとき，単に指示を待つのではなく，先を見越した対策を幾つか提案することが大切です。特に，困難な状況では後手に回らないように，先手，先手と手を打って乗り越えるようにします。

●仕事の期限を守る

仕事は必ず期限までに仕上げます。そのためには，仕事の期限と所要時間を考え，優先順位を決めて処理していくようにします。期限に間に合わないような場合は，早めに上司に相談し，他に応援を求めるなど必要な手を打ちます。

SELF STUDY

過去問題を研究し
理解を深めよう！

POINT 出題 CHECK

他の上役からの依頼や，職務の範囲を超えたり，相手に仕事を押し付ける行為などに関する問題が出題される。他の上役に仕事を頼まれたときは，「いったん引き受けて上司の了承を得る」ということがポイント。相手に仕事を押し付ける行為としては，「直接連絡してほしい」などの言葉がキーとなる。

相手に仕事を押し付ける

部長秘書Aは支店に出張中の上司から，「Z資料をファクスで送ってもらいたい。どこにあるかは部員のMが知っている」という電話を受けた。しかし，Mは外出していて，帰社は30分後の予定である。このような場合Aは上司に，Mの不在と戻る時間を告げた後どのように言うのがよいか。

× ①よければMの携帯電話番号を教えようか。
○ ②資料がどこにあるかを部長が知っていれば教えてもらえないか。
○ ③Mが戻り次第送るようにするが，一度Mから部長に連絡を入れてもらおうか。

①上司からどこにあるか不明な資料を送ってもらいたいと言われたら，手を尽くして送るのがAの仕事になる。Mの携帯電話番号を教えようかは，A がすべきことを上司に直接連絡を取るよう指示していることになり不適当。②上司が知っていれば教えてもらうのが，この場合の手っ取り早い対応なので適切。

他の上役に仕事を頼まれる

上司（部長）の指示で書類整理をしているところへ，常務が「至急これを取引先Ｐ社へ届けてもらえないか」と書類を持ってきた。

× ①常務は部長の上司だから，すぐに書類を受け取って届けに行く。
○ ②書類を預かり，部長に事情を説明して了承を得てから届けに行く。
× ③すぐに届けに行くが,部長には常務から事情を話しておいてほしいと言う。

①上司の了承を得てから行かなければならない。③常務にそのようなことを頼める立場にない。自分で上司に説明し，了承を得てから行く。

CHALLENGE 実問題

1 難易度 ★★☆☆☆

部長秘書Aは上司の出張中に，取引先のU氏からの電話を受けた。迷惑を被った仕事のことで直接部長と話したいと，かなり気分を害している様子である。上司の出社は明後日の予定である。このような場合，上司は出張中と言ってから，どのように対応するのがよいか。次の中から適当と思われるものを一つ選びなさい。

1)「出社は明後日の予定なので，明後日改めて電話をもらえないか」と言う。
2)「自分が出張中の上司に伝えるので，詳しく聞かせてもらえないか」と言う。
3)「課長なら事情が分かるかもしれないので，課長に電話を代わろうか」と言う。
4)「事情が事情なので，連絡先を教えるからそこへ電話してもらえないか」と言う。
5)「出張先に連絡をして，上司からU氏に電話するよう伝える。それでよいか」と言う。

2 難易度 ★★★☆☆

秘書Aは，明日10時からの部長会議の資料作成を，自分に急ぎの仕事があったので以前担当していた同僚Eに頼んでおいた。もう3時になるがEはなかなか手を付けず，今からでは今日中にできるかどうか分からない。Aの仕事は片付いた。このような場合，AはEにどのような対応をするのがよいか。次の中から適当と思われるものを一つ選びなさい。

1) Eに，急ぎの仕事は片付いたと言って，頼んだ仕事を戻してもらって自分で作成する。
2) Eに，そろそろ手を付けないと時間内に出来上がらないのではないかと言って催促する。
3) 様子を見ていてEが取りかかったら，自分も仕事が片付いたからと言って一緒に作成する。
4) Eに，頼んだ仕事は今日中にできそうか尋ね，できないなら早めに言ってもらいたいと言う。
5) Eは，以前担当していたため作成に要する時間も分かっているだろうから，そのままにする。

【解答・解説】1＝5）取引先から迷惑を被ったことで直接話したいと言われたら，そのように取り持つのがこの場合のAの役目。出張中の上司の都合もあろうが，このような対応は早くしないといけない。上司から電話するよう伝えると言うのが適当ということである。
2＝1）Aが資料作成をEに頼んでおいたのは，自分に急ぎの仕事があったからである。その仕事が片付き，Eがまだ手を付けていないのなら，資料を戻してもらって自分で作成するのが適当な対応ということである。

Lesson 2 秘書に必要とされる能力

二人の上司に急な仕事を指示されて……

▶秘書Aは二人の上司（F部長・G部長）に就いているので，同時に仕事を指示されることがあります。今日もF部長からの指示で急ぎの資料作成をしているとG部長から，「明後日H社を訪問したいので，都合を聞いてもらいたい」と言われました。このような場合，Aはどのように対処すればよいのでしょうか。

対処例（○△×?…）

H社へ都合を尋ねるのは時間がかからないでしょうから，資料作成を中断して訪問の予約を先に取ってしまうとよいでしょう。

スタディ

Aは二人の上司の秘書ですから，二人の仕事に差し支えがないようにしなければなりません。この場合，どちらも急ぎでしなければいけないことではありますが，合間を見て時間のかからないことを先にしてしまうというのが合理的な判断です。

能力① 高度な判断力

よりよく上司を補佐するためには，状況に応じた的確な判断が求められます。秘書はトップクラスの上司を補佐していく上で，複雑な状況や困難な状況など，さまざまな場面に直面します。そうしたときに問われるのが，秘書の判断力です。

●トラブルを避けよい結果を得るための心得

適切な判断をしてよい結果を導くためには，まず以下のことを押さえておく必要があります。

- ◆自分なりに，「問題点は何か」を常に考えておく。
- ◆どのように対処すれば，上司や会社によい結果が得られるのかを理解しておく。

◆上司や会社の立場をよくするための言動を心得ておく。

◆何かあったときにも機転＊1)を利かせ，素早く対処できるよう準備しておく。

◆事態を悪化させないよう突発的なことに対する心構えをしておく。

◆トラブルにならないように，常に周囲に注意を払う。

◆業務上の知識とともに人間心理を理解し，状況を好ましい方向に導く方法を心得ておく。

●「取り次がないで」を取り次ぐ判断力

上司は，重要な案件について静かにじっくり考えたいときや仕事に集中したいとき，あるいは会議に入るときに「電話や来客は取り次がないように」と指示することがあります。しかし，この指示には「例外を除いて」という言葉が隠されています。従って，秘書はケースに応じて判断し，上司に取り次ぐようにしなければなりません。

取り次ぐ際の判断基準は以下の通りです。ただし，取り次いでも電話に出るか，面会するかは，当然のことながら上司が判断して指示するので，秘書はその指示に従うことになります。

◆重要な用件かどうか，緊急性があるかどうかで判断する。

◆相手と上司との関係で判断する。

◆いつでも会える人か，そうでない人かで判断する。

◆遠距離からの来訪か，そうでないかで判断する。

●取り次ぐ場合の具体例

以下のような場合は，基本的には取り次ぐようにします。

◆取引先の転任・着任のあいさつ来訪。

　このようなあいさつは儀礼的なもので，時間も取らないので，できるだけ取り次ぐようにする。

◆上司の恩師・親友の来訪。

◆上司の上役からの呼び出し。

　会長，社長，専務など上役からの呼び出しは取り次ぐのが基本。

◆紹介状を持ってきた客の来訪。

　紹介者や紹介内容によっては，予約がなくても緊急に取り次ぐ必要がある。

◆部下が緊急の用事で来た場合。

◆家族からの緊急電話。

◆家族や社員の交通事故など緊急事態。

＊1）機転＝何か予期しないことが起こったときもすぐに事態に対処できるなど，機敏に心が働くこと。「機転が利く」などと使う。

能力② 素早く処理する行動力

秘書には，上司に指示されたことを的確に処理するだけでなく，素早く対応する行動力が求められます。そのためには，人が嫌がる仕事も苦にせず進んで取り組むだけでなく，指示されたらすぐに仕事に取りかかるようにしなければなりません。より効果的に仕事を処理していくために，秘書は高度な判断力とともに，素早く的確に対応する行動力を身に付けておく必要があります。

●要領よくスピーディーに処理する

物事の処理の仕方のポイントを知り，手際よく処理していくことを「要領がよい」といいます。秘書は多種多様な仕事を要領よく処理していくことが求められるため，仕事の手順を心得，どうすれば無駄なく目的を達成できるかという仕事の仕方を熟知(じゅくち)＊1) しておかねばなりません。

スピーディーに仕事をするためには，指示された仕事に関係する情報がどこにあるかを知っておくことが重要です。また，仕事を進めていくプロセスで，時間の無駄や空白をつくらないように関係者と頻繁(ひんぱん)＊2) に情報交換を行うことも大切です。行き違いや勘(かん)違いがあると，お互いに二度手間になって時間を浪費するだけでなく，見当違いな方向に動いて取り返しがつかない結果を招きかねません。

要領よく仕事をこなしていくためには，次のようなことに留意しましょう。

- **◆仕事の「ツボ」といわれる仕事の「重要ポイント」を押さえ，無駄のない行動を心がける。**
- **◆すぐに行動できるように，しっかり事前準備をしておく。**
- **◆どの部署にどの資料・情報があるかを把握しておく。また，資料を借りる場合は，無駄な時間の空きをつくらないよう事前に連絡しておく。**

●フットワークを軽くする

秘書には，敏速な行動が求められます。指示を受けたらすぐ行動に移し，言われたことを素早く遂行できるようなフットワークの軽さ＊3) や迅速(じんそく)＊4) な動きを身に付けたいものです。特に，次のようなことに留意しましょう。

- **◆きびきびした動作やてきぱきした行動を心がける。**
- **◆面倒なことや人が嫌がる仕事も気軽に進んで引き受け，すぐに処理する。**
- **◆あれこれ迷ったり，考え込んだりしない。処理の仕方が分からないときには，先輩に相談するなどして，すぐに行動に移すことが重要。**

＊1) 熟知＝詳しく知っていること。
＊2) 頻繁＝特定の時期に数多く行われること。
＊3) フットワークの軽さ＝フットワークは足さばきのこと。すぐ行動する身の軽さ。
＊4) 迅速＝人の行動などが非常に素早いこと。

スタディガイド 領域：理論編 領域：実技編 テスト

能力③ 相手の意図を正確に捉える理解力

秘書は,上司と関係者との間に立って情報の伝達役を果たす役目を担っており,相手が何を言おうとしているのか,相手の意図することは何かを正確に理解する能力が求められます。また,上司の補佐に当たっては,上司の意向を正確に捉えることが重要。理解が不十分だと,見当外れな行動をするなど不適切な補佐をすることになりかねません。

●上司の意向を正確に理解する

上司の意向に沿って仕事をするためには,上司の意図することを正確に理解することが重要です。

特に,次のようなことに留意しましょう。

◆上司の話を聞くときは,重要なポイントを押さえて最後までしっかり聞く。

◆指示などで分からないことがあれば確認し,曖昧なまま仕事を進めない。

◆仕事上の専門用語や略語などを理解しておく。

●「よろしく頼む」を理解する

上司に,「急用ができたので出かけるが,後はよろしく頼む」と言われることがあります。そのようなときは,上司のスケジュール変更をしなければならないと理解しなければなりません。すぐにスケジュール表を出して帰社の予定時刻を確認し,その間に予定している面談や打ち合わせはどのようにするか,上司の意向を確かめる必要があります。

また,取引先の面談相手には直(ただ)ちに連絡を入れ,急用による面談の変更を申し出なければなりません。この場合の変更は,当方の一方的な都合によるものなので,次のような点に留意し,相手への対応も慎重に行います。

◆丁寧にわび,急用であることを説明する。

一方的にキャンセルするのだから,相手には約束を果たせないことに対して丁寧にわびる。キャンセルの理由は「急用」でよい。たとえ,「工場の事故」や「社長の緊急入院」など理由を知っていても,相手に知らせてはいけない。

◆次回は相手の都合を優先する。

次回の約束は先方の都合を優先するのがマナー。相手の希望日時を二,三聞いておき,上司に確認した上で日時を決定する。

◆同じ相手に変更を繰り返さない。

一度こちらの都合で変更した相手に対し,約束を再度変更するようなことがないように配慮する。変更の繰り返しは,相手に失礼になるだけでなく,上司の信用を失うことになりかねないので注意したい。

能力④ 鋭い洞察力

洞察力とは，直観や観察力で人が気付かないことを見抜く力のことですが，これは秘書に求められる大切な能力です。秘書は仕事の流れをよく読み，次の展開を見通して行動しなければなりません。例えば，上司の一連の言動から次に必要な資料を予見して準備しておき，要求されればいつでもすぐ出せるように準備しておく……といったことですが，上司が今関わっている仕事やその進行状況，関係する取引先などが秘書の頭にインプットされていれば，そうした行動ができるようになります。

秘書が，タイミングよく上司を補佐するには，このような洞察力を働かせ，上司の行動を的確に予測する能力も必要になります。「上司が次に必要としていることは何か」を正しく予測し，先手を打って準備するよう心がけます。ただし，早とちり＊1) して先走る＊2) ことのないよう注意しなければなりません。仕事の流れを読み，タイミングよく補佐するためには次のようなことに留意します。

- **◆上司が手がけている仕事の流れを常に把握しておく。**
- **◆今どのような手助けをしたら，上司の仕事がしやすくなるかを常に考える。**
- **◆上司の指示から「次」を予測する習慣をつける。**
- **◆先手を打って準備したことが出過ぎた行為＊3) にならないように注意する。**

●洞察力で上司の意向を理解する

上司は，指示するときに大まかな話しかしないことがあります。特に，秘書が仕事に慣れてくると，「例の資料を用意してくれ」とか「あれ，どうなった」と主語を省いて指示したり尋ねたりするようになりますが，そのようなときにも，上司が意図することを洞察力を働かせて理解し，的確な対応ができなければ有能な秘書とはいえません。

上司の意向を理解するために，次のようなことに留意します。

- **◆仕事の流れや話の流れから，「あれ」「あの」「例の」「この前の」などを推測して理解する。ただし，理解したことは推測なので，「○○でございますね」などと確認してから行動しなければならない。**
- **◆現在進行している仕事や上司にとっての優先課題が何であるかを知っておく。**
- **◆上司の最近の関心事をつかんでおく。**
- **◆上司の最近の人間関係を熟知しておく。**

＊1）早とちり＝性急に判断して間違えること。
＊2）先走る＝独善的な判断で他人に先駆けて行動すること。
＊3）出過ぎた行為＝自分の立場をわきまえない，限度を超えた行い。

能力⑤ パイプ役としての人間関係処理力

秘書は上司と関係者の間に立ち，意思や情報を伝達するコミュニケーター＊1) として双方のコミュニケーションを成り立たせるパイプ役の役目を果たしています。秘書は，単なるメッセンジャーではありません。上司と取引先，上司と上司の上役・部下の間に立って社内外の意思疎通＊2) を図るという，重要なパイプ役であることをよく心得ておく必要があります。

●上司と関係者を結ぶよきパイプ役としての心得

秘書がよきパイプ役となるためには，次のようなことを心がけます。

◆良好な人間関係をつくる。

好ましい人間関係が構築されていると，仕事が円滑に運ぶだけでなく，①相手の気が進まないような依頼事をしても何とか協力してくれるようになる，②トラブルが発生してもお互いが円満に解決しようと努力するようになる，といった効果も得られる。

◆情報はいち早く上司に伝達する。

関係者から得た情報は，できるだけ早く上司に正確に伝える。情報が遅れると，トラブルの原因になることがある。例えば，ミスの原因が当方にあることが判明したのに，秘書が上司に伝えるのが遅れたために，上司が先方にクレーム＊3) の電話を入れた，などである。

●関係者への対応時の心得

秘書は社外の関係者，社内の関係者それぞれの立場や上司との関係性を考慮して適切な対応をし，良好な関係を保っていくように心がけます。

◆社外の人への対応。

社外の人に対しては，特に慎重で丁寧な対応が求められる。取引先の軽重，会社の大小の区別なく，誰に対しても誠実に接して信頼を得るようにする。

◆上役への対応。

上司の上役の要求は優先する。特に会長や社長の指示や命令は最優先する。

◆上司の同僚への対応。

上司と仲がよい悪いで区別せず，仕事上は公平に接する。

◆上司の部下への対応。

あくまでも上司の部下であり，秘書の部下ではないことを認識する。特に上司の指示を伝えるときなど，言葉遣いに注意する。

＊1) コミュニケーター＝伝達者。コミュニケーションは情報·意思などの伝達のこと。
＊2) 疎通＝気持ちなどが相手と通じること。
＊3) クレーム＝苦情。

能力⑥ 情報収集力

秘書は，上司が要求する情報を収集する役割があり，上司の仕事に関係あるさまざまな情報を整理して，いつ求められてもすぐに提供できるようにしておく必要があります。そのためには，必要な情報を的確につかむ能力も大切です。また，上司との会話で話題になりそうな事柄については，事前に情報を得ておくとスムーズな対応ができます。情報の収集・扱いについては次のようなことを心がけておきましょう。

- **◆必要な情報を見極め，迅速に収集する。**
- **◆最新情報の収集を怠(おこた)らない。**
- **◆上司が必要なときにタイミングよく，正確な情報を提供する。**
- **◆さほど重要とは思われないような情報やうわさなども，上司に知らせておいた方がよいと判断したら進んで提供する。**
- **◆自分の感情や憶測を除いて，事実だけを正確に提供する。**
- **◆常に問題意識を持ち，テレビや新聞などから必要な情報を収集する。**

この話は部長の耳に入れておいた方が……

●上司の質問に答えられるようにアンテナを張っておく

上司は秘書に，贈り物や土産を選ぶ際に参考意見を求めたり，評判になっている映画や演劇，ベストセラー小説などの評価や感想を聞いたりします。そうしたことにも答えられるように，話題になっている事柄には日ごろから注意を払うようにしておきましょう。

品物選びなどに対しては，「秘書が述べるのは参考意見や感想であり，判断は上司がする」ということを念頭に置いて話すようにします。自分の意見を通そうとしたり，押し付けるようなことのないよう注意しましょう。

また，感想などを話すときは，批評家のような話し方をするのではなく，「あくまでも私の感想ですが」などと前置きし，謙虚な態度で話すようにします。

世話になった工場長の奥様にお礼をしたいのだがどのようなものが喜ばれるだろう…？

SELF STUDY

過去問題を研究し
理解を深めよう！

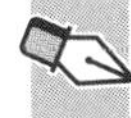

POINT 出題 CHECK

「判断力」では，例えば「取り次ぐな」という指示にどう対応するか考え，取り次いだ方がよい具体例を押さえておく。また，機転を利かせた行動についても問われるので留意しておきたい。「理解力」では「後はよろしく頼む」と言われたことをどのように理解するか，ケースごとにポイントを押さえておく。

判断力 ①

秘書Aは部長会議から戻った上司（部長）から，「しばらく考え事をしたいので，電話や来客は取り次がないでもらいたい」と言われた。

○ ①尋ねたいことがあると言って来た部下の課長に，上司から取り次がないよう言われていると言った。

× ②確認したいことがあるという取引先からの電話に，今は考え事をしているので後で連絡すると言った。

○ ③確認したいことがあると言って来た他部署の部長に，その場で少し待ってもらって，上司の都合を聞きに行った。

①「部下の課長」に対しては，上司から言われたことをそのまま言っても構わない。②電話や来客は取り次がないでもらいたいという指示だから，取引先からの電話に後で連絡すると言うのはよい。が，その理由が考え事では相手も気を悪くするので不適当。外出などと差し障りのない理由を言っておくのがよい。③「他部署の部長」は部長会議のメンバー。確認したい内容が上司の考え事に関係するかもしれないから，上司の都合を聞きに行くのは適切な判断である。

判断力（機転）②

秘書Aは，上司が電話で他部署の部長と今日の昼食を一緒にする約束をしているのを耳にした。場所は近くのFレストランである。AはFレストランは改装中で今日まで休業していることを知っている。

× ①電話が終わったら，Fレストランは改装中だが知らせた方がよかったかと尋ねる。

○ ②電話中の上司に，Fレストランは改装中で，今日まで休業しているとメモで知らせる。

①知らせた方がよいに決まっている。知っているのなら，知らせないといけないが，電話中に知らせないのは機転が利かない。

理解力 ①

上司から「3時に急な面談が入ったので，部長会議は欠席するからよろしく頼む」と言われた。

× ①後で部長会議の議事録を見れば会議の内容は分かるので，上司の欠席の件は担当者に伝えないでおく。

× ②上司と懇意（こんい）の部長に「上司は会議に出席できないので，後で状況を教えてほしい」と頼む。

○ ③部長会議の担当者に「申し訳ないが，上司は3時に急用が入ったので出席できない」と伝える。

①，②上司が「よろしく頼む」と言ったのは，「部長会議を欠席するので，担当者に欠席の件とその理由を伝えておいてもらいたい」という言外の意味があることを理解していない。

理解力 ②

秘書Aは上司から，「創立記念日に社員に記念品を贈りたいが，君だったらどんな物を選ぶか」と言われた。

× ①社員に贈るのだから，「社員にいろいろ聞いてみて，その上でお答えします」と言う。

○ ②自分が尋ねられたのだから，「よいと思う物が二，三ありますが」と選んだ理由と併せて言う。

②上司は，君だったらどのような物を選ぶかというのだから，社員が望む記念品の参考にしたいのであろう。であれば，自分としてよいと思う物を，二，三理由とともに話すのが，適切である。

行動力

上司から，新人Bは動作や話し方のテンポが遅い，注意しておいてもらいたいと言われた。以下はBにアドバイスしたことである。

○ ①きびきびした動作や話し方をする努力をしないと，秘書の仕事についていけない。

○ ②動作や話のテンポが遅いと，人に頼りない印象を与えるので，注意しないといけない。

× ③動作や話し方を周囲の人と合わせるには，丁寧さを気にしないですることも必要。

③ビジネスの場では，常に丁寧さを意識しなければならない。急ぎの場合など，丁寧さを多少犠牲にすることはあっても，気にしなくていいということはない。

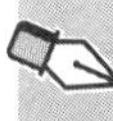

CHALLENGE 実問題

1 難易度 ★★★☆☆

秘書Aの上司（部長）は，数件の報告内容のメモ書きをAに渡し，「帰ったら常務に提出したいので，まとめておくように」と言って外出した。取りかかると意味の分かりにくい箇所があり，別の表現をした方がよいと思われた。このような場合，Aはどのように対処したらよいか。次の中から不適当と思われるものを一つ選びなさい。

1）そのことについて分かる課長に表現を変えてもらって直し，後で上司に確認する。
2）メモの表現通りにまとめておいて，上司に渡すとき分かりにくい箇所があったと話す。
3）メモのままの表現のものと直した表現のものの２種類を作り，上司が帰ったら指示を仰ぐ。
4）帰るまでにまとめておくようにということだから表現を直しておき，上司が戻ったら確認する。
5）別の表現をした方がよいと思う箇所に下線を引いておき，上司が戻ったらどうするか指示を仰ぐ。

2 難易度 ★★★★☆

秘書Aは上司の指示で見知らぬ来客の面会を断ったところ，「あなたの名刺をもらえないか」と言われた。このような場合，Aはどのように対応するのがよいか。次の中から適当と思われるものを一つ選びなさい。

1）名刺は渡すが面会は断ったので，「私では役に立たないと思う」と言う。
2）面会を断った客なので，「すまないが自分の名刺を渡すことはできない」と言う。
3）面会を断った客でも丁寧に応対するのがよいので，「秘書の○○だ」と名乗って名刺を渡す。
4）面会を断った客とは関わりを持たない方がよいので，「名刺は切らしている」と言って渡さない。
5）上司の指示で断った客なので，「名刺を渡してよいか聞いてくる」と言って，上司の指示を仰ぐ。

【解答・解説】１＝2）常務に提出できるようにまとめておくのが，この場合のAの仕事。従って，分かりにくい箇所があれば直して後で確認するなどしないといけない。渡すときに話すだけでは，何の対処もしていないのと同じなので不適当ということである。
２＝4）この来客は，Aの上司を訪問したという証拠にするために，Aの名刺が必要だったのであろう。上司が断った客なら秘書も関わりを持たない方がよい。従って，名刺は渡さないことになるが，切らしているなどの言い方が，角が立たなくてよいということである。

第2章

職務知識

SECTION 1

秘書の機能と役割

スタディガイド
領域：理論編
領域：実技編
テスト

Lesson 1 組織の中の秘書

来客と上司の部下が重なってしまった!!

▶秘書Aの上司(部長)は2時半に終わる予定の会議に出ていて，現在3時ですが何の連絡もなくまだ戻っていません。そこへ部下が，3時に来るように言われたと言ってやって来ました。また，3時半に面談予定の取引先のK氏も，早く着いたと言って来ました。このような場合，Aはどのように対応すればよいのでしょうか。

対処例 ○△×?…

部下とK氏にはそのまま待ってもらい，会議中の上司に，部下とK氏が待っていると伝えるメモを入れ，指示を仰ぐようにすればよいでしょう。

スタディ !!

会議が長引いて予定の時刻に上司が戻っていないところに，3時に来るように言われていた部下と約束の時間より30分早く来社した取引先のK氏が重なったということです。どちらを優先するかは上司が決めることです。二人には待ってもらって上司にメモを入れ，指示を仰ぐのがよいでしょう。

スタッフとしての秘書

組織には一般にラインとスタッフという機能が存在します。秘書はスタッフの一員として組織で働くことになりますが，組織の中でのラインとスタッフの関係をしっかり把握しておきましょう。

●ラインとスタッフの関係

ラインとは，企業の業績に直接結び付く本来的な活動をしている人や部門のことです。また，それがなければ，組織が成り立たない人や部門のことでもあります。例えば，製造業では物を生産する製造部門や物を売る営業部門がなければ，組織として成立しません。商品を仕入れて販売する企業では，仕入部や販売部などが不可欠な部門になり，サービス業であれば，企業によってその部門の名称はさまざまでしょうが，接客や保守技術などのサービスを提供する部門がそれに当たります。

これらライン部門の業績は，直接企業の業績と結び付き，業績を上げることで「企業の期待」に応えています。

一方スタッフとは，ライン部門を支援し補佐する活動をする人や部門のことで，例えば，総務部門や人事部門，調査部門などを指します。

スタッフ部門は，生産高や売上高などのように数字で表すことのできる業績を上げるわけではありませんが，ライン部門を支援し補佐することで間接的に貢献し，「ライン部門の期待」に応えています。

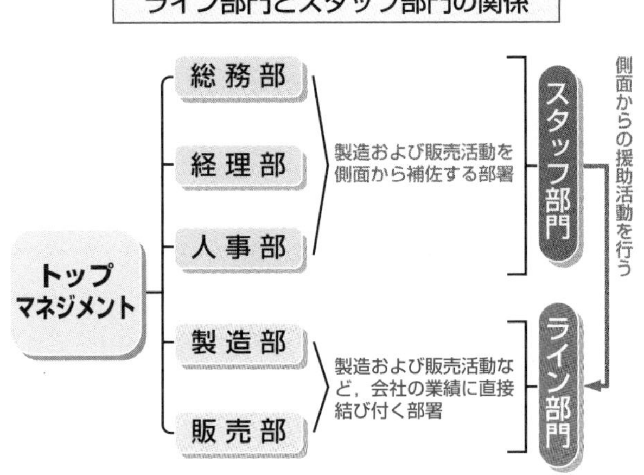

●秘書は上司を補佐するスタッフ

上司は，経営管理を行うことで直接的に企業の業績に結び付く成果を挙げ，「企業の期待」に応える立場にあります。そうした経営管理層の雑務を引き受けて，側面から支援する秘書は，スタッフの一員ということになります。従って，上司が本来の仕事に専念できるように，「上司の期待」に応えなければなりません。

当然のことながら，経営管理者層を補佐する秘書課はスタッフ部門の一つということになります。

●上司あっての秘書

これまで述べてきたように，スタッフは，支援する部門がなければ存在する意味がありません。つまりスタッフである秘書は，上司がいなければ不要な存在です。「上司なくして，秘書なし」の言葉があるように，秘書は上司あってこそ，その存在理由があるのです。

組織の中の秘書の位置付け

秘書は，組織の中の所属によって，あるいは担当任務によって分類できます。

●所属による分類

秘書がどこに所属しているかによって，以下のように分類することができます。

◆個人付き秘書。

秘書はどの部門にも所属せず，特定の個人の専属秘書になる。命令系統が一つなので仕事の範囲がはっきりする。欧米の企業に多い。

◆秘書課秘書。

トップマネジメント＊1）を担当する秘書。秘書課に所属し，秘書一人で複数の上司を補佐したり，チームで複数の上司を補佐する。実際には，秘書課に所属していても特定の上司を専属で担当するケースが多い。直属の上司は秘書課長になる。

◆兼務秘書。

ミドルマネジメント＊2）を担当する秘書。上司が統括する部門に所属し，部門内の業務をしながら，上司の補佐も兼務する。

◆チーム付き秘書。

プロジェクトチーム＊3）や研究部門などのチームを担当する秘書。チームの運営を円滑にするために，チーム全体を補佐する。

●担当任務による分類

上司に対する補佐の仕方で以下の二つに大別されます。

◆直接補佐型秘書。

上司のブレーンとして専門的な知識を持ち，さまざまな角度からアドバイスをしたり意見を述べたりする。また，上司に代わって関係者と面談するなど，一定の範囲内で上司の業務を代行する代行権を有している。「参謀（さんぼう）型秘書」ともいわれ，上司に対しても大きな影響力を持つ。

◆間接補佐型秘書。

上司の周辺雑務を処理したり身の回りの世話などをして間接的に上司を補佐する。女性が多く，「副官（ふくかん）型秘書」ともいう。通常，企業で「秘書」という場合には，このタイプの秘書のことをいう。

＊1）トップマネジメント＝企業の経営者層のことで，会長，社長，副社長，専務，常務などをいう。
＊2）ミドルマネジメント＝部長，課長，支店長，工場長など中間管理職をいう。
＊3）プロジェクトチーム＝新規事業の開発や問題解決のために，必要な人材を各部門から選抜して結成した組織のこと。目的を達すれば解散する。

スタッフとしての秘書の機能

秘書の機能とは，上司が仕事を遂行する上で生じる多くの雑務を処理し，上司が企業から期待されている経営管理に専念できるようにすることです。つまり，スタッフとしての秘書の機能とは，「上司を補佐する」ことです。従って，秘書は上司の指揮命令を順守するほか，次のようなことに留意しなければなりません。

◆仕事は上司の指示や許可を得て行うことを原則とする。

◆上司を無視して独断専行(どくだんせんこう)することは許されない。

◆上司に不利益になるような言動をしてはならない。

◆秘書のミスは上司の責任になることを自覚する。

◆上司が主役であることを認識し，陰の力に徹する。

秘書の機能と役割

秘書は，秘書の果たす機能と役割の関係についてしっかり把握しておく必要があります。

機能とは「働き」とか「作用」という意味で，企業における秘書の機能は，前にも述べた通り，「上司を補佐する」ということです。

では，役割は何かというと，機能に基づいて行う「上司の身の回りの世話」，「日程管理」，「来客接遇」，「電話応対」などの仕事のまとまり……と理解すればよいでしょう。そして，「上司の身の回りの世話」という役割の中に，「お茶や食事の手配」，「上司の健康状態への配慮」など，細かい個々の仕事が含まれることになります。

すなわち，秘書の役割は，「上司の補佐」機能に基づき，「日程管理」や「来客接遇」などの仕事を引き受けることで，上司の期待に応えていく……ということです。以上をまとめると以下のような図になります。

秘書の機能・役割・個々の仕事の関係

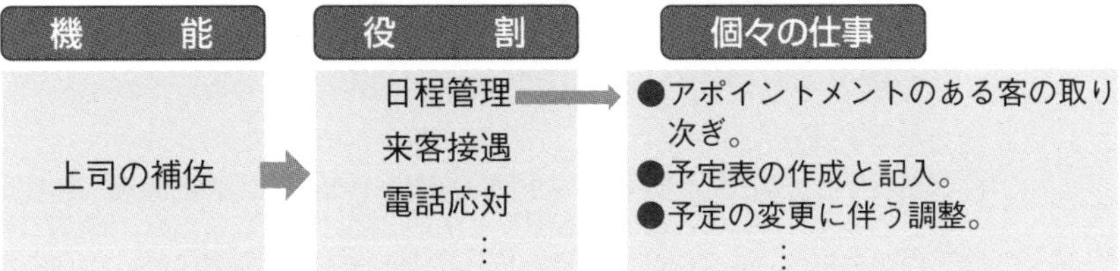

SELF STUDY

過去問題を研究し
理解を深めよう！

POINT 出題 CHECK

「スタッフとしての秘書」では，秘書が「スタッフ」であることを押さえておく。「スタッフとしての秘書の機能」では，補佐する際の基本となる「上司の指示や許可を得て仕事をする」という原則と，逆の禁止事項で「独断専行で勝手な行動をしない」という注意点を押さえておきたい。また，「補佐するのに不要なこと」を上司に尋ねるという問題も多い。

独断専行

上司（営業部長）の確認を得ないでしていることである。

○　①歳暮が営業部宛てに届いたら，礼状を出しておき，後で品物と一緒にまとめて報告している。

○　②取引先の社屋移転や転・退任の通知は，上司の名で届いていても名簿を直している。

×　③スケジュール上，上司が出席できそうもない会議などには，欠席通知を早めに出すようにしている。

①，②上司の指示を待つまでもなく，進めておく秘書の定型業務である。③「出席できそうもない」とは「出席できるかもしれない」ということでもあるから，ここは上司の指示を得てから返事を出さなければならない。また出欠の返事は，出席できるかどうか分からないときは，ぎりぎりまで待って，はっきりしてから出すのがよい。

補佐に不要なことを尋ねる

部長秘書Aのところに本部長秘書から電話が入った。明日の取引先社長の告別式に本部長の代理で上司に参列してもらいたい，ということである。上司はG支店に出張中だが明日は出社の予定である。

×　①本部長秘書に本部長が参列できない理由と，代理は上司でなければ駄目なのかを尋ねた。

○　②本部長秘書から告別式の場所と時間などの申し送りを受け，会社としての対応を尋ねた。

①本部長から告別式の代理参列を上司（部長）が頼まれたのである。このようなことは当たり前のことで，本部長と上司の間のことでもある。秘書に理由を尋ねるくらいはよいとしても，上司でなければ駄目なのかというのは不適当。②会社としての対応とは，例えば供花や弔電などのこと。このようなことは代理で出席する上司に伝えるべきことなので尋ねたのは適切。

CHALLENGE 実問題

1 難易度 ★★★☆☆

部長秘書Aの上司は黙って席を立つことが多い。大抵は社内にいるので必要なときには捜すが，すぐには見つからず人を待たせるなど，業務に差し支えることもある。これを解消するためにAはどのようにしたらよいか。次の中から不適当と思われるものを一つ選びなさい。

1）上司が立ち寄りそうな部署に，「上司が立ち寄ったら知らせてもらいたい」と頼んでおく。
2）上司の様子に気を付けていて席を立つときは，「どのくらいで戻るか」と尋ねるようにする。
3）上司に，「迅速な対応をするため，なるべく行き先を知らせてもらえないか」とお願いしておく。
4）部員には，「上司は席にいないことが多いので，在席の確認をしてから来てもらいたい」と言っておく。
5）上司に，「行った先で時間がかかりそうなときは，内線電話で知らせてもらえないか」とお願いしておく。

2 難易度 ★★★☆☆

秘書Aは後輩のBに，秘書の仕事とは，上司が本来の仕事に専念できるように手助けすることであると話し，次のように教えた。中から不適当と思われるものを一つ選びなさい。

1）上司が快適に仕事ができるように，環境整備には特に気を使うこと。
2）日常的な仕事は上司の指示がなくてもできるようにしないといけない。
3）秘書がした仕事であっても，上司がしたことになるので心しておかないといけない。
4）上司が留守をしても，周りの人の仕事に差し支えないようにするのが秘書の仕事である。
5）上司から君に任せると言われたことでも，秘書の立場をわきまえて自分の判断ではしないこと。

【解答・解説】1＝1）上司が席を外して不都合なことがあれば，それに対応するのはAの仕事。上司が立ち寄りそうな部署に立ち寄ったら知らせてもらいたいと頼めば，その部署に手数をかけることになるので不適当ということである。
2＝5）上司が任せると言うのは，上司が判断するまでもないことや忙しいなどでBの判断で処理してもらいたい仕事の指示であろう。それを，秘書の立場をわきまえて自分の判断ではしないなどと教えたのは，筋が違っていて不適当ということである。

Lesson 2 上司と秘書の関係

用事があったのに，いなくて困った!!

▶秘書Aの上司は取引先へ行って，帰りに昼食を済ませてから戻ると言って外出しました。その後すぐAは会社の用事で外出し，昼過ぎに戻ると上司から，「頼みたい用事を思い出したので昼食は後にして戻ったが，いなくて困った」と言われました。このような場合，Aは上司にわびてからどのように対応すればよいのでしょうか。

対処例 ○△×?…

「どのような用事なのか，今からでも間に合うのならするので指示してもらえないか」などと話せばよいでしょう。

スタディ !!

この場合Aに非はありませんが，上司に対して秘書としての役割を果たせなかったのですから，間に合うなら，その用事を早急に済ませることを一番に考えなければなりません。従って，すぐ上司に指示を仰ぎ，上司の期待に応えるようにします。

秘書は上司の期待に応える

上司には，経営管理を行って企業の期待に応えていく役割があり，秘書には，その上司を補佐して，上司の期待に応えていく役割があります。この，上司と秘書の機能と役割の違いを理解しておきましょう。

上司の機能と役割

企業は社会に物やサービスを提供し，より多くの利益を追求していくことを目的にしています。上司は，この企業の目的を実現するために，さまざまな意思決定を行うなど，適切な経営管理をしていかなければなりません。つまり，上司の機能は，「経営管理を遂行(すいこう)し，経営陣を側面から支える」ということになります。またその役割は，経営計画を策定(さくてい)*1)したり，管理する組織の指揮(しき)*2)・命令を実行して実績を上げ企業の期待に応えていくことです。

上司はその役割を果たすために，取引先との面談，会議への出席，出張，決裁書類への押印(おういん)*3)，部下への指示など個々の仕事を遂行していくことになります。

●秘書の機能と役割

上司は企業の期待に応えるために，重要な仕事を処理していくことになりますが，本来の仕事を遂行する際にもさまざまな雑務が発生してきます。上司がこれらの雑務に関わっていると本来の業務に専念できなくなってしまいます。そこで，上司の雑務を担う秘書が必要とされるようになったのです。その秘書の機能と役割については前にも述べましたが，まとめると以下のようになります。

◆秘書の機能＝上司の雑務を引き受けて上司の手助けをすること。

◆秘書の役割＝上司が本来の仕事に専念できる環境をつくるために雑務をこなすこと。

上司と秘書の機能と役割の違い

上　司（部長）		秘　書
経営陣の補佐 事業方針に基づいて，経営陣を側面から支えること。	機能	**上司の補佐** 上司の雑務を代行し，上司が本来の仕事に専念できるようにする。
↓		↓
事業目標の達成を図る 利益追求のために戦略を練り，部の課長に命じて，事業目標の達成を図っていくこと。	役割	**上司の期待に応える** 日程管理，来客接遇，電話応対，環境整備，出張事務，文書事務など各種の業務を行う。
↓		↓
個々の仕事を遂行する 決裁業務や会議への出席，来客との面談，部下への指示，取引先との交渉などを行う。	仕事	**個々の仕事を遂行する** 日程管理では，予定表の作成や日程変更の調整など，細かい仕事を遂行する。

*1) 策定＝政策などを考えて決定すること。
*2) 指揮＝役割に応じた働きをさせるように，全体を把握しながら指示すること。
*3) 押印＝印鑑を押すこと。

上司の期待に応えるための心構え

上司の職務は，直接的に企業の業績に結び付いていますが，秘書の職務は直接的に上司に結び付いているので，企業の業績とは間接的に結び付く関係にあります。また，秘書の職務は上司に対して責任を負いますが，企業に対しては間接的に負うこととなり，企業に対する直接的な責任は上司が負うことになります。

つまり，秘書のミスは上司が企業に対して責任を負うことになりますが，逆に秘書の適切な補佐は，上司の業績向上に寄与することになり，間接的に企業の業績に貢献していることにもなるのです。

それだけに，秘書は上司の期待に応えるように仕事に取り組んでいかなければなりません。よりよい補佐をするために，次のようなことに留意しましょう。

◆上司の期待や希望をくみ取り，実現するように最大限の努力をする。

◆気配りが行き届いた補佐をするように心がける。

秘書の職務範囲と越権行為

秘書は，秘書と上司の機能と役割の違いをよく心得ておき，自分の職務範囲を超えて上司の職務権限を侵(おか)さないようにしなければなりません。

秘書の職務範囲とは

上司が本来の業務に専念できるように，上司の周辺雑務を代行して上司を補佐するのが秘書の基本的な機能です。従って秘書の職務範囲は，取引先との面談のために予約をしたり，上司が効率よく行動できるように日程管理をしたり，好ましい人間関係を築くための接遇をするなどの補佐業務になります。

許されない越権行為

越権行為(えっけんこうい)とは，定められた範囲を超えて出過ぎた行為をすることです。例えば，秘書が上司に代わって，取引先と面談するといったようなことです。つまり，上司が専念すべき本来の業務に立ち入るとそれは越権行為になるので気を付けます。次のような行為は越権行為です。

◆経営管理に関することに口出しする。

◆上司に指示めいたことを言う。

◆来客に対して上司と同等の権利があるように振る舞う。

◆上司の代理として会議や行事に参加する。

◆取引先への贈答を秘書の名前でする。

◆勝手に上司のスケジュールを変更する。

◆上司の承諾なく面会予約を受ける。

◆上司の部下に指示をする。

◆決裁書＊1)，稟議書＊2) などに押印する。

●越権行為に近い言動にも注意

越権行為とまではいかなくても，やはり慎まなければならない行為があります。例えば，上司に今回の契約の件で相談があるという取引先に対して，「具体的にどのようなことか」と尋ねることです。何の相談か具体的な内容が分からなくても，「今回の契約の件で相談したいことがあるので至急面談したいということだがどうするか」と上司に取り次ぐことができます。

●上司の仕事やプライバシーに深く立ち入らない

秘書は，上司の行動を細かく知ろうとしたり，仕事の細部まで関心を持とうとしてはいけません。秘書が上司の仕事内容を把握するのは，あくまでも上司を補佐する範囲に限られます。また，上司のプライバシーを尊重し，よりよい補佐をするために必要な以下のようなこと以外は，深く知ろうとしてはいけません。

◆主な仕事内容や職務権限。

◆社外で所属している団体や役職，知人・友人を含む主な人脈。

◆住所，利用駅，家族構成などの基本的な生活環境に関すること。

◆性格，趣味，好きなスポーツ，食事や飲み物などの好み，健康状態など。

上司への進言

進言とは，目上の人に意見を言うことです。通常，求められない限り，秘書が上司に対して忠告したり意見を言うことは原則としてありませんが，次のことを心得ておきましょう。

◆健康・食事・服装については失礼にならない範囲で進言してもよい。

◆上司のミスに気付き，それが上司や仕事に悪影響を及ぼしそうなときは，言い回しに注意して進言する。

◆上司から人物の評価を求められたら，よい面を中心に話すように心がける。

＊1) 決裁書＝権限を持つものが案件の可否を示した書類。
＊2) 稟議書＝担当者が案を作成して関係者に回覧し，上の者に承認をもらうための書類。

SELF STUDY

過去問題を研究し
理解を深めよう！

POINT 出題 CHECK

「上司の期待に応える」仕事の仕方を押さえる。上司に指示されたら，別の人に仕事を押し付けないですぐ引き受けるなど基本姿勢が問われる。「越権行為」に関しては，どのような理由があっても，上司本来の業務の代行はできないことを押さえておく。「上司が指示しなければできないこと」を知っていれば解ける。また，「上司の仕事に立ち入る」事例が示されたら，仕事上でもプライベートでも「必要以上に関心を示さないこと」がポイントになる。

●次のような間違えやすい問題に注意しよう !!

●急用だから→×急ぐなら仕方がない（どんな場合でも上司本来の業務の代行は不可）

●上司が多忙で負担を軽くするため→×上司の負担を軽くするのはよいことだ（どんな理由でも，上司本来の仕事の代行は不可）

●お願いした→×お願いなら上司も聞いてくれるだろう（お願いの形をとっていても，上司にこうしてくれと指示していることになる）

✲ 上司の期待に応える

上司が栄転することになった。

○ ①転任のあいさつ状を作ることになったとき，「前に作ったものでございますが，参考になさいますか」

○ ②持ち帰る私物などを整理することになったとき，「何かお手伝いすることがおありでしたら，おっしゃってください」

× ③新しい名刺を作りたいと言われたとき，「それは転任先の秘書の方（かた）に頼んだ方がよいのではないでしょうか」

①，②上司を積極的に補佐しようとしていてよい。③上司としては，新しい勤務地に着任する前に，あるいは着任してすぐ名刺が必要と思って頼んだのであろう。指示されたらすぐ作って上司の期待に応えるようにしなければならない。また，秘書の立場をわきまえないこのような進言は許されないことである。

越権行為

上司が出席予定になっている営業部連絡会議の日時に，上司が役員をしている業界団体の会議の連絡が入った。

× ①先に決まっていたのは営業部連絡会議なのだから，業界団体の会議は欠席と通知し，そのことを上司に報告する。

①会議などの日時が重なった場合は，上司の意向を確かめるのが原則。

進言と越権行為

上司に申し出たこと。

○ ①上司が出席予定の会議が始まる時刻にまだ席にいたので，「そろそろ会議が始まる時間でございますが……」

× ②上司が風邪をひいてつらいと言っているのを聞いて，「来客の応対は課長にしていただくよう私からお願いしておきましたが……」

①「～が……」の後は，「いかがなさいますか」などが続くが，このような言い方でもよい。しかし「～時間なのでご用意ください」などと言えば上司に指示することになる。②上司の意向も確かめないで，秘書が決めてしまうのは越権行為である。

上司の仕事に立ち入る

上司は営業支援のために支店へ長期出張することになった。

○ ①支店の担当者に，上司の食事の好みや食べ物の好き嫌いを伝えた。

○ ②前もって支店から取り寄せておいた方がよい資料を上司に確認し，支店に請求した。

× ③営業支援として具体的に上司に何をしてもらいたいのかを，支店に確認した。

③具体的に何を支援するかは，支店と上司の間で決められることである。そうしたことに秘書が口を挟むものではない。

上司の私事に立ち入る

上司について知っておかねばならないこと。

○ ①略歴。

× ②社外からの収入。

○ ③所属している社外の団体。

○ ④趣味，好物，資格。

②知っていたからといって上司を補佐するのに何の役にも立たない。社外からの収入は上司の私的なことなので秘書が立ち入ってはならない。

CHALLENGE 実問題

1 難易度 ★★★☆☆

秘書Aの上司は出張中で今週は戻らない。そこへ上司が所属する業界団体から会議の案内状が届いた。出欠の連絡は事務局宛てに今週末までとなっている。その会議に上司はいつも出席していて，その日時には他の予定は入っていない。このようなことにAはどう対処したらよいか。次の中から不適当と思われるものを一つ選びなさい。

1）出張先の上司に連絡を取って確認をしてから，事務局へ出欠を連絡する。
2）事務局には「出席」と連絡し，出張先の上司には出席と返事をしたがよいかとメールしておく。
3）事務局に，上司は出張中で今週は戻らないので，出欠の連絡は来週にさせてもらえないかと頼む。
4）事務局に，一応「出席」にしておいてもらいたいと頼み，上司が戻ったら改めて連絡させてもらうと言う。
5）いつも出席している会議なのだから事務局に「出席」と連絡しておき，上司が戻ったらそのことを報告する。

2 難易度 ★★★☆☆

次は秘書Aが，上司の手助けをするために心がけていることである。中から不適当と思われるものを一つ選びなさい。

1）社内の親睦会などには積極的に参加し，他部署との交流を持つようにしている。
2）上司の私的な交際や会合などのことも，できるだけ知っておくようにしている。
3）新聞の経済面に目を通し，自社が属する業界の動向について知っておくようにしている。
4）仕事は秘書の役割を意識して上司の指示で行うが，日常的なことは自分の判断でしている。
5）上司の留守中に上司の代わりをすることもあるが，あくまでも秘書としての範囲を意識している。

【解答・解説】1＝5）いつも出席していて他の予定が入っていないなら出席の可能性が高いので，出席と連絡しておくのはよいであろう。が，最終的には上司の判断だから，できるだけ早く確認するのがよい。戻ったら報告するのでは遅いということである。
2＝2）秘書は上司の仕事の手助けが仕事だから，私的な交際や会合でも知っておいた方がよいこともある。ただし，全く個人的なものもあるのだから，できるだけというのは行き過ぎていて不適当ということである。

SECTION 2 秘書の業務

Lesson 1 秘書の業務と心得

上司と先方に食い違いが……

▶秘書Aは上司から，「明日の3時に営業部長と打ち合わせをすることになった」と言われていました。そのような折，営業部長秘書Bが別件で書類を持ってきたので，ついでに明日のことを確認すると「何も聞いていないし，営業部長には3時に来客の予定が入っている」とのことです。このような場合，Aはどのように対応すればよいのでしょうか。

対処例 ○△×?…

Ｂに「上司から明日の３時に営業部長と打ち合わせをすると聞いていたので，そのことを営業部長に確認してもらえないか」と依頼すればよいでしょう。

スタディ !!

上司のスケジュールの把握は秘書の仕事で，上司の予定はＡが，営業部長の予定はＢが把握しています。明日の打ち合わせについてＢが何も聞いていないということなら，この場合のＡの対処としては，Ｂの上司である営業部長に確認してもらえないかとＢに頼む他ありません。

定型業務

定型業務は，事前にどのように進めたらよいか上司の意向を聞いて決めておきます。従って，日常的には秘書の判断で進めていって構いません。いちいち上司の指示を求めていては，上司を煩わせることになります。部屋の掃除や換気など，した方がよいと判断したらすぐに処理するようにします。ただし，判断に迷うような場合は，上司の指示を得るようにします。

定型業務には，①上司の身の回りの世話，②日程管理，③来客接遇，④電話応対，⑤会議･会合，⑥交際，⑦出張事務，⑧文書事務，⑨経理事務，⑩環境整備，⑪情報管理などがあります。

①上司の身の回りの世話

上司が仕事に専念できるように，秘書は上司の身の回りの雑務を引き受けることになります。上司の私的用事でも同様の意味から快く引き受け，他の業務と区別せずに処理します。

◆車の手配（上司の出社・退社時や外出時の送り迎え。いつでも配車できるように運転手との連絡は密にしておく）。

◆お茶や食事の手配（上司が出勤したとき，仕事の合間，接客時，会議のときなどにお茶を出したり，食事の手配などをする。上司の好みを心得ておくほか，状況によって適切に判断する）。

◆嗜好品（しこうひん）・常備品の購入。

◆上司の健康状態への配慮（定期健診の予約など。主治医の電話番号などを控えておく）。

◆上司の私的交際に関する事務（同窓会，趣味の会の連絡事務など）。

②日程管理

上司の仕事がスムーズに運ぶように行動予定を管理します。二重予約や予約漏れがないようにチェックしたり，日程変更があれば調整したりしなければなりません。また，上司の体調や意向を尊重し，スケジュールがハードにならないように日程を組むのも秘書の腕の見せどころです。

◆面会予約客の取り次ぎ。

◆予定表の作成記入。

◆予定の変更に伴う調整。

◆上司への確認（上司と秘書との間に思い違いがないようにする）。

◆関係先への連絡。

③来客接遇

来客接遇は，上司と関係者のよい関係を構築するための重要な仕事です。来客が最大の満足を得られるように，心を込めて接遇に当たります。

◆来客の受付と案内。

◆来客接待（茶菓のサービスなど）。

◆上司不在中の来客応対。

◆来客の見送り（部屋での見送り，エレベーターまでの見送り，外の車までの見送りなど，ケースごとのポイントを心得ておく）。

④電話応対

電話はビジネスに欠かせない道具ですが，声だけが頼りであるため，相互に聞き違いなどを起こしがちです。上司と関係者の間に立って情報のやりとりをする秘書としては，間違いがないように情報を受け取ったり，正確に伝達したりしなければなりません。

- **◆上司にかかってくる電話の応対。**
- **◆上司がかける電話の取り次ぎ。**
- **◆上司不在中の電話応対と報告（電話があったことや伝言を報告する）。**
- **◆問い合わせへの応対（関係者からの各種問い合わせに対する応答）。**

⑤会議・会合

会議には，上司がメンバーになっている会議と，上司が主催する会議があります。上司が主催する会議に関する秘書の業務としては，事前の準備，会議直前や会議中の仕事，後片付けなどがあります。

- **◆会議開催の通知状の作成や送付（社内会議の場合は電子メールや電話・ファクスでの通知が多い）。**
- **◆会議に必要な資料の作成や配布（事前に配布する場合と当日配布する場合がある。事前に配布した場合は，忘れてくる人のために予備を用意しておく）。**
- **◆会場の手配と準備（会場が社内の場合とホテルの会議室など社外の場合がある）。**
- **◆参加者の受付と資料配布。**
- **◆茶菓・食事の手配と接待（飲み物を出す回数と時間を決めておく）。**
- **◆議事録の作成（秘書が担当しない場合は手配する）。**

⑥交際

上司は交際範囲が広いため，多くの関係者の慶事や弔事などに関わることになります。秘書は，そうした上司の負担をできるだけ和（やわ）らげるために，慶事や弔事に関する知識を持ち，適切な対応をしていかなければなりません。また，中元や歳暮など贈答に関する手配なども秘書の業務です。

- **◆冠婚葬祭に関する事務（告別式など上司の代理で出席する場合もある）。**
- **◆中元・歳暮などの贈答品手配や事務（中元や歳暮の礼状は上司の指示を待たずに秘書が出す）。**

⑦出張事務

国内外を問わず，上司が出張することは少なくありません。秘書は，上司が持参する資料や書類を用意したりするほか，宿泊施設や交通機関の手配をしたり，旅程表の作成などをしなければなりません。また，出発前の旅費等の仮払いや帰った後の精算等の経理事務も秘書の仕事です。

◆資料や書類などの準備（長期にわたる場合や量が多い場合は宿泊先などに送付）。

◆宿泊先や交通機関の手配（上司の希望に沿うように気を配る）。

◆旅程表の作成。

◆関係先との連絡・調整。

◆旅費関係の経理事務。

⑧文書事務

文書の受信・発信事務だけでなく，社内文書や社外文書の作成も秘書の仕事になります。目的に応じた文書を作成できるように，文書作成のノウハウをマスターしておく必要があります。

◆社内文書・社外文書の作成や清書。

◆文書の受信・発信事務。

◆文書や資料の整理と保管。

⑨経理事務

取引先との接待や会合など，日常的に上司が活動する際の経費の仮払いや精算事務も秘書の仕事です。預かった金銭を紛失したり，伝票に記入する金額を間違えたりしないように，金銭管理には十分注意を払います。

◆経費の仮払いと精算，および諸伝票の作成。

◆上司が加入している社外団体の会費の支払いと催事への参加手続き。

⑩環境整備

上司や来客が快適に過ごせるように，秘書は上司の執務室や応接室を適切に管理します。

◆上司の執務室や応接室の清掃，整理整頓。

◆照明・換気・温度の調節，騒音防止への配慮。

◆備品・事務用品の整備と補充。

⑪情報管理

新聞やテレビなどマスコミへの対応のほか，上司が求める情報を収集します。

◆社内外からの情報収集と社内外への情報伝達。

◆資料の整理。

◆マスコミへの対応。

非定型業務

非定型業務には，①予定外の来客対応，②上司の急な出張，③上司の急病，④上司の交通事故，⑤災害，⑥盗難，⑦不法侵入，⑧人事異動での引き継ぎ，⑨新人秘書の指導，⑩その他，予定外の仕事などがあります。

①予定外の来客対応

社会的地位の高い上司のところには，予約なしの来客も少なくありません。予約がないからと勝手に断ったりせず，状況に応じて適切に対応します。

◆来客に緊急度を確認する。

◆上司に取り次ぎ，面会するかどうかの判断を仰ぐ。上司が不在の場合は，不在を告げ，代理の者でよいか，改めてこちらから連絡するか，来客の意向を聞く。

◆予約なしの来客も，予約客と同じように感じのよい応対をする。

②上司の急な出張

ビジネスの社会では，さまざまな要因で状況は常に変化しています。上司を補佐する秘書としては，いつ急な出張があっても対応できるようにしておかなければなりません。

◆出張が決まったら，その間に入れていた予約をキャンセルして，改めてスケジュールを組み直す。

◆通常の出張業務を手際よく行う。

◆留守中の上司への用件は，緊急度・重要度などを考慮し，状況に応じた適切な処理をする。

③上司の急病

上司が急に病気で倒れたり，入院したりしたときは，上司の代行者や秘書課長などと相談して適切な処理をしなければなりません。

◆業務中に急病になったら上司の主治医や家族に連絡する（場合によっては応急手当てや救急車の手配をする）。

◆家族から急病の知らせを受けたら，上司の代行者や秘書課長に連絡する。

◆スケジュールの調整（上司の代行者などと相談し，上司の当面の予定をキャンセルする）。

④上司の交通事故

上司の交通事故の連絡を受けたら，事故の軽重に応じて適切に処理します。

◆会社の担当部署にすぐ連絡する。事故の程度によっては家族に連絡する。

◆軽い事故なら運転手に任せ，大事故なら顧問弁護士に連絡する。

◆上司の代行者などと上司の日程調整を相談する。

⑤災害

地震や火事，洪水などの災害にあったら，人命第一で行動します。状況を冷静に把握して，来客を安全な場所へ誘導するようにします。事前に災害時の対応マニュアルなどをよく読んでおき，対処方法を確認しておくことが大切です。

◆来客優先の避難誘導をする。

◆人命第一を心がける。

◆上司（不在の場合は代理人）の指示に従って，貴重品などを持ち出す。

⑥盗難

盗難にあったら，騒がずに上司や担当者に相談して指示に従います。

◆上司，総務部の担当者に連絡する。

◆被害の確認をする。

◆指示があれば，警察に通報する。

⑦不法侵入

寄付の強要や嫌がらせなど，招かれざる客が押し寄せてくることがあります。そのようなときにも慌てずに，緊急マニュアルなどに従って適切な対応をします。

◆強引なセールスに対して適切に対処する。

◆不意の陳情（ちんじょう）者（しゃ）に対して適切に対処する。

◆脅迫（きょうはく）・暴力行為などがあった場合は，上司あるいは代行者の指示を受けるなどして警備室や警察へ通報する。

⑧人事異動での引き継ぎ

人事異動で上司が代わる場合は事務の引き継ぎを行いますが，その際新しい上司の情報（人柄，仕事の仕方の特徴や好みなど）も得ておき，できるだけ早く新上司の意向に沿う補佐ができるように努めます。

◆一般的な事務引き継ぎ。

◆上司を理解するために必要な情報収集。

⑨新人秘書の指導

知識や技能を順序立てて分かりやすく指導します。新人に指示や注意を与える場合は，自尊心を傷つけないような気配りが大切です。

⑩その他，予定外の仕事

定型業務の他にも，秘書は上司が指示するさまざまな仕事を処理していかなければなりません。ときには難しい仕事を指示される場合もあるでしょうが，上司の指示に従って，前向きに取り組まなければなりません。

◆上司が指示する予定外の仕事にも進んで取り組む。

SELF STUDY

過去問題を研究し
理解を深めよう！

POINT 出題 CHECK

出題対象は，秘書業務全般ということになるが，「日程管理」や「出張事務」，「情報管理」業務の中のマスコミ取材への対応などが比較的多く出題される。非定型業務では，「上司の急病」など，突発的な出来事への対応を押さえておく。また，「人事異動での引き継ぎ」に関連して「新しい上司への対応」について問う問題も出題されるので，対処の要点を理解しておきたい。

日程管理

受信したメールに対して返信した内容である。

○　①部長会議の都合のよい日時を聞きたいというメールに，「上司は外出していて今日は戻らないので，明日確認してからメールする」

×　②今晩，上司と食事がしたいので都合を教えてもらいたいというＹ部長に，「仕事の予定は入っていないが，夜の予定は自分にも分からないので，上司に直接メールしてもらえないか」

②上司の補佐が秘書の仕事である。夜のことであっても，都合が分からなければ上司に聞いて返事をしなければならない。

出張業務

上司の出張の準備をしたとき行ったことである。

○　①上司が宿泊を希望するホテルが満室だったので，近くの同じランクのホテルを仮予約したことを上司に報告した。

×　②上司の希望する復路の航空便は，その日は全て満席だったので，翌日の同じ時刻で取ってあると上司に報告した。

①仮予約がポイント。上司の了承が得られない場合でもすぐ取り消すことができる。②希望の便が満席だったら，上司に確認して，別の航空会社の便なり，場合によっては別の交通機関のチケットを取ることになる。上司は都合があってその時刻の便を指示したのだから，確認もせずに翌日の便に変更してしまうのは不適当。

マスコミ取材への対応

上司が外出中，業界紙から上司あてのインタビュー依頼の電話があって確認したことである。

○　①取材の希望日時と所要時間。

×　②記事の大きさはどのくらいか。

○　③取材の内容と写真撮影はあるか。

①時間が取れなければ取材には応じられない。②記事の大きさは，取材側の紙面構成の都合や関心の持たれ方にもよるので取材を受ける側で確認するようなことではない。③取材内容は，取材を受けるかどうかを判断するポイントになる。

新しい上司への対応

新しい上司（部長）を理解するために行ったことである。

○　①部長に，来社したり電話がかかってくる友人の名前を教えてもらえないか，と言った。

○　②食事や飲み物などの好みを，前任の秘書のところに行って尋ねた。

×　③同僚一人一人に，部長のことで何か知っていることはないかと尋ねた。

③秘書が上司のことを知る必要があるのは，上司を補佐するためである。前任の秘書や上司の部下に必要なことを尋ねるのはよいが，同僚に何か知っていることはないかという尋ね方は，知ろうとする内容が違ってくるということで不適当。

上司の急病

朝出社すると，上司の家族から電話があり，上司が昨夜急病のため入院したという連絡を受けた。

○　①上司の容体と入院した病院名を尋ねた。

○　②上司のスケジュールで当面差し支えのあるものについて，課長に確認して調整を行った。

×　③面会予定のあった取引先に上司の入院を知らせ，詳細は追って連絡すると伝えた。

③会社の上層部の入院などは，取りあえず，社外に知られないように対処するのが一般的である。従ってその後は個々の事情で違いがあるとしても，面会の予定を変更するときに上司の入院を知らせるというのは，不適当である。

CHALLENGE 実問題

1　難易度 ★★★☆☆

部長秘書Aが外線電話を取ると，相手は自分を名乗らず，上司に取り次いでもらえれば分かると言う。声から年配の男性のようである。このような場合，Aはどのように対応するのがよいか。次の中から適当と思われるものを一つ選びなさい。

1)「年配の男性の方から電話です」と言って取り次ぐ。
2) 相手に「名前を言わない理由を教えてくれないか」と言う。
3) 相手に「取り次ぐが，用件だけでも教えてくれないか」と言う。
4) 名乗らないのだから，「名前を言わない方から電話です」と言って取り次ぐ。
5) 上司に代われば名前を言うだろうから，「部長に電話です」とだけ言って取り次ぐ。

2　難易度 ★★★★☆

秘書Aは上司から，「U社から招待を受けていたパーティーは出席で返事を出しておくように」と言われた。Aはすぐに返事を出そうとしたが，招待状はあるが返信はがきが見つからない。このような場合，Aはどのように対処すればよいか。次の中から適当と思われるものを一つ選びなさい。

1) U社にメールし，返信はがきを紛失したことをわび，出席することを伝えるのがよい。
2) U社に電話し，もう一度返信はがきを送ってもらいたいと頼み，それを使って出すのがよい。
3) 上司に返信はがきが見つからないと話し，どうすればよいかを尋ねて，それに従うのがよい。
4) 招待状に返信はがきを紛失したことのおわびと出席することを書き添えて，ファクスするのがよい。
5) 返信はがきが見つからないのだから，代わりに郵便はがきに必要事項と紛失したことのおわびを記入して出すのがよい。

【解答・解説】1＝3）電話の取り次ぎは名前を確認してからするものだが，この場合は取り次いでもらえれば分かると言って名乗らない。用件が分かれば相手の見当がつくこともあるから，3）の対応が適当ということである。
2＝5）返信はがきを受け取る側は，出欠が分かればよいのである。また，管理の都合からすれば，同じ形状の物がよい。となると，返信はがきが見つからなければ，5）のようにするということである。

Lesson 2 職務上の心得と仕事の進め方

早過ぎた来訪者……
どうしたらいいの？

▶秘書Aの上司は，常務から呼ばれて急な用件の打ち合わせ中です。そこへ，取引先のK氏が予約の時刻より20分早く訪れました。上司はK氏が20分後に来訪することは知っています。このような場合，Aはどのように対応すればよいでしょうか。

対処例 ○△×?…

上司にメモで，K氏が来訪したので，応接室で待ってもらっていると知らせておけばよいでしょう。

スタディ !!

K氏が予定より早く来たとしても，上司が応対できる状態であれば普通は応対します。今は打ち合わせ中で，K氏には予定時刻まで待ってもらうことになりますが，打ち合わせ相手は客ではなく，内部の者なので，一応上司にK氏が待っていると知らせておくのが適切な対応ということになります。

職務上の心得

秘書は，秘書業務をスムーズに遂行していくために，以下のようなことを心得ておく必要があります。

●非定型業務は上司の指示や判断を求める

非定型業務の中に，「予定外の来客対応」がありますが，不意の来客があったときは，「上司が面談中」とか「上司が忙しくしている」などの理由があっても，秘書が勝手に判断して，断ったりしてはいけません。必ず上司に取り次いで，どのようにするか判断を仰ぐようにします。また，不意の来客であっても丁寧に接し，上司が面談することになったら，通常の予約客と同じように接遇します。この他，盗難や不審人物の侵入など緊急事態に直面したときは，必ず上司に報告し，指示を受けます。

●上司不在時（連絡が取れない場合）の対応

出張や外出などで上司が不在のとき，上司の判断が必要な場合は，代行者（通常は上司のすぐ下の役職者）か秘書課長に相談して指示を受けます。また，上司に急な面談を求める取引先が来訪したときは，上司の不在を伝えた後，代理の者でよいかどうか尋ね，よいとなれば代行者か秘書課長に応対してもらいます。そうでない場合は，相手の意向を聞き，できるだけそれに沿った対応をします。

●面会の申し込みを受けたとき，その場で上司の空き時間を言わない

上司の不在時に面会の申し込みを受けたときは，誰に聞かれても上司の空き時間を話してはいけません。たとえ相手が親しくしている取引先や親友でも，上司がその日時に会うかどうかは分からないからです。上司の意向が確認できないのに，上司の空き時間を教えることは会うことを前提に秘書が話を進めているようなもので，上司を無視した行為になります。

●取り次がないとき相手に本当の理由を言わない

上司に「取り次がないように」と指示され，秘書が不意の客や電話の取り次ぎを断るときに，相手に理由を言ってはいけません。例えば，「これから緊急会議に入るから取り次がないように」と指示されたとき，「緊急会議中なので」と話せば，会社が穏やかならぬことを相手に知らせてしまうことになります。その場合は，単に「会議中」とか「外出中」，「面談中」など無難な理由を話すようにします。

●指示されるときの注意は謙虚に聞く

上司は仕事を指示する際，仕事の進め方で注意すべき点を話したり，前に失敗したことを持ち出して，同じようなミスをしないように注意を促（うなが）すことがありますが，そのようなときに「大丈夫です」とか「分かっています」などと返答してはいけません。「注意して進めるようにいたします」，「今度は失敗しないように注意いたします」と謙虚に応じるようにしましょう。

●「今すぐしてほしい」と指示されたら「すぐ」応じる

上司に，「今すぐ課長に来るように連絡してほしい」などと指示されたら，その指示通りに動かなければなりません。課長が不在あるいは打ち合わせ中の場合は帰ってからでよいか，後からでもよいかなどと尋ねるのではなく，不在ならどこにいるか探す手配をし，打ち合わせ中なら内線電話で伝言を頼み，すぐに上司の意向を伝えるようにしなければなりません。

●上司外出中の「電話」と「来客」は必ず報告する

上司の外出中にかかってきた電話や予定外の来訪者があったら，必ず上司に報告します。特別な用事はなくても「近くに来たので」と立ち寄った上司の友人や，「他の部署に来たついでに」と顔を見せた取引先の来訪なども報告しなければなりません。

また，「居るなら寄ろうと思って電話したが不在ならいい」「留守ならまた夕方こちらから電話する」といった電話の内容も報告します。

●上司の自宅に電話するのは緊急の場合のみ

上司の自宅はプライベートな場なので，緊急な場合やどうしても必要な場合以外電話は控えます。どうしても必要な場合とは，上司が取引先から直帰する間に上司宛ての連絡が入り，携帯電話にかけたがつながらない，しかし連絡しなければ次の日では間に合わないといった状況で，例えば，「明日一番で打ち合わせをしたいから，課長と一緒に部屋に来てほしい」と上司の上役から連絡が入った場合などです。従って，秘書が早く知らせた方がいいと思うような場合でも，次の日の朝方に報告すれば間に合うような件で，自宅に連絡したりしません。

合理的な仕事の進め方

仕事は必ずしも計画的にはいきませんが，だからといって指示された仕事から行き当たりばったりに進めていくと，締め切りに間に合わなくなるなど，トラブルのもとになってしまいます。やはり，合理的な手順や時間配分を考えながら効率的に進めていく必要があります。

●仕事は優先順位の高い方から処理する

嫌な仕事や自信がない仕事だからといって後回しにしてはいけません。仕事は優先順位の高いものから進めていき，優先順位は，緊急性や重要性を考慮して決めます。優先順位に迷ったときや，同時に複数の仕事の指示を受けたときは，上司に判断を求めるようにします。

●仕事を指示されたら必ず期限を聞き，時間配分を考える

上司に仕事を指示されたときは，仕上げの期限を必ず確認します。例えば，「急がないから」と言われたときも，おおよその期限を聞くようにします。そうでないと，突然「例のもの，もうできたかな」などと催促(さいそく)されて，慌(あわ)てることになります。

仕事の期限を聞いたら，現在進行中の仕事や日常業務などを考慮して，仕事のペースや時間配分を考え，計画的に進めるようにします。

仕事を標準化する

仕事を標準化＊1）しておくと，時間の短縮にもなり，仕事の効率も上がります。標準化の例としては次のようなものがあります。

●繰り返し使う文書はフォーム化する

コンピューターを使ってよく使う文書作成をする場合は，基本となる形式を作成して保存しておきます。必要なときにその基本文書を呼び出し，部分的に手を加えて完成させれば簡単に早く作成できるので，仕事の効率化を図ることができます。

●出社直後や退社前の仕事の標準化を図る

出社直後や退社前に実施する項目を書き出し，チェックリストを作成しておくと，仕事の効率化が図れるだけでなく確認事項の漏れも防ぐことができます。

退社時のチェックリスト
①予定表を参照し，明日の仕事の段取りを考える。 ②机上の整理，部屋と応接室を片付ける。 ③上司の忘れ物がないかチェックする。 ④キャビネット，ロッカー，金庫などに施錠（せじょう）する。 ⑤パソコンやコピー機などのスイッチを切る。 ⑥帰りに投函する郵便物を用意する。 ⑦火の点検と戸締まりをする。

空き時間を活用する

上司が長期出張したときなどは，比較的時間の余裕が生まれます。このような空き時間ができたら，忙しいときには手を付けられなかった次のような仕事を処理するようにします。

◆名刺や取引先名簿の整理。

◆定型文書の見直しや資料作成など。

◆インターネットメールのフォルダー（受信トレイなど）とアドレス帳の整理。

◆新聞・雑誌の切り抜きなど，情報収集した資料の整理。

＊1）標準化＝ここでは，仕事の手順や方法を一定の方式や形式に定めること。文書をフォーム化したり，仕事の手順をマニュアル化したりすることも仕事を標準化する一例である。

SELF STUDY

過去問題を研究し
理解を深めよう！

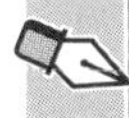

POINT 出題 CHECK

ここでの出題は，「職務上の心得」に関するものがほとんどだが，秘書が業務を遂行する上で心得ておくべき事項は多岐（たき）にわたる。例えば，取引先の人が転勤したときに「確認すべき情報」や上司に「報告すべき事項」，また上司の自宅へ電話するときや面会申し込みを受けるときの心得など幅広いが，それぞれの要点をチェックしておき，常識を働かせれば解けない問題ではない。

✻ 確認すべき情報

取引先のW部長秘書から，W部長が栄転するという話を聞いた。このことを上司に報告するために尋ねたことである。

○　①後任者の名前
×　②転勤の発令日
○　③転勤後の連絡先
○　④転出日

②報告するために確認すべきことは，上司の今後の仕事に関係あることである。転勤の発令がいつあったのかなどは聞いても意味がない。

✻ 報告すべき事項

秘書Aが最近行ったことである。

○　①取引先D社から歳暮の品が送られてきたので上司に報告し，礼状はいつものようにAが書いて出しておくと言った。
×　②上司の外出中に取引先の部長から受けた上司宛ての電話は，またかけるとのことだったので，帰社した上司に話さなかった。
×　③上司の留守中に，他部署に用があって来た客が，帰りに上司はいるかと言ってきたことは報告しなかった。

②，③上司の留守中の電話や来客は全て報告しなければならない。

上司の自宅への電話

上司（部長）が出張から直接家に戻ることになっているとき，上司の自宅に連絡したことである。

○　①他部署の部長から，「明日のゴルフのスタート時刻が30分早くなった」という連絡を受けた。

×　②上司の親しい友人から，「後援会に寄付をお願いしたいので，詳細を送った」という連絡を受けた。

②上司が出社してから報告してもよい内容なので不適当。

面会申し込みを受けるとき

上司の知人と名乗る人から電話があった。「上司に至急相談したいことがあるので，今日中に時間を取ってもらいたい。時刻はそちらの都合に合わせる」とのことである。

×　①今日の上司の空いている時間を言った。

○　②上司が戻り次第，こちらから連絡させてもらうと言った。

①上司が今日中に会うかどうか分からない。あるいは会わないかもしれない。従って，会うことを前提にしたような，今日の上司の空き時間を言うことは不適当である。

取り次がないとき

上司が会議中に，取引先の部長が「上司に急いで確認したいことがある」と言って不意に訪れた。上司からは「重要会議なので電話や来客は取り次がないように」と言われている。

○　①「上司は今手が離せないので，代理の者が会うということではどうか」と尋ねる。

○　②「上司は会議中なので，終わり次第こちらから連絡するということではどうか」と尋ねる。

×　③「重要会議なので来客は取り次がないようにと上司から言われているが，どのようにするか」と尋ねる。

①，②取り次げない理由を「手が離せない」「会議中」「外出中」などとし，対応は，「代理の者が会う」，「こちらから連絡する」などとなる。③重要会議に出席しているなど穏やかでないこと，また内部情報を漏らすようなことを話すのは不適当である。このような場合，本当の理由を言う必要はなく，無難な理由付けで了解してもらうのがよい。

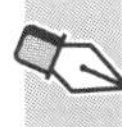

CHALLENGE 実問題

1 難易度 ★★★☆☆

次は秘書Aが最近行ったことである。中から不適当と思われるものを一つ選びなさい。

1）上司から後輩Eの性格や仕事ぶりなどを尋ねられたとき，知っていることを幾つか話した。
2）上司の外出中に上司の友人が贈り物を持って来たとき，渡してもらいたいと言うので預かった。
3）新聞を見ているとき上司の役に立ちそうな記事があったので，参考になるかと言って上司に渡した。
4）取引先の社長が入院したという話を耳にしたので，その会社に電話で病名などを尋ねて上司に報告した。
5）会議中の上司宛てに電話がかかってきたとき，Aの分かる内容だったので対応して会議から戻った上司に報告した。

2 難易度 ★★★☆☆

秘書Aの上司（部長）は取引先へ出かけていて留守である。次はそのとき留守を預かっていたAが行ったことである。中から不適当と思われるものを一つ選びなさい。

1）取引先の部長が転勤のあいさつに訪れたので，課長に対応をお願いした。
2）他部署の部長が，上司に貸してある資料が必要になったと言ってきたので探して返した。
3）契約書の内容を確認したいという取引先からの電話に，上司は留守なので後で連絡すると言って内容を尋ねた。
4）紹介状を持って不意に訪れた客に，上司が戻ったら連絡するので出直してもらいたいと言って紹介状を預かった。
5）他部署の部長から上司に会わせたい人がいると連絡があったので，上司の名刺を持って行き不在と話して名刺の交換だけしておいた。

【解答・解説】1＝4）取引先社長の入院を耳にしたら，事実を確認して上司に報告することは必要。が，Aが直接電話してあからさまに病名を尋ねるなどは，配慮に欠けていて不適当。このような場合は，その会社を担当している人に確認するなどが適切な対応ということである。
2＝5）他部署の部長から上司に会わせたい人がいると連絡があったら，まず上司の不在を告げてどうするかを尋ねることになる。また，名刺は初対面の人に自分を紹介するためのもの。秘書が上司の名刺で名刺交換するなどは不適当ということである。

第3章

一般知識

SECTION 1

企業と経営

Lesson 1 経営と組織

「重役」とは会長や社長のこと？

▶秘書Aは，後輩Dから「『重役』という言葉をよく耳にするが，社長や会長の別の言い方なのか」という質問を受けました。どのように説明すればよいのでしょうか。

対処例 ○△×?…

「重役とは，会社で重要な役についている人という意味で，一般的には取締役などを指す」と説明すればよいでしょう。

スタディ

重役とは，取締役など経営幹部の一般的な呼び名で法律上の名称ではありません。通常は，常務，専務，副社長，社長，会長などを総称して重役といいます。また，それらの名称も法律上の名称ではなく，会社内部での呼称です。法律上は，取締役，代表取締役になります。名刺などには，代表取締役社長，取締役副社長，専務取締役，常務取締役などと記されています。

資本と経営の分離

以前は，会社に出資した大株主が，株主であると同時に経営者として会社経営に携(たずさ)わっていました。これを資本と経営の一致といいます。しかし，現代では，会社の経営権を握っているのは大株主ではない経営者という場合が少なくありません。会社の規模が大きくなると，広く一般から資金を調達する必要が生まれ，創業者が個人で株式の過半数を所有することが困難になってきたことと，規模拡大によって事業の多角化や専門化が進んで経営が複雑になってきたことなどの理由により，株主が経営を専門家に任せることが一般化したからです。これを，資本と経営の分離といいます。

●経営者の選任と経営の委託

資本と経営が分離した段階で，株主は会社の最高意思決定機関である株主総会で経営者を選任し，経営を委託することになります。

株主総会では，会社を経営する役員として取締役を選任します。選任された取締役は，取締役会を開催します。取締役会は法律で定められた会社経営に関する最高の意思決定機関です。

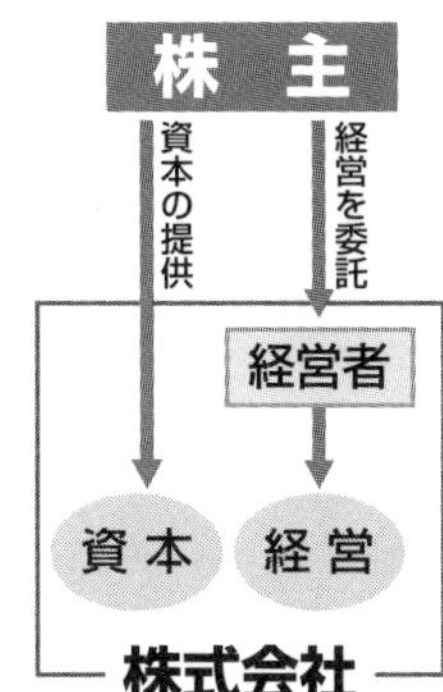

取締役会では，まず会社を代表する代表取締役を選定することになります。代表取締役の人数制限はないので，大企業などでは数人いることも珍しくありません。

このようにして選出された取締役および代表取締役が，経営者として会社を取り仕切っていくことになります。そして，それぞれの取締役や代表取締役は，会社内部の役職，すなわち会長，社長，副社長，専務，常務などの役職に就任し，実質的な職務を担当していきます。

経営者の職能と責任

経営者は株主に対する責任や社会的責任を果たすほか，関係者との利害調整や組織の管理，企業の革新を図っていくなどの職能＊1）があります。

●経営者の責任

経営を委託された経営者は利益を確保し，出資した株主に配当するという責任を持つだけでなく，社会的存在としての責任を果たさなければなりません。

秘書は，経営者が以下のような責任を有していることを心得ておきます。

◆株主に対しては，適切な利益配当を実現する責任。

◆従業員に対しては，生活の安定を保障する責任。

◆消費者に対しては，適正価格でよい製品やサービスを提供する責任。

◆社会に対しては，企業活動において社会に被害や損害を与えない責任。

＊1）職能＝各職業が持つ固有の働き。機構の中で果たす役割。

スタディガイド
領域：理論編
領域：実技編
テスト

●経営者の職能

利益を確保することが企業の目的ですが，単に利益を追求するだけではなく，企業が社会的存在としての役割を果たしていかなければ，企業を維持・発展させていくことはできません。そのために必要な経営者の職能としては以下のようなものがあります。

◆利害調整職能

株主，従業員，取引先，消費者，地域社会との利害関係を適切に調整する。株主への配当だけでなく，従業員の生活レベルの向上，取引先との健全な関係に心を配る必要がある。また，消費者に対しては売り惜しみをしたり，便乗値上げをしないで，適切な価格で提供することを心がける。地域社会に対しては，共に発展していくことを第一として協調・協力関係を維持していく。

◆革新職能

時代の変化に適応できるように，人材，組織，技術，設備など，あらゆる面を見直して，絶えず企業を革新していくようにする。

◆管理職能

できるだけ損失を少なくし，常に最大の利益を追求していくために，経営者は組織の隅々（すみずみ）まで目を配り，人材や設備，資金を効率的に管理運営していくように心がける。

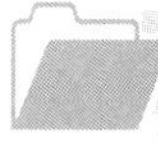

日本的経営の特徴

日本の風土に根ざして発展してきた日本の企業は，早くから資本主義を取り入れ，合理主義を貫（つらぬ）く欧米の企業とは違った特徴があります。しかし，経済のグローバル化＊1）が叫ばれている現在では，日本的経営がこれまでのように支持されなくなってきています。実力主義や成果主義など欧米流の考え方が次第に浸透（しんとう）してきています。

以下は，日本的経営の特徴です。

◆年功序列

賃金を年齢，勤続年数で決め，役職なども年功に応じて決められるという人事制度。従って，同期入社同士はあまり格差が付かず，また後輩との地位が逆転することが少ないので社内職場での摩擦（まさつ）が少ないという利点があるが，実力がある者にとっては不満が残る。現在では，年功序列もかなり見直され

＊1）経済のグローバル化＝国際間の垣根が低くなって世界の経済的な結び付きが深まること 。

ている。

◆終身雇用

一度雇用したらよほどのことがない限り，定年まで雇用を保障するという慣行＊1）的な制度。従業員は，長期的な展望で人生設計ができ，また経営者も将来を見越した人材の育成ができるというメリットがある。

◆生活共同体的意識

企業が従業員に社宅を提供したり，社員食堂や保養施設，診療施設を整備するなど，共同体的結び付きの意識が強いこと。

◆稟議制度

全て上層部が決定し，部下にその指示を与える欧米流のトップダウン方式ではなく，下の担当者が案を作って関係者に回覧し，協議した上で上層部の決裁を仰ぐという制度。このボトムアップ方式は，現場の担当者などの意見を吸収して士気を高めるという効果があるが，実際は上司が指示して案を書かせるなど形だけのものになっていることが少なくない。また，決裁に時間を要するという欠点がある。現在はそれを避けるために，電子メールで決裁するなどの方法を取っているところもある。

組織の部門化と階層化

会社の組織は，規模の拡大につれて複雑に変化していきます。経営者は，会社の規模や事業内容に応じて適切に組織を編成していかなければなりません。

●組織における部門化

社長と営業部員数名で活動している販売業の会社では，仕入れと経理を兼務する社長と「営業部」があるくらいで，組織らしい組織はありません。しかし，会社規模が大きくなると商品の仕入れを担当する「仕入部」，お金の管理を担当する「経理部」，人事採用や労務管理などを担当する「人事部」というような機能別の部門ができるようになってきます。もっとも，「経理部」や「人事部」などはいきなりできるのではなく，最初はそれらを合わせて「総務部」という部門が設けられ，総務部経理課，総務部人事課，総務部総務課などという組織になります。そして，会社の規模がさらに拡大し，人事や経理の仕事が増えてくると，総務部から独立して人事部，経理部というようになっていくのです。

＊1）慣行＝はっきり決められてはいないが，習わしとなっていること。

●組織における階層化

会社も規模が大きくなると，管理が難しくなるので，管理の階層化による分業が行われます。通常は「トップマネジメント」，「ミドルマネジメント」，「ロアマネジメント」の3段階の層に分け，それぞれの階層に応じて管理することになります。

◆トップマネジメント

会社全体を管理する最高管理機能で，会長，社長，副社長，専務，常務など経営者層がこれに当たる。

◆ミドルマネジメント

中間管理者層のことで部長，課長などを指し，トップが決めた方針，計画に従って，ロアマネジメントを指導しながら担当業務を遂行していく。支店長，工場長などもこのクラスに相当する。

◆ロアマネジメント

係長，主任などの現場管理者層のことで，中間管理者層の指示や指導を受けて，現場の担当者に指示を与えながら業務を遂行していく。

組織形態の種類

一般的な組織形態としては，職能別組織と事業部別組織があります。

●職能別組織

組織の編成に際して，製造部，営業部，経理部など職能別に部門を設けトップマネジメントの指揮により活動する組織です。製造部や仕入部，営業部など企業の収益に直接つながっている部門をライン部門，経理部や総務部などライン部門を支援する部門をスタッフ部門といいます。

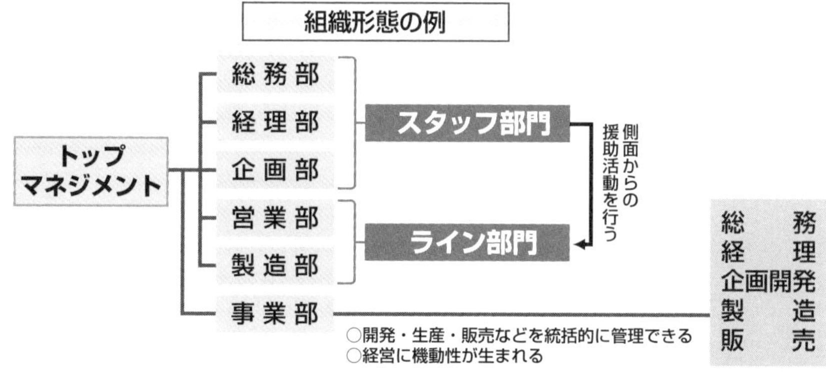

●事業部別組織

事業部別組織（事業部制）とは，製品別・地域別・市場別に事業部を分けて設ける組織形態のことです。

例えば，製品別ではビデオ事業部，テレビ事業部，カメラ事業部などに，地域別では，東日本事業部，関東事業部，西日本事業部，海外事業部などに，市場別では家電事業部，音響機器事業部，ゲーム機器事業部などの事業部に分けることになります。

事業部別組織は，本社から権限を委譲されており，利益目標や達成方法を独自に導入します。ライン部門とスタッフ部門を組織内に持つ小規模の会社ともいえる組織です。

臨時に編成される組織

企業では問題の解決や新製品の開発などの際，社内から部署を越えて専門家を集め，チームを組むという柔軟な組織もつくられます。

●プロジェクトチームとタスクフォース

企業が臨時に編成する組織は，「プロジェクトチーム」あるいは「タスクフォース」と呼ばれます。

両者とも何か問題が起こったとき，あるいは新規企画や事業開発の際に編成されます。アイデアを出し合って企画開発を行ったり，問題解決を図るためのチームなので，各部署からテーマに適した人材が集められます。チームは課題や問題が発生したときに結成され，目的が達成された時点で解散します。解散したら，各メンバーは元の組織に戻ります。

両者とも同義ですが，比較的長期にわたる大きなテーマを扱うときはプロジェクトチーム，緊急性が高いときはタスクフォースと区別することもあります。

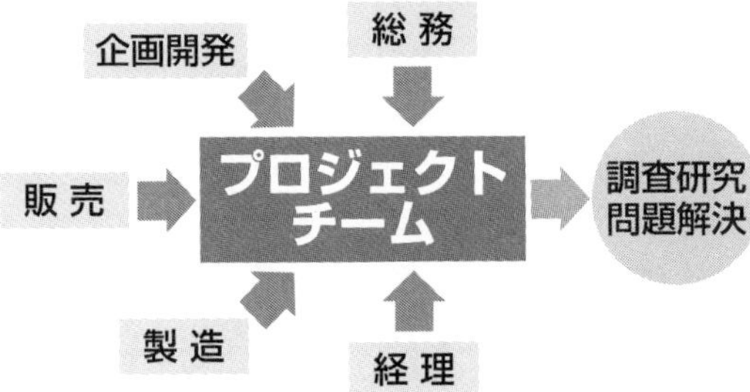

組織と人

企業を動かすのは人です。優秀な人材を採用・育成していくことは企業にとって重要な課題となります。企業の人事・労務管理について理解しておくことが大切です。

●人事・労務管理

企業の従業員や労使関係について企業が管理することを人事・労務管理といいます。その仕事内容としては以下のようなものがあります。

◆賃金，労働時間，休日，安全衛生，社会保険の管理。

◆従業員の採用人事（募集から選考，採否の決定まで）と退職手続き。

◆採用した従業員の配置や人事異動。

◆社員研修などの従業員教育。

企業では，会社によって所属する部門は異なりますが，総務部人事課や人事部，労務部などの部門が担当します。

また，人事・労務管理の仕事の一つに従業員教育がありますが，それは企業の目的達成のためには，常に従業員の能力向上を図っていくことが重要だからです。

●人事情報の管理

人事・労務管理を科学的・合理的に実施するためには，一人一人の従業員の仕事内容や能力，技術，性格，人柄などの特徴を把握しておく必要があります。そして，昇格・昇進を含む人事異動を通して各部門に適切に配置していくことが，組織の活性化，企業の躍進につながっていくのです。

人事情報の管理システムとしては，以下のものがあります。

◆人事考課

一定期間における従業員の業務遂行の程度や能力，功績などを分析・評価し，一定の基準で査定（さてい）すること。人事管理に反映させる。従業員の能力や意欲は自己啓発や上司の指導などによって常に変化しているので，一定期間ごとに再評価する必要がある。評価に従って，昇進・昇給・異動などそれにふさわしい処遇をする。

◆自己申告制度

従業員自身がこれまでの職務に関する満足度を述べるほか，資格取得など今後の能力開発に関する意欲や希望職種，勤務地など人事異動等に関する希望を会社に申告する制度。これには，従業員の個性と意欲を尊重して主体的に仕事に取り組んでもらおうとする狙いや，適正配置・教育研修に役立てようとする意図がある。

人事異動の種類

人事異動には，次のような種類があります。

◆昇進・昇格・降格

主任から係長へと役職が上がることが昇進。資格級や等級が上がるのが昇格。降格は役職などが下がること。

◆出向（しゅっこう）

雇用関係はそのまま（会社に籍を置いたまま）で，子会社などの関連会社に長期間勤務すること。出向社員の業務に対する指揮命令権は出向先に移る。

◆配置転換

総務部員が人事部員に転任するなど，役職などが変化しないままの人事異動を単に配置転換という。従業員に経験を積ませるジョブローテーション（職務歴任制度）を目的に行われる。

◆栄転（えいてん）・左遷（させん）

今より高い地位に転任することを栄転という。役職は同じでも，地方の支店長から，重要な中央の支店長に転任したときなども栄転という。その逆が左遷。両方とも公式の人事用語ではない。

人事関連用語

□ 就業規則………始業時間，休日，賃金などの労働条件，人事制度，服務（ふくむ）規定などを定めた規則類のこと。

□ 職務評価………職務給を定める際に，会社内の各職務を重要度，困難度，責任の度合いなどに応じて評価し，序列化すること。

□ OJT……………On the Job Training（オン ザ ジョブ トレーニング）の略。職場内での具体的な仕事を通して従業員の訓練を行うこと。

□ OFF-JT………Off the Job Training（オフ ザ ジョブ トレーニング）の略。研修所など職場外で行う訓練のこと。オフ・ジェイティと読む。

□ ジョブローテーション…従業員に計画的に各種分野の職務を経験させ，能力開発をする人材育成法のこと。

□ モチベーション…人間が行動を起こすときの動機，意欲を引き出す動機付けのことで，組織の中では特に仕事への意欲のことをいう。

□ モラール………従業員の労働意欲や士気（しき）のこと。モチベーションがどちらかといえば個々の構成員の意識を指すのに対して，モラールは集団の感情や意識に対して使われる。

SELF STUDY

過去問題を研究し
理解を深めよう！

POINT 出題 CHECK

「経営と組織」に関しては，「取締役」の選出，社長，専務，常務など内部役職との関係を知っておく。「人事・労務」に関しては，人事考課や年功序列，終身雇用など基本的な制度を理解しているかが問われる。また，人事異動の出題が多いが，昇進，昇格，栄転などの意味を正確に理解しておくようにする。

取締役

取締役の説明である。

○　①株主総会で選任される。
○　②「専務取締役」，「常務取締役」などがある。
○　③取締役の中から「代表取締役」が選任される。
×　④労働組合の承認を受けて選出される。

④労働組合が関与することはない。

人事・労務一般 ①

用語と説明の組み合わせである。

○　①就業規則＝従業員の規律や労働条件などを，使用者が定めた規則のこと。
×　②人事考課＝従業員を定期的に配置換えし，各種の業務を経験させること。
○　③年功序列＝従業員の年齢や勤続年数による，職場での立場の順序のこと。

②ジョブローテーションの説明である。

人事・労務一般 ②

用語と説明の組み合わせである。

○　①左遷＝今よりも低い地位に移ること。
○　②栄転＝今よりも高い地位に移ること。
○　③昇進＝社内で地位や序列が上がること。
×　④出向＝社外で行う自社の行事に出向くこと。

④今の会社との雇用関係はそのままで，関連会社などで勤務すること。

CHALLENGE 実問題

1 難易度 ★★☆☆☆

次は株式会社について述べたものである。中から<u>不適当</u>と思われるものを一つ選びなさい。

1）株式は売買，譲渡できる。
2）株主は出資金だけの責任を負えばよい。
3）取締役は労働組合の承認を得て選任される
4）不特定多数の出資者から資金を集められる
5）日本で最も普及している会社の形態である。

2 難易度 ★★☆☆☆

次は雇用に関する用語の説明である。中から<u>不適当</u>と思われるものを一つ選びなさい。

1）「年俸制」とは，1年を単位として報酬を支払う制度のことである。
2）「年功序列」とは，従業員の年齢や勤続年数に応じて地位や賃金が上がることである。
3）「早期退職制度」とは，退職金などの給付内容を優遇し，定年前に退職を促す制度のことである。
4）「終身雇用」とは，従業員が希望すれば定年後も延長して働くことができる雇用形態のことである。
5）「ハローワーク」とは公共職業安定所の愛称で，職業紹介や失業給付などを行う行政機関のことである。

【解答・解説】1＝3）取締役は，株主総会で株主の承認を得て選任される。
2＝4）「終身雇用」とは，一度就職すると定年まで雇用関係が継続する雇用形態のことである。

Lesson 2 主な企業活動と法律・税の知識

マーケティングって，市場調査のこと？

▶秘書Aは，後輩Dに「マーケティングとはマーケティングリサーチを略したものか」と質問されました。どのように答えればよいのでしょうか。

対処例 ○△×?…

「マーケティングとは商品やサービスが売り手から消費者に渡るまでの一切の活動のこと。マーケティングリサーチは市場調査のことで，マーケティングの一部」と説明すればよいでしょう。

スタディ !!

マーケティングの主な流れは，「市場調査」「製品計画」「販売計画」「価格政策」「販売促進」「広告宣伝」「販売活動・アフターフォロー」という流れになっています。マーケティングリサーチは，消費者がどのような製品を望んでいるかという消費者のニーズを知るために行います。

生産管理

生産管理とは，生産活動の合理化・能率化を図るために，生産に関する予測や計画を行うなど生産活動全体をコントロールしていく管理活動のことです。

つまり生産する商品を適切に消費者に供給するために，市場での製品のニーズを予測し，製品計画を立て，生産量を決定し，資材の手配をする……といったプロセスを踏み，市場が要求する高品質の製品をタイムリーに，かつできるだけ低コストで供給していくことです。

生産管理にはさまざまな手法がありますが，生産管理のポイントは，製品を，①適正な品質や性能を保ちつつ，②適正な量を，③できるだけ短時間に，④最低限のコストで作ることです。

①の「適正な品質や性能を保つ」では，製品の品質や性能の「ばらつき」をなくして，不良品を出さないようにします。不良品が市場に出回ると，消費者からの苦情に対応しなければならず，また事故などが起これば損害賠償(そんがいばいしょう)や製品の回収などで企業にとっては大きな損失になります。

②の「適正な量」では，品不足や過剰(かじょう)在庫にならないように生産量を調整します。市場での品不足とは，消費者に購入してもらう機会をなくしてしまうという損失を意味します。また，過剰在庫となれば，倉庫代などの費用が必要になるほか，商品が劣化するなどして不良在庫となり損失が出ます。

③「できるだけ短時間に」は，作業効率を高めることです。労働時間は人件費などのコストと深く結び付いています。段取りが悪く，仕事にもたついたりすると作業効率が落ちてコスト高になってしまいます。100個の製品を100時間で製造するのと，50時間でするのとでは，人件費や諸費用（製造に連動する電気代など）は倍違うことになります。

④「最低限のコスト」とは，文字通り「できるだけコストを抑えて製品を作る」ということです。経営者は常に，「いかに安く」市場に供給できるかというテーマに取り組んでいます。コストが高いと当然それは商品価格に反映され，高価格の商品を市場に出さざるを得なくなってきます。もし，品質や性能が同じであれば，消費者は安い方を選び，値段が高い商品の方は売れ残ってしまいます。従って，経営者は，商品が消費者の支持を得られるように，1円でも安く作る努力をしているのです。

生産管理のポイント

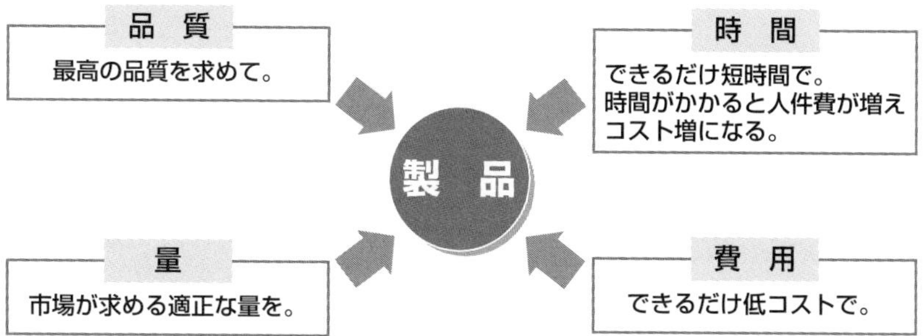

生産管理の手法

生産管理の主な手法は以下の通りです。

◆ＴＱＭ

Total Quality Management の略。総合的品質経営。以前よりあったTQC（全社的品質管理）を企業活動全般を通じて行おうというのがTQMである。品質管理（QC）とは，もともとは製品の「ばらつき」をなくし，不良品の発生を防ぐという活動だったが，TQMでは製品の品質そのものを高めて，消費者のニーズに応えようとする活動になっている。以前はQC活動として製造部門などが行っていたが，今では製造部門，非製造部門に関係なく，全社的に品質管理に取り組む企業が増えている。

◆ZD運動

Zero Defects の略。無欠点運動と訳される。従業員の注意と工夫によって個々の仕事のミスをなくし，最終的には全社的に仕事の欠陥をなくそうという運動。この運動には，従業員のミスをなくすだけでなく，自分の仕事は自分で工夫して改善しようという意識が高まり，仕事に意欲的に取り組むようになるというメリットもある。

◆「かんばん」方式

「必要なときに」「必要な場所に」「必要なものを」供給する……という考えに基づいてトヨタ自動車が開発した方式。この方式の鍵となるのが「かんばん」と呼ばれる作業指示票で，それには「部品名」，「数量」，「納入日時」などが記され，部品や材料と一緒に移動するようになっている。これにより，必要なときに，必要な場所に，必要な部品・資材を供給し，部品の在庫を限りなくゼロにすることができる……というわけである。在庫を持たないというメリットがあるが，供給のプロセスにトラブルが発生すると生産活動がストップするという問題がある。

マーケティング

マーケティングとは，商品・サービスが売り手から消費者に渡るまでの一連のビジネス活動のことです。

主なマーティング活動について説明すると以下のようになります。

◆市場調査

消費者（市場）がどのような商品やサービスを求めているかを調べることで，マーケティングリサーチともいう。質問用紙に質問事項をまとめて調査対象者に回答をもらう「質問法」や，インタビューして消費者の感想や意見を聞く「面接法」，店内での調査対象者の行動などを通して情報を得る「観察法」など，いろいろな手法を使って市場ニーズの実態を調べ，消費者が求めているものを明らかにしていく。

◆製品計画

市場調査に基づいて，消費者が必要としている製品を製造するのが製品計画である。品質，性能，デザイン，コストがポイントになるが，ライバル企業の製品との差別化をどこに求めるかも重要。

◆販売計画

販売計画とは，需要予測に基づいて全体の目標売上高を決め，販売員や営業所ごとに売上目標の割り当てを設定するなど，目標売上高の達成が可能になるように計画を立てることである。

主なマーケティングの流れ

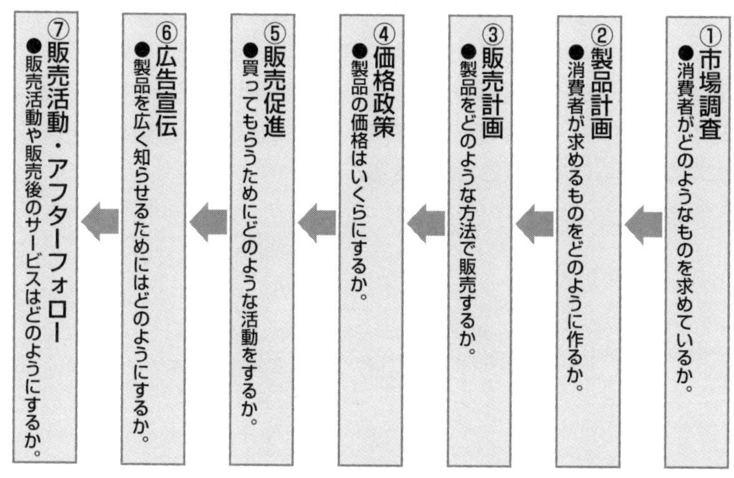

◆価格政策

基本的に商品の価格は，コスト，需要，競争の３要素で決定される。従って，商品の需要予測や，製造・販売コストを含む総コスト，他社商品の価格などを総合的に検討し，適正利益を見込んだ価格を設定する。設定価格が高いとなれば，製品計画の段階や流通段階など，さまざまなプロセスでのコストダウンが検討される。

◆販売促進

商品の特性や価格などの情報を消費者に伝えて説得したり，景品を付けたりして購買意欲を呼び起こす活動が販売促進である。消費者向け，販売業者向け，社内向けに実施される。消費者向けには，商品に「おまけ」を付けたり，景品を手に入れるために，商品に付いているシールを集めさせるなどの手法がある。業者向けや社内向けでは，販売強化キャンペーンなどを実施して，実施期間内の売上高に応じて賞金や賞品を与える制度などがある。

◆広告宣伝

テレビ，ラジオ，新聞，雑誌，インターネットなどを活用して商品情報などのメッセージを多数の人に伝え，商品の購買を促す。この他，マスコミ戦略の一つとしてパブリシティー活動もある。パブリシティーとは，マスコミに積極的に働きかけて商品情報を伝え，広告としてではなく，「報道」として無料で番組や雑誌に商品を取り上げてもらうという宣伝手法である。

◆販売活動・アフターフォロー

販売計画に沿って，設定された売上目標を達成するように商品を販売するのが販売活動である。従来の顧客情報や，新規見込み客情報を収集するなどして販売活動を展開していく。販売に際しては，さまざまな販売テクニックを用いて消費者に商品を売り込むが，商品を販売して売上を達成するというのがマーケティングの究極の目的である。販売後は，保守点検や修理，苦情処理などのアフターフォローも重要で，ここで信頼関係を構築しておけば，次の営業につなげていくことができる。

マーケティングに関する用語

- □ 消費者ニーズ……消費者が必要とするもの。消費者の要求，欲求のこと。
- □ 市場細分化………マーケットセグメンテーションともいう。市場を地域や顧客属性など各需要層に細かく分類して，それぞれに適した販売活動を行うこと。
- □ マーチャンダイジング…商品化計画のこと。消費者ニーズに応じた商品を，適切な時期・価格・数量で提供するための計画の策定と遂行をいう。
- □ プレゼンテーション…取引相手に商品・サービスなどの企画や計画，あるいは広告活動に関する企画などを提案・説明すること。
- □ CI……………………Corporate Identity（コーポレート アイデンティティー）の略。企業の独自性をもつこと。CI 政策とは，それをアピールするために，社名，ロゴマーク，キャッチフレーズ，企業カラーなど消費者に訴求するさまざまな企業イメージを見直して統一を図ること。
- □ アンテナショップ……消費者の動向を調べるために作られた店。
- □ クライアント……顧客。得意先。広告主。
- □ スポンサー………広告主。商業放送の番組の提供者。
- □ コンシューマー…消費者。
- □ ターゲット………標的。購買対象者。
- □ POP広告…………販売時点広告のこと。パネルやポスター，ディスプレーなど店頭に設置される宣伝広告をいう。
- □ バナー広告………バナーは旗や横断幕という意味。インターネットのホームページにある帯状の広告。広告をクリックすると広告主のホームページが開き，詳しい情報を見ることができる。
- □ キャンペーン……組織的な宣伝活動のこと。企業では販売促進活動の一環として，商品の売上強化を図る目的で実施される。
- □ インセンティブ…誘因（ゆういん）。刺激。特に業績向上のためのさまざまな刺激。売り上げを上げるための景品や，自社の販売員や販売店に出す報奨金（物）など。
- □ プレミアム………商品に付ける景品。手数料や割増金の意味もある。
- □ POS システム…販売時点情報管理システム。販売時に販売情報が収集・把握できるシステム。
- □ ライフサイクル…商品寿命のこと。商品が市場に出てから，普及，廃棄に至るまでの過程。

企業会計

利益追求する企業活動は，広範囲な分野にわたるため，その経済的実態は複雑で込み入っています。企業会計とは，そうした企業のさまざまな経済活動を貨幣額として確実に認識し，評価・測定・伝達する行為です。

企業会計は，管理会計と財務会計に分けることができます。

管理会計は，企業の経営者が経営計画を立てるなどの意思決定をしたり，経営管理を行うための会計情報を提供していくことを目的としています。

一方，財務会計は，企業の外部の利害関係者に，企業の財政状態や経営成績の真実を報告することを目的としています。管理会計が企業内部のためのものであるのに対して，財務会計は外部を対象にしたものです。

●管理会計

管理会計は，企業にある各種会計データを使い，内部資料として作成するものなので，財務会計のような特別なルールはありません。新規事業の採算を評価するための会計資料を作成したり，新規に機械を導入するかどうかを判断するための資料を作成するなど，経営に役立つ各種の会計情報を必要に応じて作成し，経営者に報告します。経営者の意思決定の資料として利用されるので，情報の正確性よりも，迅速（じんそく）な情報の提供が重要になります。

●財務会計

企業に関わる主な利害関係者は，出資している株主，企業で働いている従業員，納入業者や銀行など会社と取り引きしている取引先，法人税を徴収（ちょうしゅう）する国税庁などです。株主は，企業の業績の善（よ）しあしでさまざまな判断をします。高業績であればもっと配当を要求したり，逆に悪ければ所有している株式を売却したりします。従業員は，業績がよければボーナスの増額や賃上げを要求するでしょうし，経営不振だと見切りをつけて退職したりするでしょう。また，取引先は経営悪化が判明すれば取引条件を厳しくします。

こうした利害関係者が適切な意思決定を行うためには，企業の財務状況を表す正確な会計報告が必要になります。そこで企業は，日常の会計業務を通して企業の収益の状況や資産の管理状況などを正確に記録・計算し，最終的には「財務諸表」を作成して，一定の時期に利害関係者に報告することで責務を果たしていくことになるのです。

財務諸表は，利害関係者の意思決定を左右するなど社会的影響が大きいために会計基準や会計法規などの規則に従って作成されます。また，商法・税法・証券取引法その他の法律で作成が義務付けられているので制度会計ともいわれます。

財務諸表

財務会計の最終目標は，財務諸表を作成し，利害関係者に報告することです。

企業は，一定の期間が終わると会計帳簿を整理して，その間の業績を明らかにします。これを決算といいますが，財務諸表は企業の決算時に作成されます。

財務諸表の中で代表的なものが，「貸借対照表（たいしゃくたいしょうひょう）」，「損益計算書」，「キャッシュフロー計算書」および「株主資本等変動計算書」です。

●貸借対照表

貸借対照表とは，決算時など一定の時点の企業の財政状態を明確に示したもので，企業の全ての資産，負債，純資産の内容が分かるように一覧表（いちらんひょう）にして記してあります。通常，表の左側に「資産」を，右側に「負債」と「純資産」を記し，左側を借方（かりかた），右側を貸方（かしかた）と呼びます。

貸方には，企業が資金をどのようにして調達したかが記されています。「負債」は銀行など他人から借りて資金を調達したもので，将来返す必要があります。「純資産」は株主が出資した資本金など返す必要のない資金です。借方の「資産」には調達した資金がどのように姿を変えたかが記してあります。つまり，左側の借方は右側の貸方の資金が変化したものなので，資産＝負債＋純資産という関係が成り立ち，借方と貸方の合計金額は必ず一致します。両者が釣り合うので別名バランスシート（Balance Sheet）といい，その頭文字を取ってB/S（ビーエス）と略します。それぞれの主な項目の説明は以下の通りです。

◆流動資産

現金預金，受取手形，売掛金など１年以内に現金化できる資産。

◆固定資産

土地や建物などの有形固定資産と特許権，実用新案権，意匠権（いしょうけん）など形のない無形固定資産がある。

◆繰延（くりのべ）資産

あるサービスや権利を得るために既に費用として支払ったが，その効果が将来にわたって期待される費用を資産として繰り延べたもの。創立費，研究費，開発費，権利金などがこれに当たる。例えば，10年間使用できる権利を得るために権利金を支払った場合，その金額を一度に経費として計上せず，10年間に分割して経費とするために，残りの年数分の金額を繰延資産として計上する。

◆流動負債／固定負債

流動負債とは，買掛金（かいかけきん），短期借入金（かりいれきん）など１年以内に返済しなければならない負債（借金）。固定負債とは，長期借入金，社債など返済期限が１年を超える負債。

◆資本金

株主が出資した金額から資本剰余金（じょうよきん）を差し引いたもの。

◆資本剰余金

株主の出資額のうち資本金に組み入れなかった部分等で，資本金とともに会社内に維持拘束される

◆利益剰余金

損益取引により生じた剰余金のこと。純資産のうち，資本金および資本剰余金以外のもの。

●損益計算書

損益計算書とは，決算期などある一定期間の企業の損益を計算して，企業の経営成績を示したものです。P/L（ピーエル）と略されます。

損益計算書には，まず営業収益から営業費用を差し引いた営業利益（損失）があります。これが企業の本来の活動で得た成果です。それに貸付金の利子や株式の配当などの営業外収益と借入金の利子や為替（かわせ）差損などの営業外損失を加えたものが，経常利益（損失）です。経常利益（損失）に，固定資産売却益などの特別利益や固定資産売却損などの特別損失を加えた額が税引前当期純利益（損失）です。税引前当期純利益から納付すべき税金を差し引いた額が当期純利益（損失）で，これがこの期間に得た企業活動の実質的な成果ということになります。

●キャッシュフロー計算書

キャッシュフロー計算書とは，一定の会計期間における企業の資金の流れ（増減）を明らかにした計算書で，「営業活動」「投資活動」「財務活動」ごとに区分して表示します。営業活動によるキャッシュフローとは，事業活動によって得た資金の増減を表したものです。投資活動によるキャッシュフローとは，固定資産や有価証券の取得や売却など投資活動による資金の増減を表したものです。また，財務活動によるキャッシュフローとは，株式や社債の発行，社債や借入金の返済など資金の調達や返済に関する資金の増減を表したものです。

一定時点の財務状態を表したものが貸借対照表，
一定期間の経営成績を表したものが損益計算書，
一定期間の資金の流れを表したものがキャッシュフロー計算書，
純資産の変動を表したものが株主資本等変動計算書
ということですね。

●株主資本等変動計算書

会社の純資産の変動を表す計算書のこと。貸借対照表や損益計算書だけでは，資本金などの数値を連続して把握することが困難なことがあります。そこで会社法では，この計算書の作成を義務付けるようになりました。

手形・小切手

手形や小切手は，現金の代わりとしてよく利用されます。秘書が小切手を預かって銀行で換金（かんきん）したり，取引先に手形を受け取りに行ったりすることも少なくありません。手形や小切手がどのようなものかをよく理解しておきましょう。

●約束手形

約束手形とは，手形の振出人が，一定の期日に一定の場所（銀行）で一定の金額を受取人に支払うことを約束した証券のことです。

手形の受取人は，裏書（うらがき）をすることによって手形の支払期日が来るのを待たずに，第三者に支払い手段として渡し，取り引きを決済することができます。例えば，売上代金 200 万円を 100 万円の手形 2 枚で受け取り，150 万円の支払義務がある商品の仕入業者に対して，現金 50 万円と受け取った 100 万円の手形を 1 枚渡して決済するといったことです。こうして手形は，企業間を流通していくことになります。

手形は支払日以降でなければ現金化することができません。しかし，すぐに現金にすることが必要な場合があります。そのような場合は，銀行に手形を持参して，一定の利息を払うことによって現金化することができます。これを手形の割引といいますが，信用のない企業が発行した手形は，利息が高くなったり，割引を断られることもあります。

手形や次に述べる小切手は，チェックライターで刻印（こくいん）された額面と同じ額の価値を持つ有価証券です。たかが紙切れ一枚でも，1,000万円の刻印がしてあればそれと全く同じ価値を持っているので，紛失や盗難には十分気を付けます。

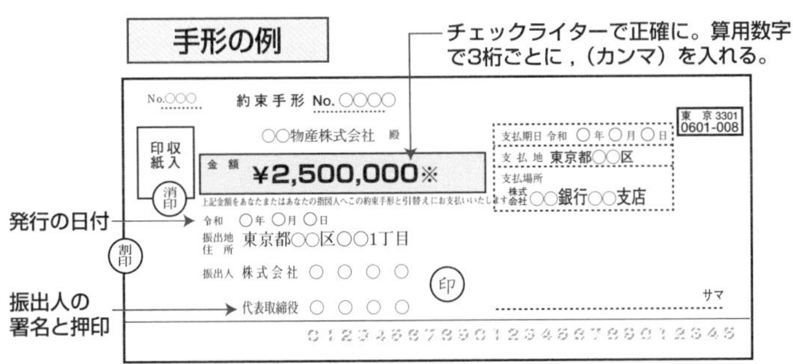

●小切手

小切手とは，銀行に当座預金口座を持つ振出人が，受取人（持参人）への支払いを銀行（支払人）に委託した証券のことです。

振出人は，金額・署名・捺印を記した小切手を支払う相手に渡します。小切手の受取人は，小切手を名宛銀行（支払銀行）に持参するか，自分の取引銀行に取り立てを依頼することで現金化することができます。

小切手の例

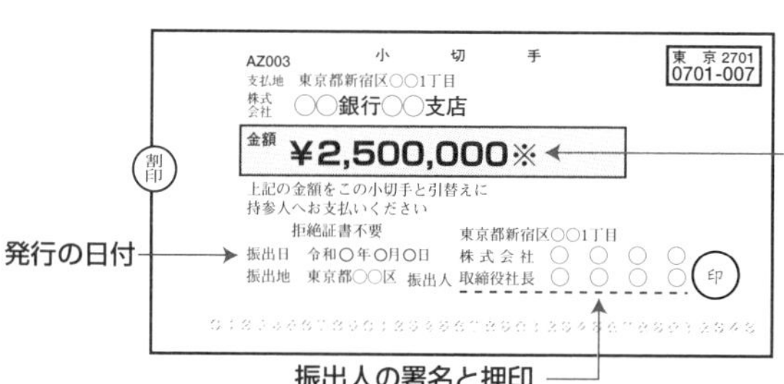

手形・小切手に関する用語

□ 当座預金………銀行との当座取引契約により，預け入れと引き出しがいつでもできる無利息の預金。預金を引き出す場合には，銀行から交付された小切手を用いる。手形や小切手を振り出す（発行する）には，当座預金の口座が必要。

□ 不渡り…………決済できない手形や小切手。手形・小切手の所持人が手続きをしたにもかかわらず，支払人からその支払いを受けられないこと。

□ 手形裏書………手形の所持者が，第三者に権利の譲渡をするために裏面に所定事項を記入して押印すること。

□ 手形振出人……手形を発行した人や会社。

□ 手形受取人……振出人から，手形を受け取る者として手形に記載された人や会社。

会社に関する法律

会社の設立や倒産，土地・建物の賃貸や売買，登記，あるいは商品の売買契約など，企業の経済活動にはさまざまな法律が関わってきます。そして，これらの法律によって，権利・義務関係が明確になり商ルールが保たれています。

企業活動に関する主な項目と，それに関わる法律は以下の表の通りです。

項目	内容	法律
会社の設立・運営	商号，目的，発起人（ほっきにん），株主，資本金，株主総会，取締役会，決算など。	会社法，民法，商法。
契約・取引	商号，相手会社の登録確認，手付金（てつけきん）など。	民法，商法，商業登記法。
代金の支払い	手形，小切手など。	手形法，小切手法。
債権の確保	担保，時効，債権譲渡など。	民法。
紛争・倒産	示談（じだん），和解，破産，更生，和議など。	民事訴訟法，民事調停法，破産法，民事再生法，会社更生法，労働法。
競争	不正競争，公正取引，広告表示，不当景品など。	独占禁止法，不正競争防止法。
知的財産権	特許，実用新案，意匠（いしょう）など。	商標法，特許法，実用新案法。
会社の犯罪	詐欺，背任（はいにん），業務上横領など。	刑法，商法，刑事訴訟法。

会社法

これまでの会社法制は「商法（第２編）」「有限会社法」「商法特例法」に分かれていましたが，これらを統一して，新しく一つの法律として成立したのが「会社法」です。この会社法により，会社の設立・運営に関するルールが大きく変更されました。

特に大きな変更点は，有限会社の制度がなくなるため，「新規に有限会社を設立できなくなる」ことと，「合同会社という新しい会社制度ができた」ことです。

●有限会社は株式会社として存続

会社法施行後，有限会社は会社類型としてはなくなるため，現存の有限会社は株式会社として存続することになります。そして，この会社を特例有限会社と呼びます。特例有限会社は会社法上は株式会社ですが，混乱を避けるため，商号の中に「有限会社」という文字を使用するようになっています。

また会社法施行後は，「株式会社の最低資本金1000万円という規制がなくなる（1円でも設立可能）」，「株式譲渡制限がある株式会社は，取締役は一人でよく，取締役会を設置しないでよい」など，株式会社の規制が緩和されたので，有限会社から株式会社へ組織変更する企業が多くなると思われます。

●合同会社とは

会社法の施行により，次のような特徴を持つ合同会社が新設されました。

◆出資割合が低くても，貢献度（こうけんど）の高い者には高い配当を与えるなど，利益配分を自由に設定できる。

◆会社内部の組織運営を定款（ていかん）で自由に決めることができる。

◆社員（出資者）は有限責任である。

会社活動に関わる法律用語

□ 登記………………法律上の権利関係を確実にするために登記簿に必要事項を記載する手続き。会社設立時や不動産に関する権利の移動があったときなどに登記を行う。

□ 商号………………企業が営業活動で使用する名称。企業名,会社名などのこと。

□ 倒産と破産………会社が経営に行き詰まり，振り出した手形が不渡りになるなど，支払いができなくなる状態が倒産。この段階では会社の再建を目指すことができるが，再建が見込めない場合は破産となり，破産法によって清算され，消滅する。

□ 会社更生法………資金繰りなどで経営に行き詰まった会社を破産させずに再建させることを目的とした法律。

□ 民事再生法………経営不振の企業が倒産する前に裁判所に再建手続きを申し出て，事業の維持・再建を図ることを目的とした法律。

□ 債権・債務………商品の引き渡し，代金の支払い，貸した金の返済などを求める権利を債権（さいけん），その権利を有している人を債権者という。債務（さいむ），債務者はその逆。

□ 時効（じこう）………………一定期間を経過したため，ある効力が無効となること。

□ 保証人……………債務者が債務を履行（りこう）＊1）できないときに，代わって履行する義務を負う人。

□ 連帯保証人………実際に債務を負っている債務者（主債務者）と同様の債務を負う保証人。債権者は，主債務者が債務を履行できるできないにかかわらず，連帯保証人に債務を履行することを求めることができる。

□ 担保（たんぽ）………………債務が実行されない場合を想定し，あらかじめ債務者が債権者に預けて弁済（べんさい）の手段とされるもの。

□ 抵当（ていとう）………………債務の不履行に備えて，債務者が債権者に渡しておく品物や権利。

□ 産業財産権………特許権，実用新案権，意匠権，商標権（しょうひょうけん）の四つの権利を総称して産業財産権と呼ぶ。特許庁に出願，登録することで権利が発生し，独占的かつ排他（はいた）＊2）的に利用あるいは所有できる。

□ 特許権……………特許を受けた発明を事業として生産，使用，譲渡できる独占的かつ排他的権利のこと。

□ 実用新案権………実用新案登録した考案を事業として生産，使用，譲渡できる独占的かつ排他的権利のこと。

□ 商標権……………商品に付ける文字，図形，記号など商標登録したトレードマークを独占的かつ排他的に使用，貸借する権利。登録した商標を登録商標という。

□ 意匠権……………意匠登録した商品の色，形，模様などのデザインに関する考案を独占的かつ排他的に使用，貸借する権利。

□ 弁理士……………特許，実用新案，商標，意匠などの工業所有権に関して，特許庁への申請を代行する人。

□ 背任………………地位や役職を利用して自分の利益を図り，会社などに損害を与えること。

□ 法人………………個人と同じように人格を持ち（法人格），権利，義務の主体となることができる会社や団体。

□ 公益法人…………慈善や学術など公益を目的とする法人。

□ 定款（ていかん）………………会社の組織や運営に関する基本事項を定めた会社の憲法といわれるもの。会社の役員や社員，株主などは全てこの定款に従う。会社設立の際は，必ず定款を作成する。

ワード Check!
＊1）履行＝契約などで定められたことをその通りに実行すること。
＊2）排他＝自分以外のものを取り除くこと。

印鑑に関する用語

- □ 実印……………………個人が地方自治体に印鑑登録した印鑑。重要な契約などには実印を押すことを求められる。実印であることを証明するためには，印鑑証明書を提出する。
- □ 認め印…………………郵便の書留や宅急便の受取印など日常的に使う印鑑のことで，印鑑登録していないのが一般的。
- □ 公印……………………役所や会社などの公的な印鑑。
- □ 代表者印………………地方法務局などの登記所に登録した会社代表者などの正式な印鑑。一つの会社で一つしか登録できない。
- □ 銀行印…………………銀行に届け出ている印鑑。小切手や手形，預金の引き出しなどに使用する。
- □ 割り印…………………契約書の正本と副本，領収書と控(ひか)えなど，ある文書と他の文書との関連性を証明するため両方の文書にまたがって印鑑を押すこと。独立した文書の一体性や関連性を証明する印。
- □ 契印……………………契約書が２枚以上になる場合など，それが一体の文書であることを証明するため，見開きにした書類のとじ目に印鑑を押すこと。同一の文書の一体性を証明する印。
- □ 訂正印…………………契約書などの文書内容を一部訂正したときに，欄外に「○文字削除，○文字加筆」などと記入するが，そこに契約の当事者が訂正したことを証明するために押す印。
- □ 捨て印…………………後に訂正が出てきた場合，手を煩わせないで済むようにという理由から，あらかじめ欄外に押しておく印。悪用される恐れがあるので，なるべく捨て印はしないようにする。
- □ 消印……………………文書に貼った収入印紙を再利用されないように，収入印紙と文書にまたがって印を押すこと。
- □ 封印……………………重要書類の封筒のとじ目に印を押すなど，勝手に開かれないように押す印。
- □ 押印(おういん)……………………印鑑を押すこと。捺印(なついん)ともいう。
- □ 署名捺印………………自分の氏名を自筆で書いて（署名）印鑑を押すこと。パソコンやゴム印を利用するなどして，自筆以外の方法で自分の氏名を記すのは「記名」。「署名」と指示してある場合，自筆でなければ無効になるので要注意。

企業の税金

企業には法律上の人格（法人格）があり，個人と同じように所得に応じて税金も課せられます。法人の所得にかかる税金を法人税といいます。法人税は，個人の所得税とともに国の一般歳入の柱となっています。

国の税収不足が論議されると，法人税に対する課税強化が言及されたりします。しかし，課税が強化されると企業は税金が安い海外へ本拠地を移してしまう懸念があります。また課税の強化で企業の純利益が目減りすると，当然のことながら企業の発展に必要な設備投資や新規事業の資金となる社内留保が減少して，企業は活力を奪われることになります。さらに従業員の給与が抑えられれば，消費が低迷して市場が冷え込み，企業の業績も落ち込んでいく……結果として法人税収入が減少していくという事態を招きかねません。企業に対する課税のあり方は，そうした面を考える必要があるということも認識しておきましょう。

いずれにしても，企業は業績を上げることによって多くの法人税を納め，社会に貢献しているということは心得ておく必要があります。

法人税のほか企業が支払う税金には，事業税・固定資産税・消費税などがあります。一方，個人が払う税金には所得税・消費税・道府県民税・市町村民税・固定資産税などがあります。

税金の種類

- 税金の種類
  - 国税
    - 直接税
      - 収得税 — 所得税・法人税
      - 財産税 — 相続税・贈与税など
    - 間接税
      - 消費にかかる税 — 酒税・石油石炭税・消費税など
    - その他
      - 流通税 — 登録免許税・印紙税など
  - 地方税
    - 道府県税
      - 普通税 — 道府県民税・事業税・自動車税など
      - 目的税 — 自動車取得税・軽油引取税など
    - 市町村税
      - 普通税 — 市町村民税・固定資産税など
      - 目的税 — 入湯税・事業所税など

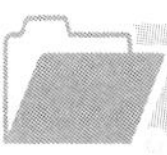

税に関する用語

□ 国税……………国に納める税。法人税や所得税など。

□ 地方税…………道府県や市町村に納める税。法人は事業税，個人は住民税，固定資産税など。

□ 間接税と直接税…間接税は税を負担する人と納税義務者が一致しない税金。例えば消費税の場合は，消費者が税金分を負担しているが，納税義務者はメーカー・卸売業者・小売業者である。これに対して直接税は，所得税など，税を負担する人と納税義務者が一致している税金。

□ 所得税…………個人の所得に課せられる国税。

□ 法人税…………法人所得税ともいい，法人の所得（利益）に課せられる国税。

□ 事業税…………事業を営む法人，個人に課せられる地方税。

□ 消費税…………物品やサービスの消費に対して課せられる間接税。

□ 住民税…………個人，法人に課せられる地方税。

□ 固定資産税………土地や家屋，工場などの固定資産に課せられる地方税。

□ 印紙税…………証書・契約書などを作成する際に課せられる税金。購入した収入印紙を書類に貼り，消印することで納税することになる。

□ 累進課税…………所得など，課税対象額が大きければ大きいほど，高い税率を適用する課税方式。

□ 確定申告…………一定期間の所得額や控除額を申告して税金を納めること。企業の場合は，決算日から２カ月以内に法人税を申告することになっている。

□ 青色申告…………事業所得者が，一定の帳簿書類を備え付け，所定の事項を記録して申告することにより，税金の面で有利な計らいを受けられる制度。

□ 源泉徴収（げんせんちょうしゅう）…………税務署に代わって企業などが税金を徴収し，税務署に納付すること。

□ 所得控除（こうじょ）…………所得税を計算する際に，所得金額から差し引いて除外することで，課税額が少なくなる。「基礎控除」のほか，個人的な事情を配慮した「扶養控除」，「医療費控除」，「障害者控除」などがある。

□ 年末調整…………給与から源泉徴収されている所得税額の過不足分を年末に精算すること。

SELF STUDY

過去問題を研究し
理解を深めよう！

POINT 出題 CHECK

「主な企業活動と法律・税の知識」に関しては，「マーケティング」と「会計・財務」の分野から出題されることが多いが，それぞれの分野の関連用語を理解しているかどうかがポイントになる。それ以外の分野でも全領域で会社に関係する用語への理解が問われる。二つの単語の組み合わせから正誤を判別する問題が多いので，各分野の主要な用語と会社に関する一般知識を押さえておこう。

マーケティング①

「マーケティング」の意味を述べたものである。

× ①消費者に商品の存在を知らせるための一連の広告活動。
× ②製品の信頼を高めるための一連の品質向上活動。
○ ③製品が消費者の手に渡るまでの一切の企業活動。

①，②はマーケティングの一部。また，②は生産管理の一部でもある。

マーケティング②

「新製品などを，新聞や雑誌の記事として扱ってもらう宣伝方法のこと」

× ①マーチャンダイジング
× ②キャンペーン
○ ③パブリシティー

①商品計画のこと。②販売促進のための組織的宣伝。

会計・財務

「企業の一定期間の財政状態や経営成績を，利害関係者に明らかにする目的で作る書類の総称」

× ①損益計算書
○ ②財務諸表

①は財務諸表の一つ。

スタディガイド
領域：理論編
領域：実技編
テスト

❋用語 ①

○ ①「上場会社」とは，証券取引所で株式が売買取り引きされている会社のこと。

○ ②「登記」とは，不動産などの権利を確実にするために，登記所の登記簿に記載すること。

× ③「定款」とは，会社が従業員との間に規律や労働条件などについて定めた規則のこと。

③「定款」とは会社などの組織や業務についての基本的な規則を定めた会社の憲法といわれるものである。

❋用語 ②

関係ある用語の組み合わせである。

○ ①国債　　＝有価証券

○ ②建物　　＝固定資産

× ③所得税　＝収入印紙

○ ④約束手形＝当座預金

③「所得税」とは所得にかかる税金。「収入印紙」は，国への収納金を徴収するために政府が発行する切手大の証票のことで，直接関係はない。

❋用語 ③

関係ある用語の組み合わせである。

○ ①ギフト券＝有価証券

○ ②約束手形＝支払期日

○ ③小切手　＝当座預金

× ④金利　　＝確定申告

④「金利」とは金銭を貸し借りしたときの利子のこと。「確定申告」とは，その年に納める所得税を，自分で計算して税務署に届け出ることである。従って直接関係はない。

❋用語 ④

関係ある用語の組み合わせである。

○ ①商標＝商品に付ける文字・図形・記号のこと。

○ ②社債＝株式会社が長期の資金を得るために発行する債券。

× ③社是＝会社の名称を，他人に使用されないように役所に登録すること。

③「社是（しゃぜ）」とは，その会社の経営方針を示した言葉のことである。

CHALLENGE 実問題

1 難易度 ★★☆☆☆

次は直接関係ある用語の組み合わせである。中から不適当と思われるものを一つ選びなさい。

1）無配当　――　抵当
2）登記　　――　不動産
3）給与　　――　源泉徴収
4）材料費　――　原価計算
5）所得税　――　年末調整

2 難易度 ★★★☆☆

次の「　　」内は，下のどの用語の説明か。中から適当と思われるものを一つ選びなさい。

「企業の財務状態を明らかにするため，一定期日における資産，負債，純資産（資本など）の内容を一覧表にしたもの。B／Sと略される」

1）財産目録
2）損益計算書
3）貸借対照表
4）営業報告書
5）監査報告書

【解答・解説】1＝1）「無配当」とは，株式などの配当をしないこと。「抵当」は，金を借りるとき，自分の財産や権利を，返せないときの保証のため相手に差し出す，いわゆる担保のこと。従って，直接関係はない。
2＝3）

SECTION 2

社会常識

Lesson 1 知ってておきたい用語

ホームページアドレスが分からないが……

▶秘書Aは，同僚Bが，「ホームページアドレスが分からないと，その会社のホームページは閲覧(えつらん)できないわよ」と後輩Dに話しているのを耳にしました。秘書Aはどのように対応したらよいのでしょうか。

対処例 ○△×?…

「ホームページアドレスが分からなくても，会社名や商品名などのキーワードで検索すれば探し出すことができる」と教えてあげるのがよいでしょう。

スタディ

インターネットを使って，会社のホームページなどを閲覧したい場合，ホームページのアドレスが分からなくても，探し出すことができます。例えば，早稲田教育出版のホームページを探す場合は，検索ソフトを起動し，「検索」欄に「早稲田教育出版」と入力すれば探すことができます。

情報とニューメディア関連用語

- □ 光通信……………光ファイバー(直径約 0.1 ミリのガラス繊維の束)を利用した最新の通信技術で，大量の情報伝達が可能。
- □ 仮想現実…………バーチャルリアリティー。コンピューター処理によって現実には存在しない空間をつくり出し，あたかも現実に体験しているかのように実感させるもの。
- □ 仮想商店街………バーチャルモール。インターネットを利用してショッピングができる店を集めたサイト（コンテンツがある場所）のこと。

□ 電子マネー………貨幣価値を電子情報化したもの。主にインターネットを利用した電子商取引の決済手段として使われる。
□ Eメール …………電子メール。インターネットや携帯電話を利用して，文字情報や画像情報を送受信するシステム。
□ CC，BCC………電子メールの機能の一つ。同じ内容のものを複数の人に送信する場合に利用する。CCはカーボンコピーの略で，メールを受け取った人は，送信された全ての人の名前やメールアドレスが分かる。BCCはブラインドカーボンコピーの略で，自分以外に誰に送られたかは分からない。
□ 添付ファイル……電子メールの本文に付属して送られるファイルのこと。
□ 迷惑メール………受信者に一方的に送り付ける広告や勧誘のメールのこと。
□ ブログ……………継続的に更新される日記形式のホームページのこと。
□ メールマガジン…電子メールを利用して定期的に情報を配信するシステム。
□ ダウンロード……インターネットを利用してサーバに保存してあるソフトやファイルなどのデータを自分のパソコンにコピーすること。この逆を「アップロード」という。
□ プロバイダー……インターネットへの接続サービスを提供する事業者のこと。
□ 検索エンジン……インターネット上に公開されている情報を，キーワードなどを使って検索する機能のこと。
□ バグ………………コンピュータのプログラムミスのこと。
□ 文字化け…………コンピュータで本来の文字が意味不明な文字や記号などに化けて表示されること。

常識としての基礎用語

□ IT産業…………ITとはインフォメーション・テクノロジー（情報技術）の略。コンピューター技術やインターネットを活用した産業のこと。
□ 規制緩和………許可・確認・検査・届け出などの各種規制を緩和・撤廃すること。規制緩和をすると市場参加者が増加して競争が激化する。そうすると物価が下がり，消費意欲が旺盛になって景気がよくなるという効果がある。
□ 行財政改革……国会議員の削減・省庁の統廃合など，従来の行政の組織・制度を抜本的に見直し，スリムで効率的なものに再構築しようという取り組み。
□ インターネット…コンピューター技術を活用して世界中に張り巡らされた通信網のこと。これを利用して，パソコンで入出金や振込業務ができるインターネットバンキング，パソコンで株の取引ができるオンライントレードなどが急速に普及した。
□ 遺伝子工学……遺伝子（DNA）の組み換え技術などで，病気の治療や動植物の品質改良に応用する技術を研究する学問。既に大豆などの遺伝子組み換え食品が生産・販売されている。

常識としてのカタカナ語

□ アウトサイダー………局外者。部外者。反意語はインサイダー。
□ アセスメント…………評価。査定。
□ アビリティー…………能力。技量。
□ イニシアチブ…………主導権。
□ イノベーション………現状を変革し新しくすること。革新。
□ オーソリティー………権威。権威者。
□ オファー………………申し込み。申し入れ。
□ ガイドライン…………政策などの基本指針。
□ キャピタルゲイン……資本利得。株などの値上がりで得た利益。
□ クオリティー…………品質。性質。品位。
□ コネクション…………縁故。連絡。接続。
□ コンサルタント………企業の経営や管理について診断や指導をする専門家。
□ コンセプト……………基本的な考え。概念。
□ コンタクト……………接触。連絡。
□ コンテンツ……………内容。中身。
□ シミュレーション……模擬実験。
□ スポークスマン………政府や団体の意見などを報道関係に発表する担当者。
□ セクション……………仕切り。部門。文章などの節・項。
□ ツール…………………道具。
□ ディーラー……………販売業者。卸・小売業者。
□ デベロッパー…………開発者。宅地開発業者。
□ テリトリー……………勢力圏。分野。領域。販売（管轄）区域。
□ ネゴシエーション……（協定・取引での）交渉・商議・折衝。
□ パーソナリティー……個性。人柄。
□ フレキシブル…………柔軟性があるさま。融通性があるさま。
□ プロダクト……………生産。生産品。
□ ペナルティー…………罰則。罰金。
□ ベンチャービジネス…新規事業。革新的な新事業を展開する企業。
□ ペンディング…………保留。未決。
□ ボーダーレス…………国境・境界がない状態。ボーダーラインは境界線。
□ ポテンシャリティ……潜在能力。可能性。
□ ポリシー………………政策。方策。
□ メソッド………………方法。方式。
□ モニター………………視聴者や消費者の立場から放送や記事の内容，商品などの意見や感想を報告する人。コンピューターの表示装置。
□ リコール………………欠陥のある製品を生産者が回収し，無料で修理すること。
□ リミット………………限界（点）。限度。範囲。
□ ロイヤルティー………特許権，著作権などの使用料。忠誠心。

SELF STUDY

過去問題を研究し理解を深めよう！

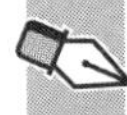

POINT 出題 CHECK

「社会常識」に関しては，「カタカナ語」が数多く出題される。専門用語としてではなく，会社でよく使う言葉や日常的に使う用語を押さえておくことが大切。一般的に使われているカタカナ語や略語を新聞からピックアップし，意味を調べて正確に理解しておくようにしたい。

カタカナ語 ①

ビジネス関係用語とその意味の組み合わせである。

×　①ローテーション　＝場所や位置のこと。
○　②イマジネーション＝想像力や創意のこと。
○　③プロモーション　＝販売などの販促活動のこと。

①「ローテーション」とは，輪番や持ち回りのこと。

カタカナ語 ②

用語とその意味の組み合わせである。

○　①コメンテーター　＝解説者
○　②コンシューマー　＝消費者
×　③コンサルタント　＝契約者
○　④コーディネーター＝調整者

③「コンサルタント」の訳語は「経営顧問」「技術相談者」である。

カタカナ語 ③

用語とその意味の組み合わせである。

○　①アウトプット　　＝出力
×　②アウトライン　　＝境界線
○　③アウトサイダー　＝局外者
○　④アウトソーシング＝外部調達

②「アウトライン」とは「輪郭（りんかく）」「大要」「あらすじ」などのこと。

CHALLENGE 実問題

1 難易度 ★★☆☆☆

次は人事に関する略語である。中から<u>不適当</u>と思われるものを一つ選びなさい。

1）約手
2）労災
3）有休
4）定昇
5）時短

2 難易度 ★★★☆☆

次は用語とその意味（訳語）の組み合わせである。中から<u>不適当</u>と思われるものを一つ選びなさい。

1）クレジット　＝　信用
2）ファイナンス　＝　調達
3）デメリット　＝　不利益
4）インセンティブ　＝　奨励金
5）プリペイド　＝　代金前払い

【解答・解説】1＝1)「約手」とは約束手形の略語で，一定期に代金を支払うことを約束した有価証券のこと。人事に関する略語ではないので不適当ということである。
2＝2)「ファイナンス」とは，財政や資金などのことである。

第4章

マナー・接遇

SECTION 1 人間関係と話し方・聞き方

SECTION 2 敬語と接遇用語

SECTION 3 電話・接遇

SECTION 4 交際

SECTION 1

人間関係と話し方・聞き方

Lesson 1 秘書と人間関係

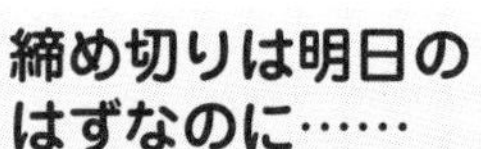

▶新人秘書Aは上司から，「資料はもうできているか」と尋ねられました。その資料は昨日，明後日中でよいと言われて指示されたものです。半日でできるくらいの量なので今日これから作成するつもりでいました。このような場合，Aはどのように対応すればよいのでしょうか。

対処例

「申し訳ございません」とわび，まだできていないが，すぐ取りかかるので待ってもらえないか，と言えばよいでしょう。

スタディ

明日中でよかったはずの資料を，今日催促されたわけですが，上司の期待に応えるのが秘書の役割。指示された期日と違っていても，上司が必要なら間に合わせるようにしなければなりません。従って，できていないことに対して謝り，すぐ取りかかるので待ってもらえないかと頼むことになります。

人間関係の理論

職場における人間関係の重要性を実験で証明したのは，ハーバード大学の臨床心理学者メイヨーらです。この実験は，アメリカの能率技師だったテイラーが生産性を上げるために生み出した「科学的管理法」が，人間性を無視した労務管理であると批判されていた時代に行われました。メイヨーらは，人間を機械的に扱う管理より人間関係を重視した管理をする方がよい結果を得られるということを実験によって証明したのです。

●テイラーの科学的管理法

テイラーは工場労働者の一連の工程に必要な作業を細かく分析し，単純な仕事のまとまりを職務としてそれぞれに割り当てました。次に，その職務ごとにかかる時間をストップウォッチで測定して，標準時間を設定しました。

このようにして，1日当たりの仕事量を設定し，それぞれの職務に従事する労働者が定められた成果を挙げるようにしたのです。また，労働意欲を高めるために，決められた仕事量以上の成果を挙げた者には割り増し賃金を払うという出来高制を導入しました。つまり，仕事に専念して熟練していき作業効率を上げれば高い賃金を得られるので，労働者はやる気を起こすというわけです。

このテイラーの科学的管理法によって，生産性は画期的に向上し，この管理法を取り入れたコンベヤーシステムに代表されるような生産方式は主流になっていきました。

しかし，この科学的管理法は，人間を機械の一部のように扱う非人間的な労働形態であるという批判がなされるようになったのです。

●メイヨーらによる人間関係を重視した経営の提唱

科学的管理法が批判されているころ，メイヨーはレスリーバーガーとともにアメリカのウエスタン・エレクトリック社のホーソン工場で，仕事に対する動機付け＊1)についての実験を行いました。

その結果，労働者は会社が定める公式な人間関係よりも仲間同士の非公式な人間関係の絆が強く，それが作業に大きな影響を与えるということや，労働環境や労働時間の長短とは関係なく，現場の責任者と労働者の人間関係が良好だと生産性が向上するということを実証しました。

また，生産性は労働者の感情によっても左右され，感情的障害を除去することで生産性が向上することが分かったのです。

つまり，メイヨーらはホーソン工場の実験によって，賃金や休暇などの労働条件や職場環境より，職場での非公式な集団の人間関係や人間感情の方が，生産性に与える影響は大きいということを証明したのです。

この結果，経営における人間関係論の研究が進み，現代の企業においても職場での人間関係が重視されるようになってきました。

秘書としては，上司や関係者，先輩秘書や同僚との人間関係を良好に保つとともに，職場の中で感情的な擦れ違いやいさかいが起こらないよう，周囲に気を配ることも大切な仕事になります。

＊1）動機付け＝ある行動を起こさせるきっかけとなるもの。モチベーション。

マズローの欲求５段階説とマグレガーのＸ理論・Ｙ理論

アメリカの心理学者マズローは，人間の欲求には段階があるとし，欲求5段階説を発表しました。

その中で第3段階の「社会的欲求」では「集団に帰属し，人から愛されたい」という欲求があり，第4段階では，「自我の欲求」として「他人から認められたい」という欲求があると述べていますが，いずれも人間関係がいかに重要であるかを示しています。

このマズローの欲求5段階説に触発されたアメリカの心理学者であり経営コンサルタントであったマグレガーは，X理論・Y理論を発表しました。

X理論とは，「人間はもともと仕事が嫌いでしたくないが，生活していくためにやむを得ず働いている」ので，強制や統制・命令による管理でなければ十分に力を発揮しない，という従来の経営の考え方です。またこれは，マズローの第1段階の（生命を維持するための）「生理的欲求」や，第2段階の（生理的欲求の満足を確実に維持しようとしたり危険を避けようとする）「安全の欲求」を持つ低次元の人物像に当てはめた理論でもあります。

Y理論とは，マズローの高次元の人間行動を対象とした理論で，「人間は本来仕事が嫌いなのではなく，自ら同意して目的を持った仕事には喜んで取り組む，自立して創造的に仕事に取り組む，あるいは自己実現を図るために進んで仕事に励む」ので，統制による管理より個人の目標と組織の目標を一致させるような「目標による管理」の方がよい，という考え方です。

マグレガーは行動科学におけるさまざまな実証を基にX理論が正しくないことを主張し，Y理論に基づいた経営を提唱しました。

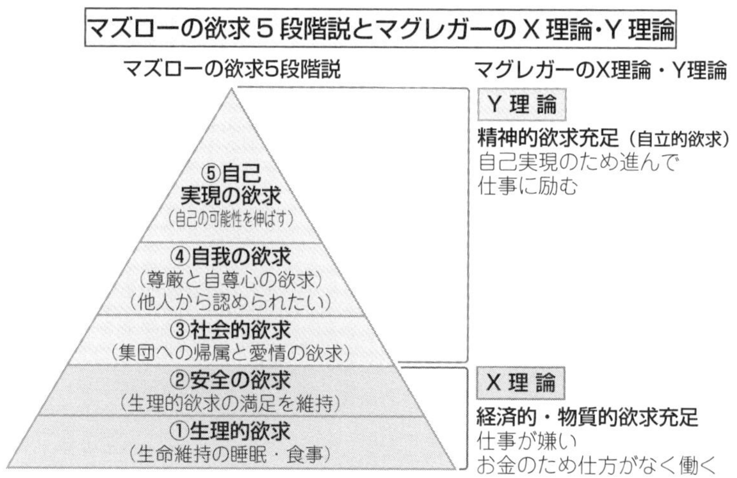

●人間関係を重視した職場の対応

職場での人間関係には「経営者対従業員」,「上司対部下」,「同僚対同僚」という三つのパターンがありますが，これらの関係が対立関係になるのではなく，共通の目標を持った協力関係にならなければなりません。経営者側が人間関係の管理で目指しているのは以下のようなことです。

◆組織の構成員間の対立や摩擦（まさつ）を取り除き，全員が同じ目標に向かって協力し合う関係を築き上げる。また，よきライバル関係やチームワークを構築していく。

◆創意工夫して仕事に取り組むシステムを設けるなど，個々人の士気を高め，職務の達成に満足感が得られるようにする。

また，人間関係を良好に保つための具体的な制度としては以下のようなことが一般に実施されています。

◆仕事の悩みなどの相談を受けるカウンセリング制度。

◆仕事の創意工夫や自発性を促進する提案制度。

◆日頃の活動の意見交換をする職場懇談会。

◆社員間のコミュニケーションの活性化を図る社内報の発行。

秘書と人間関係

職場環境はさまざまに変化していきます。上司が交代したり，新人が入ってきたり，頼りにしていた先輩が退職したりなど，人的な関わりが変化するだけでなく，新しい上司につけば仕事の内容も変化してきます。秘書はそうした変化にうまく順応していかなければなりません。

特に大切なのは，対人関係が変化したときにうまく対応していけるかということです。誰とでもうまくやっていけるよう，日常生活の中での基本的なマナーとルールはしっかり身に付けておくようにします。

●人に対する言動に注意する

職場では特に，「対上司」,「対取引先」,「対先輩や同僚」の対応の仕方に注意を払い，以下のような言動がないように気を付けます。

◆上司など自分より目上の人に対して仕切るような言葉遣いや態度を取らない。

例）上司に対して「着任のあいさつにみえたA社のB営業部長にお会いになった方がよろしいのではないですか」などの言い方。

◆人に責任があるような言い方をしない。

例）上司に頼まれた書類を別の部署の部長の所に取りに行ったが，部長は留守。秘書から「書類の件は聞いていない」と言われ，「部長が留守でも，

あなたが預かっていると思ったけど……」と，自分の思い込みを棚に上げて，人を責めるような言い方。

◆誰に対してもミスをしたときに言い訳をしない。

例）「急な仕事だったもので……」「そのことは聞いていなかったから……」

●トラブルを避けるための留意点

秘書は上司を補佐し，周囲の人たちと好ましい関係を維持していくのが仕事です。決してトラブルメーカーになってはいけません。

秘書が起こす身近なトラブルとしては，「新任上司とのトラブル」，「二人の上司に付く場合のトラブル」，「秘書同士のトラブル」などが考えられます。トラブルを避けるためには，以下のことに留意します。

◆新任上司とのトラブルを回避する。

新任上司とのトラブルは秘書の側に問題がある場合が多い。前任上司との仕事に慣れたため，それをそのまま新任上司に当てはめようとしたり，前任上司と比較しようとする傾向があるためである。

◎新任上司を早く理解するように努力する。仕事の内容を把握し，仕事の仕方を理解する。性格や表面的な言動だけで判断するのではなく，上司の人間性を理解しようと努めることが重要。

◎前任上司と比較しない。比較すれば合わない部分だけがクローズアップされ，かえって不満や不信感を抱くことになる。

◆二人の上司間でのトラブルを回避する。

秘書一人で二人の上司に付く場合，両者が仲がよくない場合にトラブルを生みやすいので，特に配慮する。

◎どちらにも肩入れするようなことはせず，平等・公平に仕える。

◎それぞれの仕事の仕方に合わせる。

◎両者の人物評やうわさ話などはしない。

◆秘書同士のトラブルを回避する。

一番仲よくなるのが同僚秘書同士だが，それだけに仲たがいしやすい。親しき仲にも礼儀ありの精神で接するよう心がける。

◎先輩秘書には敬意をもって接する。指導や注意を受けたら素直に謝罪し，指導に従って態度を改める。

◎同僚秘書や後輩秘書に仕事を押し付けたり，責任を押し付けたりしない。

◎人の仕事に立ち入るようなことをしない。

◎仕事を頼まれたらできる限り協力する。

SELF STUDY

過去問題を研究し
理解を深めよう！

POINT 出題 CHECK

「人間関係の理論」に関してはほとんど出題されない。「秘書と人間関係」では，「ミスへの対応」や，「出過ぎた行為」（目上の人に対して仕切るような言い方をするなど）に関する問題がよく出題される。ミスへの対応では，「言い訳しない」ことが原則で，それがポイントになる。出過ぎた行為については，それが秘書の立場を越えた言動になるかどうかを考えればよい。

ミスへの対応

指示されて上司の知人Ｗ氏に新製品のパンフレットを送ったが，それは印刷ミスがあるパンフレットだった。訂正したものは現在，印刷中である。上司にそのことを報告したら，すぐＷ氏に連絡するようにとのことである。

○　①「印刷にミスのあるパンフレットをお送りしてしまいました。訂正したものを印刷中ですので，改めてお送りしたいのですが，よろしいでしょうか」

×　②「仕事が立て込んでおりましたのでミスのあるものを送ってしまいました。お急ぎでなければ訂正したものをお送りいたしたいのですが」

②ミスをした言い訳をしてはいけない。

出過ぎた行為

上司（部長）と打ち合わせすることになっていた他部署のT部長が，20分ほど遅れてきた。上司には15分後に取引先との面談が入っている。

○　①「次の予定が入っておりまして10分ほどしかお時間をお取りできないのですが，それでもよろしいでしょうか」

○　②「部長はお待ちですが，次の予定がございますので，ただ今都合を確認してまいります。少々お待ちくださいますか」

×　③「すぐに部長のところにご案内いたしますが，15分後には別の予定が入っておりますので，そのつもりでお願いします」

③15分後に別の予定が入っていることを告げるのはよいが，「そのつもりでお願いします」と言うのは出過ぎた行為である。

CHALLENGE 実問題

1 難易度 ★★☆☆☆

秘書Aは，職場で周りの人とよい関係を保つために，先輩Cの話し方を見習うことにした。次はAが観察したCの話しぶりである。中から不適当と思われるものを一つ選びなさい。

1）同じ部署で親しい間柄の人であっても，なれなれしい話し方はしないようにしているようだ。
2）Cが先輩として指導する後輩には，上司が部下に指示するような話し方をしているようだ。
3）いつも来る顔なじみの人であっても，来客には改まった口調で話すことを心がけているようだ。
4）先輩や上司などCより目上の人には，それを意識して敬語を使った話し方をしているようだ。
5）給湯室などで他部署の同僚と仕事以外の話をするときは，砕けた調子の話し方をしているようだ。

2 難易度 ★★★☆☆

秘書Aが退社しようとしたところ，上司（部長）から食事に誘われた。上司の行きつけの店に課長と行くところだという。次は，Aが二人に同行したときに行ったことである。中から不適当と思われるものを一つ選びなさい。

1）店は老舗で，雑誌で見て知っていたので，来られてうれしいと誘ってもらった礼を言った。
2）和室に案内され先に入るように促されたが，遠慮して自分は最後に入った。
3）上司から料理は何にするかと尋ねられたが様子が分からなかったので，お任せすると言った。
4）乾杯の後，上司が無礼講でよいと言ったので，「失礼します」と言って膝を崩した。
5）帰るとき見送りに来た店の人に，今後電話することもあるのでよろしくと言って名刺を渡した。

【解答・解説】1＝2）上司が部下に指示するのは，命令系統で仕事をさせるため。先輩が後輩に指導するのは，このようにすればよいと言って導くためなので話し方は違う。後輩を指導するのに，上司が部下に指示するような話し方などは不適当ということである。
2＝5）行きつけの店というのは，上司がよく利用している店ということ。Aはそこへ連れてきてもらっただけなのだから，上司に従っていればよい。5）は出過ぎたことなので不適当ということである。

Lesson 2 話し方・聞き方

相づちとは，「ええ」「そう」「うん」だけ？

▶秘書Aは，「先輩秘書にもっと相づちの打ち方を工夫するようにと注意されたが，相づちは短い言葉で『ええ』とか『そう』『うん』くらいしかないのではないか」と後輩Dから質問を受けました。AはDにどのように答えればよいのでしょうか。

対処例 ○△×?…

「他にも『なるほど』『それで』『まさか』など数多くある。また，言葉だけでなく，うなずいたり，ほほ笑むなど，態度や表情で表すのも相づちである」と教えてあげればよいでしょう。

スタディ 💡!!

相づちとは，相手の話に調子を合わせる言葉や態度，表情のことです。同意するときの「そうそう」，反対するときの「そうではない」，疑問を表すときの「それはどうかな」，同情するときの「気の毒に」，喜ぶときの「それは何より」などの言葉があります。また，にこやかにうなずいたり，疑問を表すように首を傾けたりすることも相づちの一つです。

話の成立要件を知る

話を成立させ，話の効果を上げるためには，以下のことを心得ておくことが必要です。

- **◆話をするには聞き手がいること。**
- **◆話を聞いてもらうには聞き手の条件を満たすこと。**
- **◆話の効果の決定権は聞き手にあること。**
- **◆話の内容を伝えるときには，日常使う言葉以外にもさまざまな言語があることを知り，状況に応じて適切に利用すること。**

●相手の条件を満たし，よい聞き手にする

話を成立させるためには，第一に聞き手が必要です。そばに人がいても，話し手の話を聞こうとしていなければ，その人は聞き手とはいえません。話をするには，相手を聞き手にする必要があり，そのためには，まず相手をその気にさせなければなりません。相手が忙しくしているときや何かに熱中しているときは避け，話すときは事前に同意を求めます。

また，話を聞くことに同意した聞き手がいても，その人が要求する条件を満たさなければ話は成立しません。聞き手が要求する条件とは，例えば「耳が遠いので大きな声で話してほしい」,「難しい専門用語やカタカナ言葉は分からないので，自分に分かる言葉で話してほしい」，「年下の人が話すときは敬語を使って話してほしい」，「客なのだから丁寧に話してほしい」などです。そうした，相手が要求する条件を満たして初めて話が成立します。

●話の効果の決定権は聞き手にある

相手に話し手の意図する内容が正確に伝わって初めて話の効果があったことになります。「何を話すか」は話し手が決めますが，話が正しく伝わったかどうかの「効果の決定権」は聞き手が握っています。話した内容がうまく伝わらなければ，つまり聞き手が正しく内容を理解しなければ，話の効果はなかったことになるのです。従って，話し手は常に聞き手のレベルに合わせて話をしなければならないことを心得ておきましょう。

●さまざまな言語を知る

話をするときは，言葉としての「記号言語」だけでなく，表情やジェスチャー，声のトーンなど，さまざまな要素の「言語」を用いて会話をします。話し手は，言葉を選んで話すだけでなく，以下のような言語や間（ま）などを適切に用いて聞き手に話を伝えることになります。

◆表情言語……顔の表情で気持ちが相手に伝わるので，辛い表情や悲しい表情は禁物。職場では明るい表情で話すように心がける。

◆身ぶり言語……大きさや広さ，形などを示す際，記号言語を補うためによく用いられるが，オーバーなジェスチャーは相手に不快感を与えるので注意。

◆行為言語……行為や態度によって表現する言語。威張（いば）った態度，投げやりな態度，自信に満ちた態度など，相手を不愉快にさせる態度に要注意。話し手の態度が聞き手に本音のメッセージを伝えることになる。

◆身体言語……握手（あくしゅ）したり，相手の肩を叩（たた）いたりして話し手の気持ちを伝える言語。後輩などとのスキンシップに活用できる。

●人間関係によって話の効果は異なる

同じことを話しても，聞き手との人間関係が悪ければ効果は上がりません。聞き手は話し手の言葉を素直に受け取らないからです。よく「言葉通りには受け取れない」と言いますが，互いに反目（はんもく）していると，相手の言葉に対して疑念を持ったり，悪く解釈してしまうものです。従って，人間関係がしっくりいっていない相手には，特に言葉を選び，誠意を尽くして少しずつ効果を上げるような工夫が必要になります。一方，人間関係がよい場合はたとえ言葉足らずで，丁寧さを欠いた話し方をしても真意が伝わります。

職場では気の合わない人とも話をしなければなりません。話の効果を上げるためには，常に人間関係を好ましい状態にしておくことが重要です。

●同じ相手でも話し方は変化する

相手が同じでも，状況によって話し方は変わってきます。同僚同士の場合は，職場とプライベートで話し方を分けているでしょうし，いつもは仲間言葉で話す相手でも，頼み事をしたり，謝罪をするとき，あるいは相手の両親の前で話すときなどは改まった言い方をするはずです。

話し手は，こうした状況に合わせて，話し方を変えていかないと，「謝罪」や「頼み事」などの話をする際に効果を上げることはできません。

効果的な話し方

話す内容を相手に正確に伝えるためには「正しく話すノウハウ＊1)」を身に付けておくことが大切です。また，同じことを話す場合も，感じよく話す話し方を心得ていると，相手と不要な摩擦を起こさないで済みます。

●正しく伝わるように話す

相手に正しく理解してもらうためには次のことに留意します。

◆話の内容に応じて以下のような話の展開パターンを活用する。

◎5W3H（When（ホエン）＝いつ，Where（ホエア）＝どこで，Who（フー）＝誰が，What（ホアット）＝何を，Why（ホワイ）＝なぜ，How（ハウ）＝どのように，How many（ハウメニイ）＝幾つ，How much（ハウマッチ）＝幾らで）での展開。

◎帰納法（きのうほう）と演繹法（えんえきほう）＊2) を用いての展開。

＊1）ノウハウ＝何かを行うための実際的な知識。やり方のこつ。
＊2）帰納法と演繹法＝「帰納法」は，個々の事象から因果関係を推論して一般的原理を導く方法。例）人間Aは死んだ。BもCもDも死んだ。人間だから死んだ（因果関係）。つまり，人間はみな死ぬ。「演繹法」は，一般的原理から論理的に結論を導く方法。代表的な手法は三段論法。例）人間は死ぬ。Aは人間である。従ってAは死ぬ。

◎時間的・空間的順序で展開する。

◆感じのよい表現を心がける。

◎イエス・バット法＊1) など，相手を尊重した話し方をする。

◎相手に配慮し，不愉快な気持ちにさせる言葉を使わない。

◎相手に応じた敬語表現を用いる。

◆分かりやすい言葉や表現を用いる。

◎外来語や専門用語などは，聞き手に応じて用いる。

◎「私立」と「市立」などの同音異義語は，「わたくしりつ」と言い直すなど言い方に工夫する。

◎回りくどい言い方や二重否定＊2) を避け，文を短くして簡潔に伝える。

◎話の内容と関係ないところで「いわゆる」「つまり」を乱用したり，「というか」を連発するなど，不要な口癖を直す。

◎適切な接続詞を使い，「そして」や「また」などを多用しない。

◆正しい読み方や正しい意味を理解して話す。

◎「一期一会＊3)」を「いっきいっかい」と読むなど漢字の誤った読み方をしない。

◎「力不足」と「役不足＊4)」を間違えて使うなど，言葉の意味を取り違えない。

◆正しい音声表現で話す。

◎標準語を基本とした正確な発音を心がける。

◎「雨」と「飴」，「牡蛎」と「柿」など，正しく区別できるように正しいイントネーション＊5) を身に付ける。

◎年齢や理解度を考え，聞き手が理解しやすい適切なスピードで話す。

●感じのよい話し方を心がけ，話の効果を上げる

話をするときには，常に相手を尊重して傷つけないような話し方をすることが大切です。たとえ相手の意見が間違っていても，それを理論立てて追及したり，愚かな意見だと切り捨てたりしてはいけません。相手は立場をなくすことになるので，意地でもそれを認めようとはしなくなります。そのような場合は，「イエス・バット法」を用い，「なるほど，そういう考え方もありますね」と一度相手

＊1）イエス・バット法＝まず相手の話を肯定し（イエス），その上で「しかし（バット）」と自分の意見を話す方法。
＊2）二重否定＝否定の言葉を２度続けることで，肯定の意味を表すこと。例）考えられないわけではない（考えられる）。知らないわけではない（知っている）。
＊3）一期一会＝一生に一度限りという茶の心得からきた言葉。
＊4）役不足＝割り当てられた役が実力と比べ軽過ぎること。
＊5）イントネーション＝発声で上げ下げする調子のこと。

の意見を肯定して，「しかし，こういう考え方もありますがどうでしょうか」と話すと，相手も穏やかにこちら側の意見を吟味（ぎんみ）しようという気持ちになります。

それぞれが独自の価値観や人生観を持ち，それを基準にしてさまざまな判断をして意見を言うわけですから，できるだけ相手の意見を尊重することが大切です。自分の見方が常に正しいと思い込んではいけません。見方によっては間違っているかもしれないという謙虚な気持ちで相手の意見や話を聞くようにすれば，お互いに意義のある会話をすることができます。

この他，話の効果を上げるためには以下のようなことに留意します。

◆自分のペースで話を進めるのではなく，相手の反応を見ながら話す。

◎相手が理解しているかどうかを確認する。

◎疑問点を聞いてみる。

◎相手が理解していないようなら，相手に合わせた表現方法や用語を用いる。

◆話す状況を考え，必要以上のことは話さないようにする。

◎相手の心理状況を考慮したり，時や場所を考える。

◎多くのことを言おうとしないで，要点を簡潔に話すよう心がける。

◆できるだけ具体的に話す。抽象的な話をするときは，例を挙げるなどして相手の理解を助ける。

◆相手の目を見て，明るく話す。

◆相手が誤解しないように，事実と推測，自分の意見をきちんと区別して話す。

相手の真意を聞き取る方法

人の話を聞くときに一番気を付けなければならないのは，話を聞き違えるなどして相手の言っていることを誤解してしまうことです。話を聞くときには耳を傾けて真剣に聞き，相手が何を言おうとしているのか，正しく真意をつかむことが大切です。

●聞き違いや誤解が生じる原因

込み入った話をしているときはお互いの意見が異なる場面も出てきますが，そういうときは以下のようなことが原因で聞き違いや誤解が生じやすくなるので，くれぐれも注意しなければなりません。相手の意図を正しく理解し，誤解に基づいて反論し合うことのないよう気を付けましょう。

◆双方が次第に話に熱くなって感情的になり，相手の話を冷静に聞けなくなる。

◆自分の主張することばかりに意識が集中して，相手の話に耳を傾け理解しようという余裕がなくなる。

◆相手の言うことを早合点してしまう。
◆相手の話の内容を自分本位に解釈してしまう。
◆相手が話す前提条件や仮定の部分を無視して聞いている。
◆話の内容を一つ一つ確認しないで聞いている。
◆相手が前に話したことを忘れてしまっている。
◆言葉の裏を考えるなどして，相手の言葉や言っていることをゆがめて聞こうとしている。

●真意を聞き取る

話し手の真意をつかむためには，相手の言葉を一言も逃さないように真剣に耳を傾けて聞き，相手が話しやすいように話の内容に関心を持って理解しようと努力する必要があります。以下のようなことに留意します。

◆言いたいことのポイントとなる幾つかのキーフレーズやキーワードを探す。
◆理解できない点は分かるまで丁寧に聞く。
◆話が飛んでいるところは指摘して，前後の関連性を聞き出す。

●相づちで話を引き出す

相手の話に興味を示し，質問したり相づちを打ったりしながら，話を引き出すように聞くことが重要です。特に，賛同したり，褒めたり，同情したり，驚いたりするときの相づちは話を促進する有効な手段です。相づちを打つときの言葉には以下のようなものがありますが，その中には言葉だけでなく，表情やうなずく態度などがあることも忘れないようにします。

◆同意する。
　◎そうそう，それはそうだ，あなたの言う通り，確かに，など。
◆反対する。
　◎そうは思いません，賛同しかねます，無理ですね，など。
◆疑問に思う。
　◎それはどうでしょうか，そうですかね，何とも言えませんね，など。
◆褒める。
　◎それはすごい，やりましたね，お見事です，さすがです，など。
◆同情する。
　◎残念ですね，つらいでしょう，寂しいですね，お気の毒に，など。
◆話を促す。
　◎それで，それから，どうなりました，どうしました，といいますと，など。
◆話を転換する。
　◎ところで，ときに，それはそうと，話は変わりますが，など。

SELF STUDY

過去問題を研究し
理解を深めよう！

POINT 出題 CHECK

「話し方・聞き方」の話し方では，話をするときの心がけや人間関係における話し方を押さえておく。話の聞き方では，「相づち」がポイントになる。いずれも，常識で解けるものが多い。

話し方 ①

話をするときの心がけである。

○　①相手の年齢，上下関係，親しさの違いなどによって，ふさわしくない話題は話さないようにしている。

○　②難しい言葉は使わないようにしているが，言ってしまったら，やさしい言葉に言い換えている。

×　③話の最中に相手が割り込んできたら，今の話に区切りがついてからにしてもらいたいと言うようにしている。

③話は相手がいてこそ成り立つので相手のことも考えなければいけない。割り込むにはそれなりの理由があるのだから，それに応じることも大切なことである。

話し方 ②

話し方と人間関係について述べたものである。

○　①相手との人間関係を考えて話さないと，相手の理解を得ることは難しい。

×　②誰とでも同じ話し方をすることが，話す相手と人間関係をよくするコツである。

②相手との人間関係によって話し方も変えなければならない。

話の聞き方

相づちの打ち方として先輩から教えられたことである。

×　①相手の話で分からないことがあるときは打たない方がよい。

○　②「なるほど」と打つと偉そうな感じがするので，相手によっては注意が必要だ。

①相づちは相手が話を進めやすいように打つもので，分からないことがあったとしても打つのが話の聞き方である。

CHALLENGE 実問題

1 難易度 ★★☆☆☆

次は秘書Aが，話の聞き方について後輩に話したことである。中から不適当と思われるものを一つ選びなさい。

1）相手の話を正確に理解するためにも，最後まで話を聞かないといけない。
2）話は相手の表情やしぐさ，声の調子などからも察しながら聞くものである。
3）自分に対する苦言のようなことでも，明るい表情で聞くよう心がけるのがよい。
4）態度が悪いと相手に真意を話してもらえないことがあるので，気を付けないといけない。
5）相手の声が小さくて聞き取れないときは，話をしている途中でもそのことをすぐに伝えた方がよい。

2 難易度 ★★★☆☆

次は秘書Aが話をしたり聞いたりするとき，相手によい印象を持ってもらうために心がけていることである。中から不適当と思われるものを一つ選びなさい。

1）話をするときは，明るく生き生きとした調子で柔和な表情をするようにしている。
2）相手の話に同意するときは，うなずいたり私もそう思うなどと言ったりしている。
3）相手の真意をくみ取るように，どのようなことを話そうとしているのか考えながら聞くようにしている。
4）いつもきちんとした雰囲気で話をしたいので，先輩や後輩と雑談をするときも言葉遣いの丁寧さは崩さないようにしている。
5）相手の話し方が不明瞭でよく分からないときはさりげなく質問するようにし，分からないとはっきりとは言わないようにしている。

【解答・解説】1＝3）苦言とは，言われる人にとっていい気はしないが，その人のためにあえて言う忠告のこと。忠告ならば，聞く方は真摯に受け止めないといけない。そのようなときに明るい表情はそぐわないので不適当ということである。
2＝4）気楽にとりとめもなくされるのが雑談である。きちんとした雰囲気や言葉遣いの丁寧さは崩さないなどは，先輩や後輩との雑談の雰囲気になじまず，よい印象にはならないので不適当ということである。

Lesson 3 話し方・聞き方の応用

契約書に間違いがあるとの苦情が……

▶秘書Aは取引先のK氏から，「契約書に書かれた商品名が間違っている」という苦情の電話を受けました。上司は会議中です。その契約書はAが清書したもので，その後上司も目を通しています。この場合，Aはどのように対応すればよいのでしょうか。

対処例 ○△×?…

「ご迷惑をおかけいたしました。申し訳ございません。すぐに訂正したものをお送りしますので，間違いをお聞かせ願えませんでしょうか」と対応すればよいでしょう。

スタディ !!

契約書の商品名が間違っているということです。特に，Aが清書したのですから，仮に原稿が間違っていてもAのところでチェックされていなければいけないものです。すぐに迷惑をかけたことに対して謝罪し，訂正したものを送ると言うのが適切な対応ということになります。

報告の仕方

上司に報告をするときは，上司の都合を考えてタイミングよく行うことが大切です。上司が忙しくしているときは避けるのが当然ですが，考え事をしているときや仕事に熱中しているときも遠慮します。お茶を飲んで一息入れたときなど，仕事の合間を見計らって声をかけるようにします。

ただし，上司が気にかけている報告や悪い結果を知らせる報告の場合は，すぐに知らせるようにします。悪い結果が出た場合は，関係者を招集して次にどのようにすべきか打ち合わせしたり，次の対策を指示する必要があるからです。

●報告の要領

報告に際しては，以下のことを留意します。

◆報告前に報告内容をしっかり把握しておく。

◆報告では結論を先に述べ，理由や経過説明は後回しにする。

報告で重要なのは「どうなったのか」という結果である。結果が分かれば，理由や経過は聞く必要がないと考える上司もいることを心得ておく。ただし，自分の勝手な判断で，理由と結果を省略するようなことをしてはならない。

◆複数の報告がある場合は，件数と表題を言って優先順位を上司に決めてもらう。

◆報告内容は要領よく簡潔にまとめ，経過報告は分かりやすいように順序立てて報告する。

◆報告は事実をありのままに話すことが重要。途中経過の報告における自分の見通しなどは，事実とはっきり区別し，求められたら話すようにする。

◆推測や思い込みによる断定，勝手な解釈，オーバーな表現をしてはならない。

◆例を出して説明するなど，できるだけ具体的に話す。

「東京タワーと同じ高さ」，「髪の毛の太さの 100 分の 1 の細さ」など高さや太さ，重さや大きさ，広さや深さ，長さなどは具体的な例と比較すると分かりやすい。

◆言葉の時制は過去形で話すのが基本。例)「～については検討中とのことでした」

●報告のまとめ方

報告をまとめるときは，「Y･T･T」方式と「5Ｗ３Ｈ」の要素を押さえ，伝えるべき要素に漏れはないかを確認します。

◆ Y・T・T 方式とは新聞記事などの書き方と同じで，過去から未来へ向かって経過を述べる方式。日本語で，「昨日・今日・明日」と覚えていてもよい。

Y＝Yesterday（イエスタデイ） ＝ 結果の報告 ＝過去
T＝Today（トゥデイ） ＝ 現状の報告 ＝現在
T＝Tomorrow（トゥモロウ） ＝ 未来の予測 ＝未来

◆ 5W3H の要素に照らし合わせて報告すべき内容を整理する。

When（ホエン） ＝いつ ＝日時
Where（ホエア） ＝どこで ＝場所
Who（フー） ＝誰が ＝人物
What（ホアット） ＝何を ＝目的
Why（ホワイ） ＝なぜ ＝理由

How（ハウ） ＝どのように ＝手段
How many（ハウメニイ） ＝幾つ ＝数量
How much（ハウマッチ） ＝幾らで ＝値段・経費

説明の仕方

説明とは，伝える内容が相手に分かるように順序立てて述べることです。簡単な説明は口頭で行いますが，説明の中には，複雑で長い内容のものもあります。その場合は，簡単な文書にして説明したり，グラフや図版，写真やイラストを活用して本格的な説明書としてまとめるという方法もあります。

●説明の要領と手順

長い内容を説明するときは以下の手順で行います。

①説明する相手に予告する。

相手に説明を受ける心の準備をしてもらうために，「説明数」，「概略」，「要点」を必要に応じて述べる。

②説明の形式に沿って簡潔に順序よく説明する。

以下のような形式の中から説明内容に適したものを選択し，それに沿って簡潔にまとめる。

◎時系列的配列：時間の流れに沿って説明する。

◎空間（場所）的配列：ビルの階数ごとの展示商品や各営業所ごとの販売活動など空間や場所ごとに説明する。

◎既知(きち)から未知(みち)への配列：相手が知っていることから話し始め，知らないことへと話を進める。

◎重要度による配列：重要なことから説明する。

◎因果関係による配列：原因から結果へと説明する。

説明に当たっては，以下のようなことに留意し，具体的に分かりやすく話す。

◎高さや広さ，長さなどの数値データは，具体的な例（富士山や東京ドームなど）と比較して話す。

◎グラフ，図版，写真，イラスト，ビデオなどを利用する。

③一通り説明した後，重要な部分を再度繰り返す。

●説明の際の留意点

説明をする際には以下の点に留意します。

◆説明する前に内容を把握する。

相手に説明する前に，内容を完全に把握しておく。理解が不十分だとうまく説明できないだけでなく，相手に誤った内容を伝える可能性もある。

◆相手の理解状況を把握する。

説明する前に，相手がそのことに関してどれだけ理解しているかを把握しておく。例えば，パソコンのソフトを説明するとき，基本的なキーボード操作

はできるのか，文書作成はできるのかなどパソコンの使い方をどれだけ理解しているのかを把握しておかないと適切な説明ができない。

◆受け入れ態勢を整えさせる。

いきなり説明を始めるのではなく，まず相手に受け入れる準備を整えてもらうことが先決。これから説明する内容の「説明数」や「アウトライン」，「ポイントとなる部分」，あるいは説明時間などを話し，相手におおよその説明内容を前もって知らせることが大切である。

◆内容を整理して説明する。

説明内容に適した配列形式を選び，分かりやすい言葉で順序立てて話す。

◆相手が理解しているか確認しながら話す。

長い説明の場合は，幾つかの段階を踏んで説明するようにし，区切りごとに理解したかどうかを確認する。その部分を完全に理解したら，次の段階に進むようにし，最後に要点を再確認するとよい。

説得の仕方

依頼したり，提案したことに対して受け入れられなかった場合，相手に受け入れることを納得させることが説得です。会社内では，仕事に協力してもらったり，何かの会合に参加させたりするときに説得が必要になってきます。

説得は強制と違って，相手の意思を無視して受け入れさせるのではなく，そのことを理解させて納得してもらい，相手が自分の意思で行動して初めて成功したといえます。もともとは「受け入れない」という立場にいた者を，「受け入れる」という逆な立場に立たせることは容易なことではなく，説得には高度な話し方の技術が求められます。

また，逆説得といって，相手の依頼や提案に対して説得して断るというケースもあります。

●相手の不安をなくす

相手が依頼や提案を受け入れない原因の一つに「不安」があります。例えば，依頼された仕事に対して「自分にはできないのではないか」といった不安を感じることですが，この場合には相手が抱いている不安の要因を取り除くことで説得もしやすくなります。不安には以下のようなものがありますが，それに対する対策も心得ておくようにしましょう。

◆心理的不安を取り除く。

「初めての仕事に対する不安」や「失敗に対する不安」などについては，自らの体験や同僚の体験談を話して,「誰でも最初はそのように思うが心配ない」と，かつて同じ経験をした者としてアドバイスする。

◆物理的不安を取り除く。

「仕事量が増えて対応できない」，「時間的に無理だ」と考えている相手には,仕事を能率的に進めるための具体策を提案したり，実際に仕事時間を計算して可能なことを認識させる。また，自らも協力することを申し出る。

◆経済的不安を取り除く。

「金銭的な余裕がない」，「損失を出したくない」などの不安に対しては，明確な数値データや実績を示し，無理なくできることや損失を出す心配もないことなどを話して安心させる。

◆能力的不安を取り除く。

「自分の能力ではできそうにない」という不安に対しては，かつて手がけた仕事を評価して，それができるのだから十分可能であると激励する。

●説得の際の留意点

相手の性格や自分との人間関係などを考慮して，以下のようなことに留意しながら説得するようにします。

◆説得する機会を設ける。

タイミングを捉えて，食事やお茶に誘うなど，じっくり話す機会をつくる。相手が慌(あわ)ただしくしているときや精神的に余裕がないときは避ける。

◆説得を繰(く)り返す。

一度の説得に失敗しても簡単にあきらめない。「どうしても適任者が見つからない」,「あなた以外にできる人はいない」などと繰り返し説得する。

◆代理の人に頼む。

その人が尊敬している先輩や親しい人などに説得を依頼する。代理説得では人選がポイントになる。

◆依頼の条件を緩(ゆる)める。

「量を減らす」，「期間を延ばす」，「できる範囲でよしとする」など，相手に依頼する条件を緩めていく。

◆相手に条件を出す。

「あなたが困ったときにはいつでも協力する」など，自分のできる範囲で条件を提示する。

◆相手に条件を出させる。

こちらの条件では不満な場合は，相手に「どのような条件であれば引き受けてくれるのか」と条件を出させて検討する。

注意・忠告の仕方

注意･忠告は相手のためを思って，「○○してはいけない」「○○した方がよい」と態度や言動を改めさせることですが，言われた方は指摘されたことが正しいと分かっていてもあまり気持ちのいいものではありません。指摘の仕方によっては，相手を刺激して反発を招くことになり，その結果，人間関係をこじらせ仕事がしにくくなるので相手の気持ちを考えて慎重に対応しなければなりません。

●注意などに際して心がけるべきこと

人の言動を誤解して注意したり，忠告するほどのことでもないのに忠告したりすれば，人を傷つけたり，反感を買うことになります。注意などをする際には，特に以下のことに留意します。

◆注意などをすべきことが事実なのか確認する。

相手に話をする前に，しっかりした裏付けを取る。その人の言動や態度だけで判断したり，うわさになっていることをうのみにせず，実際はどうなのかきちんと事実を確認する。

◆なぜそのようなことをするのか原因をつかむ。

相手の言動に問題がある場合，なぜそのような言動をとるのか，原因を把握しておかないと，具体的な改善方法が示せない。

◆注意などをした後の効果を予測する。

気にはなるが指摘すべきほどのことではない場合は，すぐに行動に移すのではなく，しばらく様子を見るのもよい。また，そのようなときは，何かの折に注意をするということよりも，「少し気になるから，このようにするともっとよくなる」と励ますように言うとよい。

◆時と場所をわきまえる。

注意などをする場合はタイミングが重要。時間がたち過ぎてからでは効果が薄い。また，人がいる場所を避け，1対1で話すのが原則。

●注意などをするときの留意点

相手に話をするときは以下のことに留意します。

◆意地悪で言っているのではなく，心配しているから注意などをするのだということを分からせ，励ますように話す。

◆なぜそうしてはいけないかという，相手を納得させる理由を話す。

◆明確な基準に照らし合わせて注意などをし，その基準をぐらつかせたり，都合よく解釈して適用したりしない。

◆誰かと比較するような言い方をしない。

- ◆注意する内容を追加しない。話のついでに，それまで感じていたことをいろいろ付加して追い打ちをかけるようなことはしない。
- ◆どのように改善すればよいかアドバイスする。
- ◆愛情をもって本気で誠実に話す。

●注意などをした後の配慮

次のようなことに留意します。

- ◆注意をしたことに対して自分自身が特別な感情を持たないようにし，いつも通り接する。
- ◆折を見て相手に声をかけるなどして，注意を受けたことによる心の痛みを和(やわ)らげる努力をする。
- ◆指摘したことが改善されているか確認し，改善されていなかったらタイミングを見計らって再度注意をする。

●上司や先輩への進言

進言とは目上の人に意見を申し述べることです。秘書は，基本的には上司に意見を言う立場にありません。必要があって進言しなければならないときは，上司の体面を保つように話します。直接，指摘するようなことはしないで，注意であっても提案するような形で話します。「差し出がましいようで申し訳ないのですが，私としては○○なさった方がよろしいのではないかと存じますが……」などと，進言できる立場にないことを認識した言い方で提案するように話します。

注意・忠告の受け方

どのような人でも注意などを受けるといい気持ちはしません。不愉快に感じるのが一般的でしょう。しかし，逆の立場になれば分かるように，注意をする人も愉快な気持ちでしているわけではありません。むしろ注意される人以上に苦痛を感じる場合も多く，できればしたくないと思っているのが本音です。そうした感情がありながらあえてするのは，その人のためを思ってのことです。もちろん，立場上あるいは会社の方針上注意などをする必要が出てくる場合もありますが，それも「その組織の中にいる以上，改めてもらわなければその人のためにならない」と考えてのことだということを理解しなければなりません。

また，注意してもらえるのは期待されている証拠です。問題がある言動をしても何も言われなくなったら終わりだと考えて差し支えないでしょう。注意などを受けたら素直に受け入れ，改善するよう努力することが大切です。そして改善していくことで，人間として成長していくことが大切です。

注意などを受ける際の心構え

注意などを受ける際の心構えとして，以下のようなことを押さえておきます。

◆「何」に対して言われたのかを問題にする。

指摘を受けると，その内容よりも「誰から注意を受けたのか」ということに反応してしまいがちだが，誰が注意したかは関係がないことである。問題は「何に対して言われたか」で，その中身について考えなければならない。

◆他人に責任転嫁したり回避したりしない。

「他の人が先にしていた」と他人に責任を転嫁したり，「忙しかったから仕方がない」と責任を回避することはしない。自分に注意されたことを素直に受け入れる。

◆感情的にならない。

注意されたことに興奮したり，自分の全人格を否定されたように感じて反発するなど，感情的になる人が少なくないが，冷静に受け止め，相手に反感を持ってはならない。また，気にし過ぎて落ち込んだりしない。

◆注意などは「ありがたいこと」と捉え，内容を記録しておく。

指摘されたことは，日記などに記録しておき，二度と同じことをしないように心がける。

注意などの受け方

注意などを受けるときは，素直な気持ちで受けます。上司に注意を受けたときは，たとえ自分に言い分があったとしても，その場では話さず素直にわびるようにします。秘書は，上司の補佐役であることを常に念頭に置いておかなければなりません。その場で言い訳をしたり議論をすると上司の貴重な時間を無駄にするだけでなく，上司を不快な気持ちにさせることにもなりかねず，補佐をするどころか逆に負担をかけることになってしまいます。

注意に対して言い分があるときは，後で折を見て話しても構いませんが，仕事に差し支えることがなければ，あえて話す必要もありません。

また，先輩などから注意を受けた場合は，以下のように対応します。

◆注意を受けたら，「すみませんでした」，「申し訳ありませんでした」とすぐ謝罪する。

◆相手の勘違いによる指摘であっても，最後まで話を聞き，相手を誤解させた点について謝罪する。その後，誤解であることを穏やかに話す。

◆自分の短所を指摘されたら，反抗的になったり，性格だから仕方がないと開き直らずに，改善するよう努力する。

苦情への対応の仕方

苦情を受けるのは，注意・忠告を受けるのと同様，愉快なことではありませんが，だからといって避けることもできません。秘書のところには，立場上さまざまな苦情が持ち込まれてきます。これを嫌なことだと考えず，むしろ新しい人間関係を築くよい機会だと考えるようにします。

苦情を持ってくる人は，何とかそのことを解決してほしいと考えています。従って，相手の希望をよく聞き，素早く行動して適切に処理すれば相手は満足します。満足するだけでなく感謝するようになります。そうすると，今までの関係よりももっと強い信頼関係で結ばれることになります。苦情を受けるときは常にこの考え方をもって接するように心がけます。

●苦情対応の際の留意点

苦情を持ち込まれてきたときは，以下のことに留意して対応します。

◆相手の話を最後まで聞く。

相手の話に十分耳を傾け，最後まで聞くことが大切。こちらに言い分があっても途中で話に割り込んだりしない。苦情に対する不満や怒りは，話をすることで解消することが多い。相手の言い分をきちんと聞くことで相手も冷静な対応ができるようになる。

◆一つ一つ誠意を尽くして聞き，適切に対応する。

相手は不満で興奮しているので，順序立てて話すことができない場合が多い。一つ一つの言い分を整理しながら誠実に聞き，確認していく。そして，それに対して適切に対応する。その場で即答できないときは，何をいつまでに返答するかを明確に伝え，必ず実行する。

●潜在的な苦情への対応

苦情には，外に出てこない苦情もあります。「話せば人間関係を悪くする」，「話しても無駄だ」などの理由で表面に出てこない潜在(せんざい)的な苦情です。表面に出てくる苦情はそれを解決する機会があり，解決してよい結果を出せば新たなよい信頼関係が結べますが，潜在的な苦情に対してはそれができません。

秘書は，会社の内外を問わず，関係者の中に多くの潜在的な不満を持った人がいることを心得ておく必要があります。文句は言わなくてもあまり協力的でない人がいたら，非協力的なことだけを問題にするのではなく，その裏に潜在的な苦情があるのではないかと疑うことも大切です。そして，もし相手に潜在的な不満があることを知ったら，それを聞き出し，相手の立場に立って解決するよう努力しなければなりません。

断り方

依頼を受けて，それに応じられないときは，はっきり断らなければなりません。断るのは，相手の失望を目の当たりにするのでつらいものがあります。それで，どこか曖昧な言い方になってしまいがちですが，曖昧な断り方をすると，相手は勝手な解釈をして希望を持ってしまうかもしれません。そして，何度も足を運んだ末に断られたとしたらもっと大きな打撃を受けるでしょう。断り方一つで人間関係も変わってくることを考えておかねばなりません。

●断るときの留意点

断るときは相手にはっきりと「断りの意思」が分かるように話します。しかし，相手への心遣いを忘れず，丁重な言い方をするよう心がけます。

断るときは次の点に留意します。

◆「申し訳ございませんが」と一言期待に応えられないことへの「わびの気持ち」を述べる。

◎「申し訳ございませんが，お受けいたしかねます」

◎「残念でございますが，お引き受けできかねます。申し訳ございません」

◎「ご期待に沿えず，申し訳ございません」

◆期待を持たせる言い方をしない。

◎「一応，考えておきますが……」「検討はいたしますが……」などの言葉を使わないようにする。

◆断る理由を明らかにする。

◎簡単に断るのではなく，相手の依頼に応じられない理由を明確にすると，相手も納得する。

◎「担当でない」，「よく分からない」，「忙しい」という理由では，「担当は誰か」，「分かる人は誰か」，「いつ来ればよいか」と食い下がられる。

●誠意のある断り方をする

断る場合も，依頼してきた人との人間関係を悪くしないような断り方をする必要があります。どうせ断るのだからと，いいかげんに話を聞いてはいけません。以下の点にも留意し，誠意をもって対応しましょう。

◆代案があれば相手にそのことを提案してみる。断るのではなく，協力関係に立つことになるので相手の気持ちも和らぐ。

◆相手の話を親身(しんみ)になって最後まで聞くと，仮に代案がなくても相手の気も休まるので，断られたことによる悪感情を持たなくなる。ただし，断る意思だけは明確に相手に伝わるように話しておく。

SELF STUDY

過去問題を研究し理解を深めよう！

POINT 出題 CHECK

「報告の仕方」では，報告の順序や「意見や推測を述べない」など基本的なことが出題される。「説明の仕方」では，説明の仕方のポイントを押さえておく。「注意・忠告の仕方」も，「1対1の原則」や「人と比較しない」などの基本事項を理解しておけばよい。「注意・忠告の受け方」は「納得がいかない場合の対応」がポイントになる。「苦情への対処の仕方」では，秘書としてできる最善の対応は何かを考えると解ける。「断り方」では「寄付の断り方」に関する問題が多い。期待を持たせないことがポイント。「説得の仕方」は出題が少ない。また3級で学んだ「指示の受け方」も出題されるので，再チェックしておくとよい。

報告の仕方

後輩に教えた報告の要領である。

○　①報告するときは，初めに必要な時間を言い，報告してよいかを尋ねてからすること。

×　②報告することが幾つかあるときは，新しいものを先にして，古いものは後にすること。

②報告は，急ぐもの，重要なものから先に行うのが基本なので，新しい古いは関係ない。

説明の仕方

上司に説明するときの仕方を後輩に教えたことである。

○　①上司の理解の反応を確かめながら説明すること。

○　②特に重要な箇所は，最後にもう一度ポイントを繰り返すこと。

○　③複雑な内容のときは，口頭だけでなく，要点もメモして渡すこと。

×　④途中で上司から質問があっても，最後に受けると言って先に説明を終えること。

④上司への説明だから上司に分かってもらわないと意味がない。上司が途中で質問するのは分からないからである。分からないまま，先を続けても意味がない。分からない時点で説明しないといけない。

スタディガイド
領域：理論編
領域：実技編
テスト

注意・忠告の仕方

後輩に注意するとき心がけていることである。

○ ①注意したことに対して何か言いたそうにしているときは，何か事情があるのか尋ねるようにしている。

○ ②注意はその場でするようにしているが，相手が仕事で忙しそうにしているときは，後で機会を見てしている。

× ③注意するときは，お互いに感情的にならないようにするため，周りの人にも聞こえるような声でしている。

③注意は本人だけにすればよいことである。感情的になるのは，注意の仕方，注意の適切性が問題なのである。

注意・忠告の受け方

先輩から「立ち居振る舞いが粗雑なので気を付けるように」と注意を受けた。

○ ①先輩に，どこが粗雑なのか，またどのようにすればよいのか具体的に教えてもらう。

× ②上司に先輩から注意を受けたことを話してみて，上司がそのように思っていないのであれば気にしないようにしている。

× ③このようなことは人それぞれ感じ方が違うし，自分は自分なりに気を付けているのだから，あまり気にしないようにしている。

②上司にこのようなことを聞くべきではない。③先輩の忠告は，よいと思われることを教えているのであるから素直に聞かなければいけない。

断り方

慈善団体の頼み事は断るようにと上司から言われている。

× ①相手は頼めるつもりで来たのだから，できるだけ遠回しな言い方で断るのがよい。

○ ②断ることを納得してもらえるように，引き受けられない事情をよく説明するのがよい。

○ ③上司の頼まれ事は仕事のうちなのだから，断るのは申し訳ないという態度で断るのがよい。

①遠回しに断るということは，はっきり断らないことで，多少の望みがあると相手に期待を持たせることになる。断るときは，相手が分かるようにはっきり断るのがよい。

CHALLENGE 実問題

1 難易度 ★★☆☆☆

秘書Aが新人秘書Bに新しい仕事を指示したとき，Bは自分にできるか不安だと言った。このような場合，AはBにどのようなことを言えばよいか。次の中から不適当と思われるものを一つ選びなさい。

1)「何事も経験が大事よ，気楽にやってみて」
2)「何かあったら私が手助けするから頑張って」
3)「あなたならできると思う，チャレンジしてみて」
4)「やり方を教えるから，初めはその通りやってみて」
5)「これまでの仕事ぶりからするとできるはず，やってみようよ」

2 難易度 ★★★☆☆

部長秘書Aは，上司の指示で新発売の事務機器説明会に行ってきた。次は説明会から戻ったAが，上司に対して順に行ったことである。中から不適当と思われるものを一つ選びなさい。

1) 戻ってすぐに，Aが留守にしたことで何か不便はなかったかと尋ねた。
2) どういう会社の人が何人ぐらい来ていたかなど説明会の概況を，感想を交えて説明した。
3) 新発売機器のパンフレットを見せて，強調されていた特長を聞いた通りに説明した。
4) 会場で出会った数人の取引先の人から，部長によろしくと言われたことを全部伝えた。
5) 上司からパンフレットを返されたので，担当者に渡してよいかと確認した。

【解答・解説】1＝1）Bは新しい仕事がきちんとできるか不安なのである。この場合，AはBが安心して仕事ができるようになることを言う必要がある。経験が大事なのはその通りだが，気楽にと言っても不安はなくならず，仕事に対して軽い気持ちでといった意味にも取れるので不適当ということである。
2＝2）この場合の説明とは，説明会がどういうものであったかの事実を上司に伝えること。概況を伝えたのはよいが，感想とはAの個人的な思いなのだから，感想を交えて説明したなどは不適当ということである。

SECTION 2
敬語と接遇用語

スタディガイド　領域：理論編　領域：実技編　テスト

Lesson 1 敬語

「おみえになられて」は間違った敬語？

▶秘書Aは，上司(部長)に「さっき営業部長が来て，部長を捜していた」と言うことを「さっき営業部長がおみえになられて，部長をお捜しでした」と敬語を使って言ったのですが，上司からその敬語の使い方は間違っていると指摘されました。どのように言えばよいのでしょうか。

対処例 

「先ほど営業部長がおみえになって，部長をお捜しでした」と言えばよいでしょう。

スタディ

このような場合，「さっき」は「先ほど」と改まった言い方をします。営業部長が「来て」は，尊敬語を使って「おみえになって」や「みえて」にします。「おみえになられて」は，「おみえになる」という尊敬語に，さらに尊敬語をつくるときの「られる」を付け加えた二重敬語なので誤りとなります。

敬語の種類

敬語には，以下のような「尊敬語」，「謙譲語」，「丁寧語」などがありますが，尊敬語と謙譲語を取り違えて使わないように注意します。

尊敬語　相手の動作や相手に属する物に敬意を表す。

謙譲語　自分がへりくだることで，間接的に相手を高め敬意を表す。

丁寧語　話し相手（聞き手）に対して直接敬意を表す。

敬語の型と敬語の特別な言葉

尊敬語は「れる，られる＝書かれる，帰られる」，「お（ご）～になる＝お書きになる，ご心配になる」などの型でつくられます。

また謙譲語は「お（ご）～いただく＝お書きいただく，ご心配いただく」，「お（ご）～する＝お書きする，ご説明する」，「（お，ご）～いたす＝お書きいたす，出席いたす」などの型を取ります。

しかし，そうした型でつくられる敬語ではなく，「特別な言葉」を用いることがあります。例えば，「食べる」の尊敬語としての「召し上がる」などです。

以下は，普通の言い方を「尊敬語」，「謙譲語」にするときに特別な言葉で言い表した例です。

普通の言い方	尊敬語	謙譲語
する	なさる	いたす
言う	おっしゃる	申す
食べる	召し上がる	いただく
見る	ご覧になる	拝見する
聞く	お聞きになる	伺う，拝聴する，承（うけたまわ）る
いる	いらっしゃる	おる
行く	いらっしゃる	参る，伺う
来る	いらっしゃる おみえになる	参る
訪ねる	いらっしゃる	お邪魔する，伺う，お寄りする 参上する
気に入る	お気に召す	——
死ぬ	お亡くなりになる	——
思う	お思いになる	存（ぞん）ずる
借りる	お借りになる	拝借する，お借りする
知る	ご存じ	存じ上げる
見せる	お見せになる	お目にかける，ご覧に入れる
会う	お会いになる	お目にかかる

間違えやすい敬語

敬語を使う場合に気を付けたいのが，「尊敬語と謙譲語の混同・混用」と「二重敬語」です。また，「外部の人に対して内部の者のことを言うときは尊敬語を用いない」こと，「内部の者のことをその近親者に言うときは尊敬語を用いる」ことも正しく理解しておきます。

●尊敬語と謙譲語を混同・混用しない

尊敬語と謙譲語を混同したり，入り交じった使い方をしないように注意します。

◆（誤）お食事はいただかれましたか。
（正）お食事は召し上がりましたか。
「いただく」という「食べる」の謙譲語に，尊敬語をつくるときの型「～れる」を当てはめても尊敬語にはならない。

◆（誤）お名前を申してくださいませ。
（正）お名前をおっしゃってくださいませ。
「申す」は「言う」の謙譲語。尊敬語の「おっしゃる」を使うべきところを，勘違いして謙譲語を使っている。

◆（誤）拝見しますか。
（正）ご覧になりますか。
「拝見する」は「見る」の謙譲語。尊敬語の「ご覧になる」を使うべきところを，勘違いして謙譲語を使っている。

●二重敬語に注意する

よく見かける間違いに二重敬語があります。十分注意してください。

◆（誤）お客さまがおいでになられました。
（正）お客さまがおいでになりました。
「来る」の尊敬語である「おいでになる」に，尊敬語をつくるときの型「～られる」を加えた語のこと。

●外部の人に対して，内部の者を言うときには尊敬語を使わない

たとえ社長のことであっても，外部の人に対して言うときには尊敬語を使いません。また，役職名は敬称になるので注意します。

◆（誤）広瀬部長は今，席にいらっしゃいません。
（正）（部長の）広瀬はただ今，席を外しております。
「広瀬部長」というように名前と役職を組み合わせて使うと役職は敬称になるので，「部長の広瀬」または単に「広瀬」とする。「席にいらっしゃいません」は尊敬語なので，「席におりません」となるが，ビジネスの場なので接遇用語

の「席を外しております」にする。

◆（誤）○○部長がよろしくとおっしゃっていました。

（正）部長の○○がよろしくと申しておりました。

「○○部長」を「部長の○○」にして，尊敬語である「おっしゃる」を謙譲語の「申す」，普通の言い方の「いる」を謙譲語の「おる」にする。

来客など外部の人には，「部長はすぐにいらっしゃいます」ではなく，「部長の○○はすぐに参ります」と言わないと……

●内部の者を言うときでも，その人の近親者に言うときには尊敬語を使う

上司の家族や親戚の人，あるいは親友などに対して上司のことを言う場合は尊敬語を使います。

◆（誤）部長の○○は食事に出かけております。

（正）○○部長（さん）は，食事に出かけていらっしゃいます。

謙譲表現である「部長の○○」を，「○○部長」もしくは「○○部長さん」とする。部長などの役職名は尊敬表現なので，社内で呼ぶときはその後に「さん」を付けたりしない。しかし，家族などに対して言う場合は，「さん」を付けても構わないとされ，特に女性が言う場合は，言葉遣いが優しくなってよいとされている。また「（出かけて）おります」ではなく，「～いらっしゃいます」と尊敬語を用いる。

SELF STUDY

過去問題を研究し理解を深めよう！

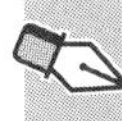

POINT 出題 CHECK

「敬語」では，一般的な敬語の使い方の他に「二重敬語」や「尊敬語と謙譲語の混同・混用」，「内部の者のことを外部に言う（場合の敬語の使い分け）」などの問題がよく出題される。誤用と知らずに日常的に間違った敬語を使っていると問題は解けないので，敬語の使い方をしっかり理解しておく。

二重敬語

部長に対する言葉遣いである。

○　①専務からの伝言を伝えるとき

「専務がこれからこちらへいらっしゃるそうです」

×　②外出するとき

「何時ごろお戻りになられるでしょうか」

②「お戻りになりますか」または「戻られますか」が正しい敬語の使い方。「お戻りになられる」は，「お戻りになる」の敬語表現に加えて「なる」を「～られる」という敬語表現の型に当てはめたもので二重敬語になる。

尊敬語と謙譲語の混同・混用

上司に外出の時間を確かめるとき。

×　①「何時ごろお伺いされますでしょうか」

○　②「何時ごろお出かけになりますか」

①「伺う」は謙譲語。また「伺いされる」という言葉遣いはない。

内部の者のことを外部に言う

×　①上司の外出中，顔見知りの取引先の人が訪れたとき

「ただ今外出されていますが，いかがいたしましょうか」

①社内の者を外部の人に言うときには尊敬語を用いないので，「外出されています」を「外出しております」にしなければならない。

CHALLENGE 実問題

1 難易度 ★★★☆☆

次は営業部長秘書Aの，上司に対する言葉遣いである。中から適当と思われるものを一つ選びなさい。

1）G社のN氏が来訪したとき
「G社のN様がおみえになられました」
2）海外出張が決まったと言われたとき
「いつごろご出発いただくことになりますか」
3）雑誌の記事を指して，見るかと聞かれたとき
「部長が拝見なさいました後でお貸しいただけますか」
4）取引先の展示会には外出先から直行すると言われたとき
「招待状をお渡しいたしますので，ご持参していただけませんか」
5）本部長の今日の予定はどうなっているかと聞かれたとき
「本日は午後から外出なさるご予定と本部長から伺っております」

2 難易度 ★★★★☆

次は，山田企画部長秘書Aが言った言葉である。中から言葉遣いが不適当と思われるものを一つ選びなさい。

1）外出から昼過ぎに戻った上司に
「お帰りなさいませ。ご昼食はお済みですか」
2）上司から君はどう思うかと聞かれたとき
「私の考えを申し上げてよろしいでしょうか」
3）上司に頼まれて，総務部長に雑誌を届けに行ったとき
「山田部長から雑誌をお届けするよう言い付かりました」
4）上司から先に退社してよいと言われたとき
「恐れ入ります。それではお先に失礼させていただきます」
5）隣にできたスポーツジムは，いつから利用できるか知っているかと聞かれたとき
「今月中に法人会員になるので，来月からご利用できるそうです」

【解答・解説】1＝5）「（本部長が）外出する 予定」を尊敬語に，「本部長から（Aが）聞いた」を謙譲語に，それぞれを適切にした 5）が適当。なお，他の選択肢の適切な言い方は，1）「おみえになりました」，2）「ご出発になりますか」，3）「ご覧になった後で」，4）「お持ちいただけませんか」などになる。
2＝5）この場合，利用するのは上司なので尊敬語で言うことになるが，「ご利用できる」は謙譲語なので不適当。適切なのは，「ご利用になれる」「ご利用いただける」などである。

Lesson 2 接遇用語

「すみません」ではいけないの？

▶秘書Aは，上司が留守のときに来た顔見知りの営業マンH氏に「帰っていただきたい」と言うことを「すみませんが，帰ってもらえないでしょうか」と言ったら，先輩Cからビジネスの場では接遇用語を使うようにと指摘されました。どのように言えばよいのでしょうか。

対処例 ○△×？…

「申し訳ございませんが，お引き取り願えませんか」などと言えばよいでしょう。

スタディ

「すみませんが」は，「申し訳ありませんが」または「申し訳ございませんが」にします。後者の方が丁寧です。「帰ってもらう」は「お引き取りいただく」とし，「お引き取りいただけませんか」あるいは「～願えませんか」とします。

接遇用語

ビジネスの場では通常の敬語を用いるだけでなく，接遇の際，慣用として使われている決まり文句があります。それを接遇用語と言いますが，接客が多い秘書はぜひとも身に付けておかねばなりません。

●受付で用いる接遇用語

受付では主に以下のような接遇用語を用います。

◆いらっしゃいませ。

◆失礼ですが，本日はお約束をいただいておりますか。

◆○○様でいらっしゃいますね。お待ちしておりました。

◆失礼ですが，どちらさまでいらっしゃいますか。
◆失礼ですが，どのようなご用件でしょうか。
◆私どものどの者を呼んでまいりましょうか。
◆あいにく高田は外出しておりますが，いかがいたしましょうか。
◆さようでございます。
◆さようでございますか。
◆お差し支えなければ，ご用件を承(うけたまわ)っておきますが……。
◆かしこまりました。必ず高田に申し伝えます。
◆恐れ入りますが，少々お待ちいただけますか。
◆大変お待たせいたしました。吉岡はただ今参ります。
◆わざわざご足労いただきましたのに，申し訳ございませんでした。

案内の際に用いる接遇用語

受付から応接室まで案内するときに用いる接遇用語には，以下のようなものがあります。

◆お待たせいたしました。応接室にご案内いたします。
◆どうぞこちらへ。
◆どうぞそのままお上がりください。
◆こちらでございます。
◆失礼いたします。
◆どうぞお入りくださいませ。
◆こちらにおかけになってお待ちくださいませ。

その他の接遇用語

以下のような接遇用語もマスターしておきましょう。

◆お手数ですが，～いただけますでしょうか。
◆お忙しいところ恐縮ですが，～いただけますか。
◆ご配慮願えませんか。
◆ごもっともでございます。
◆承知いたしました。
◆分かりかねます。
◆私どもとしては～いたしかねます。
◆いかがでございますか。
◆そのようなことは存じておりませんが……。
◆確かに承っております。
◆ごめんくださいませ。

SELF STUDY

過去問題を研究し
理解を深めよう！

POINT 出題 CHECK

「接遇用語」では，通常の言い方を接遇用語に書き換える記述問題が多く出される。記述問題は，接遇用語を覚えていないとどうにもならないので，確実にマスターしておく。また接遇用語と絡(から)めて対外的な言葉遣いに関する問題が出題される。

接遇用語に書き換える ①

下線部分を来客に言う丁寧な言葉に。

①「ここで(a)　少し(b)　待ってくれないか(c)」

②「すみませんが(a)　話すことは(b)　できません(c)」

①　a こちらで　b 少々　c お待ちいただけませんか
②　a 申し訳ございませんが　b お話しすることは　c いたしかねます

接遇用語に書き換える ②

下線部分の不適切な言葉遣いを改めなさい。

①名前を言わない来客に名前を尋ねるときには，「お名前を頂戴できますか」

②説明した後で，「お分かりにくいところはございますか」

①「お聞かせ願えません」または「お教えいただけます」
②「お分かりにくい」は「お分かりになりにくい」

接遇用語

上司が不在のとき来客に言った言葉。

○　①「失礼ですが，本日はお約束をいただいておりますか」

×　②「何か，斉藤にお伝えしたいことはございますか」

②「お伝えする」は，自分が伝えるときに使う謙譲語である。この場合は来客に言うのだから「お伝えになりたいこと＝ご伝言はありませんか」などと言うのが適切な言い方になる。

CHALLENGE 実問題

1　難易度 ★☆☆☆☆

次は秘書Aが来客に言った言葉である。下線部分を丁寧な言葉に直して答えなさい。

1)「山田からは何も 聞いていない 」

2)「申し訳ございませんが，帰ってもらえないか 」　※『お帰り』以外

3)「うちの誰を お訪ねでいらっしゃいますか」

2　難易度 ★★★☆☆

次は山田部長秘書Aが，不意に訪れた初めての来客に言ったことである。中から言葉遣いが不適当と思われるものを一つ選びなさい。

1)「失礼ですが，お名前をお教え願えますでしょうか」
2)「申し訳ございませんが，ご予約は頂いておりましたでしょうか」
3)「別の者がご用件を承るということではいかがでしょうか」
4)「後ほどご連絡するよう山田にお伝えいたします」
5)「本日はお目にかかれず失礼いたしました」

【解答・解説】1＝〔解答例〕
1) 聞いておりません
2) お引き取りいただけませんか
3) 私どものどの者を
2＝4)「お伝えいたします」は「伝える」の謙譲語。この場合は，上司に敬意を表した言い方になるので来客に言うのは不適当。「申し伝えます」などが適切になる。

Lesson 1 電話応対の実際

「部長は知っているはず」と言ったが……

▶秘書Aの上司(山田部長)宛てに電話が入りました。上司は外出していたので，「戻り次第連絡するので電話番号を教えてもらいたい」と言うと「部長は知っているはずだ」と言われました。上司にこのことを話すと「知らない」とのことです。このようなことを防ぐために，今後どのような電話応対をすればよいのでしょうか。

対処例 ○△×?…

「山田は存じているかもしれませんが，念のため，お電話番号をお聞かせ願えませんか」と言って対応すればよいでしょう。

スタディ 💡!!

相手は，上司は知っているはずだと言っています。しかし，知っているかどうかはAには分からず，それを相手に言うわけにもいきません。そこで，知っているはずだと言う相手を肯定して，「念のために」と言って聞き出すのが適切な対応になります。

電話応対の心得

携帯電話の普及により，電話はいつでもどこからでもかけられるようになり，ますます便利になってきました。会社で受ける電話も，各会社に設置してある固定電話からだけでなく，携帯電話からも数多くかけられてくるようになりました。しかし携帯電話は，電波の状態によって聞きづらかったり，途中で電話が切れたりすることが多いという難点もあります。

電話応対に関わることが多い秘書は，そうした携帯電話を含めて電話応対についての心得を身に付けておくことが必要です。

●聞き取りにくい電話への対応

特に携帯電話などでは相手の声が聞き取りにくかったり，周期的に音が途切れたりしますが，電話の声が聞き取りにくい場合は，次のような対応を取ります。

◆聞き取りにくいことを相手に知らせる。

◎「大きい声で話してください」などと頼むのではなく，「お電話が遠いようですが……」と相手に聞き取りにくいことを知らせる。

◎電話の声が途切れてよく聞き取れなかったときは，「お電話が遠くてよく聞き取れませんでした。恐れ入りますが，もう一度おっしゃっていただけませんか」などと話す。

◆別の電話機からかけ直すか時間を置いてかけ直す。

◎固定電話でこちらからかけた場合，電話機の不具合によることもあるので，別の電話からかけ直してみる。

◎電話回線のシステムの不具合などで聞き取りにくいことがあるので，緊急の用件でなければ，相手に断った上で少し時間を置いてからかけ直す。

●相手を待たせる場合の対応

電話中の上司へ取り次ぐ場合や先方から照会を受けたときの確認作業などで電話の相手を待たせる場合は以下のような対応をします。

◆相手を待たせるときは一言説明し，必ず保留にしておく。

◎電話中の上司に確認する間相手を待たせる場合は，「確認してまいりますので，少々お待ちくださいませ」と言葉を添える。

◎保留にしないで，受話器を置いたままにしておくと，こちらの会話が漏れ伝わるので注意する。

◆長く待たせる場合は，途中で電話に出て相手の意向を聞く。

◎2，3分間でも待っている人にはかなり長く感じられる。長く待たせる場合は，作業の途中でも電話に出て，あとどれくらい時間を要するか伝え，待ってもらえるかどうか確認する。

◎かなりの時間を待たせるようなら，そのことを伝え，改めてこちらからかけ直すようにする。その際，相手に何時ごろ電話をしたらよいか確認する。

●間違い電話への対応

間違い電話に対しても，丁寧に応対します。どのような場合も会社のイメージや信用を落とすことをしてはいけません。

◆「お間違いではございませんか。こちらは○○会社で，○○番でございます」などと丁寧に話す。

●相手に伝言を頼むときのマナー

電話で指名した人が不在で，相手の秘書や代理の人に伝言を依頼する場合は，以下のことに留意します。

◆伝言を依頼するときは，まず自分の名前を名乗り，次いで相手の名前を聞いてメモしておく。

◆伝言を頼む前に，「○○様へのご伝言をお願いできますか」と依頼の言葉を添え，最初に伝言項目数を言ってから話すとよい。

◆伝言内容をメモすることや，復唱することを依頼してはならない。

◎伝言内容が複雑な場合，正確に伝えてもらうために相手にメモを取ってほしいと思っても，それを相手に依頼するのは失礼になる。同様に，伝言内容を復唱するように頼むこともマナー違反である。

●相手に伝言を頼まれたときのマナー

相手に伝言を頼まれたら次のことに留意して応対します。

◆伝言を聞くときは必ずメモを取る。メモの用意をしていなかったら，「少々お待ちいただけますか」と言ってメモ用紙を用意し，内容を箇条書きにして簡潔にまとめる。

◆聞き終わったら，メモを見ながら復唱する。訂正がなかったら，名前を名乗り，「確かに○○に申し伝えます」と責任を持って伝言することを伝える。

上司への取り次ぎの要領

秘書の電話業務のほとんどが，上司への取り次ぎです。上司在席中の場合と不在のときの応対をマスターしておきましょう。

●上司在席中の取り次ぎ

上司が在席中で，「電話を取り次がないように」という指示を受けていないときは，次の要領で行います。

◆電話の相手と用件を確かめる。

◎「○○の件でございますね，かしこまりました。ただ今○○と代わりますので，少々お待ちくださいませ」

◎複数の上司についているときは，取り次ぐ上司を確認する。

◎相手が用件を言わない場合は，無理に聞かない。本人以外には言えない用件もある。

◆上司に電話の相手と用件を告げて取り次ぐ。

◎「○○社の○○様から，○○の件でお電話でございます」

◎上司に相手と用件を告げたとき，上司からこちらから後で電話すると言われた場合は，「申し訳ございません。○○は今仕事が立て込んでいて手が離せないので，後ほど改めてお電話を差し上げる，と申しておりますが，よろしいでしょうか」などと話す。

◎上司に相手と用件を告げたとき，留守だと言うように指示があれば，「申し訳ございません。○○は先ほどまで在席していたのですが，今は席を外しているようでございます。いかがいたしましょうか」などと話す。

◎上司が他の電話に出ていて話し中の場合は，「申し訳ございません，○○はただ今，他の電話に出ておりますが，いかがいたしましょうか」とすぐに取り次げないことをわびて，相手の意向を聞く。

◎相手が「待つ」と言った場合，上司には，相手の名前，会社名，用件をメモで知らせる。電話の相手，用件によっては，かかってきた電話を優先する場合もある。上司の電話が長くなりそうなときは，電話が終わるのを待っているのではなく，途中で電話に出て「申し訳ございません。電話が長くなりそうなので，こちらから改めておかけ直しするようにいたしましょうか」と，再度相手の意向を聞く。

◆上司が電話に出られないとき，相手からの伝言がある場合は聞いておく。

◎伝言はメモし，話が終わったら「○○の件は○○，○○の件については○○，ということでございますね。かしこまりました。確かに○○に申し伝えます。私，秘書の○○と申します」と復唱して，名前を名乗る。

上司不在中の応対

出張や外出などで上司が不在のときは，次のような要領で応対します。

◆相手の名前や会社名を聞いた上で上司が不在であることを告げ，用件や伝言を聞いておく。

◎「申し訳ございません。あいにく○○は外出しておりますが……。よろしければ，ご用件をお伺いできますか」

◎相手には上司の外出先や外出先の電話番号を教えてはいけない。

◎相手が上司の携帯電話の番号を聞いてきたときは，先方の電話番号を聞いてこちらから電話するようにする。

◆相手が尋ねたら，帰社予定時刻を教える。

◎「午後○時ごろ戻る予定でございますが，いかがいたしましょうか」

◆伝言メモは上司の机の上に置いておく。

◆上司が帰社したら，電話があったことや伝言があったことを口頭でも伝え，メモを机の上に置いていることを告げる。

SELF STUDY

過去問題を研究し
理解を深めよう！

POINT 出題 CHECK

「電話応対の実際」では，電話応対の心得や電話応対時の接遇用語がよく出題される。間違い電話の応対や相手を待たせる場合などの応対の仕方をチェックしておく。また，伝言を依頼するときの言い方など，電話での接遇用語をマスターしておくこと。電話応対時の接遇用語では記述問題がよく出される。

電話応対の心得

電話応対のときに心得ていることである。

× ①話す内容が複雑なときは，相手にメモを取らなくてよいかを確かめてから，話すようにしている。

○ ②伝言を頼むときは，まず自分が名乗り，次に内容を伝えてから電話に出た人の名前を尋ねている。

①相手がメモを取るか取らないかはこちらが心配することではない。相手にメモを取らなくてよいか確認するのは相手に対して失礼である。

電話応対時の接遇用語 ①

「また電話する」と伝えてもらいたい場合，どのように言えばよいか。

× ①「また電話するとおっしゃっていたと，お伝えくださいますか」

○ ②「またお電話を差し上げますので，電話があったことをお伝えくださいませ」

①「おっしゃる」とは尊敬語なので自分のことには使わない。「また電話しますと言っていたと，お伝えくださいますか」と言う。

電話応対時の接遇用語 ②

上司（田中）宛ての電話に対して「　」のことをどのように言えばよいか。

①「すまないが，上司は今電話中だ。どうするか」

②「長引きそうなので，後でこっちから電話するが，よいか」

①「申し訳ございませんが，田中はただ今他の電話に出ております。いかがいたしましょうか」②「長引きそうですので，後ほどこちらからお電話させていただきますが（するようにいたしますが），よろしいでしょうか。」

CHALLENGE 実問題

1 難易度 ★★★☆☆

秘書Aの上司（部長）が出張から戻ってくる日に，上司から電話が入った。これから空港に向かうという。次はこの電話でAが言ったことである。中から言う必要のなかったものを一つ選びなさい。

1）専務からお電話がございました。急用ではないようですが，念のため専務のお電話番号をこの後部長の携帯にメールします。
2）来週金曜日のJ社様とのご面談が，先方のご都合で3時から3時30分に変更になりました。
3）ご友人の○○様がお立ち寄りになりましたが，特に何もおっしゃっていませんでした。
4）課長が確認したいことがあるとのことで，お電話をおつなぎするよう言われておりますがよろしいでしょうか。
5）お気を付けてお帰りくださいませ。それでは失礼いたします。

2 難易度 ★★★☆☆

次は秘書Aが，相手に電話をかけて上司（山田部長）に取り次ぐ場合の代わり方である。中から不適当と思われるものを一つ選びなさい。

1）部員の携帯電話にかけるときは，電話がつながったら「ただ今よろしいですか。部長に代わります」と言って上司に代わっている。
2）取引先の担当者にかけるとき，担当者が直接電話口に出たら「山田からですがよろしいでしょうか」と言って上司に代わっている。
3）得意先のK部長にかけるときは，電話口に出た人に「部長のK様をお願いします」と言って，相手が取り次いでいる間に上司に代わっている。
4）支店に出張中の課長にかけるときは，課長を電話口まで呼び出してもらい「部長からですが少々お待ちください」と言って上司に代わっている。
5）本部長にかけるときは，秘書の内線電話にかけて取り次ぎを頼み，本部長が電話口に出たら「少々お待ちください」と言って上司に代わっている。

【解答・解説】1＝2）出張先からの電話だから，連絡や報告事項は必要最小限にするのがよい。来週の面談時間の変更は，仮に調整することになったとしても上司が出社してからで間に合うので，言う必要はなかったということである。
2＝5）本部長は上司（部長）の上役である。本部長が電話口に出てから上司に代わると，本部長を待たせることになるので不適当。本部長秘書が取り次いでいる間に代わるのがよいということである。

Lesson 2 接遇の実際

上司があいさつしている間，秘書は？

▶秘書Aは上司と一緒に，面談を終えて帰る取引先のK氏を玄関まで見送りに行きました。K氏は玄関で上司にあいさつをしようとしました。このような場合，Aはどのように対応すればよいのでしょうか。

対処例

Aは一歩下がって控えていて，二人のあいさつが終わったら自分もお辞儀（敬礼）をすればよいでしょう。

スタディ

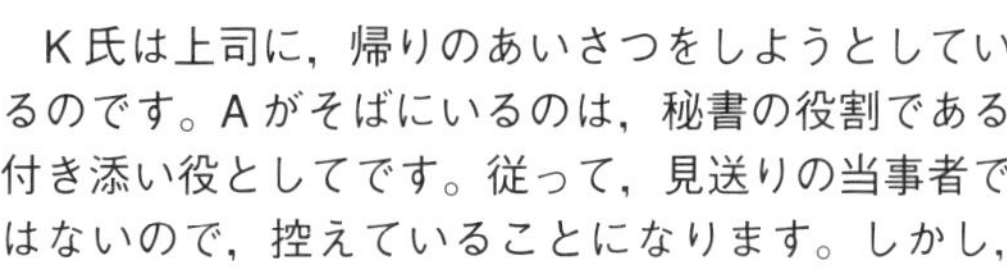

K氏は上司に，帰りのあいさつをしようとしているのです。Aがそばにいるのは，秘書の役割である付き添い役としてです。従って，見送りの当事者ではないので，控えていることになります。しかし，そばにいるので，お辞儀はすることになります。

約束のない客への対応

面談をする場合，通常は面談を希望する者が相手にアポイントメント（面会予約）を申し込み，確実に予約を取って面談します。しかし，予約をしないでいきなり会社を訪問する人も少なくありません。面会予約のない客を「アポなし客」とか「不意の客」などといいます。

不意の客は，「転任・着任のあいさつ客」，「寄付・広告を依頼する客」，取引先や上司の友人などを含めた「その他一般の客」に分けることができます。ここでは，3級で取り上げなかった「転任・着任のあいさつ客」と「寄付・広告を依頼する客」への対応について押さえておきましょう。

●転任・着任のあいさつ客への対応

転任や着任のあいさつは，予約なしで来訪するのが一般的です。儀礼的なもので短い時間で済みますからできるだけ上司と面会できるように取り計らいます。また，年賀のあいさつなども同じなので同様に扱います。

あいさつ客への対応では以下のことに留意します。

◆あいさつ客が来訪してあいさつに来たことを告げたら，「わざわざご丁寧にありがとうございます」とあいさつするのがマナー。

◆上司が在社しているときは，会議中や面談中でも取り次ぐのがよい。

◆あいさつ客と予約客とが受付で重なった場合，上司への取り次ぎは，あいさつ客を優先する。

①まず，あいさつ客に「少々お待ちくださいませ」と言って待ってもらう。

②次に予約客を応接室に通して事情を説明して待ってもらう。

③あいさつに来た客を先に上司に取り次ぐ。

◆上司不在の場合は，代理の者に引き合わせる。

あいさつ客に上司が不在であることを話し，「もしよろしければ，代理の○○がお話を伺い，○○（上司）には後ほど○○（代理）から伝えるということではいかがでしょうか」などと提案する。

●寄付・広告を依頼する客への対応

寄付・広告依頼については，あらかじめ上司から断るように指示されているケースがほとんどで，基本的には秘書がそうした上司の意向を酌んで断ることになります。従って，秘書は断ることを前提に対応することになりますが，どうせ断るのだからといいかげんに話を聞いたり，無愛想な態度を取ったりしてはいけません。また，「上司が不在」という理由で断ると，また来る口実を与えたり，次回の面会の予約を迫られたりするなどかえって面倒なことになります。基本的には，以下のような応対をします。

◆相手の話はきちんと聞いて丁寧に応対する。

◆相手の依頼に応えられないことをわびつつも，はっきりと断る。

◎「申し訳ございませんが，そのお申し出はお受けいたしかねますので，お引き取り願えませんか」など。

◆しつこい寄付・広告依頼についての対処法は，事前に上司と話し合っておくとよい。

◆寄付・広告依頼を扱う担当部門があれば，その部門を紹介して担当者に会ってもらうようにする。

上司の不在時や多忙時の対応

上司が不在のときや多忙なときに「不意の客」が来た場合は，基本的には「代理の者に会ってもらうか，出直してもらう」という対応をします。

●上司が不在のときの対応

上司の不在中に不意の来客があった場合は，以下の要領で対応します。

◆まず来客の氏名や会社名，用件を聞く。

◆上司の不在を告げて，どのようにするか相手の意向を聞く。

◎「申し訳ございません。あいにく○○は外出しておりますが，いかがいたしましょうか」と，面会できないことをわび，相手の意向を聞く。

◎代理の者と会うか，それとも出直してくるか相手に選ばせる。

◎出直してくるということであれば，「せっかくお越しいただいたのに，ご希望に沿えず申し訳ございませんでした」とわびる。

◎出直す場合は，面会の希望日時を二，三聞いておき，上司の意向を確認した上で改めてこちらから電話を入れるようにする。

◎伝言があれば聞いて，上司に伝える。

●上司が多忙なときの対応

上司が多忙なときに不意の来客があった場合は，以下のような対応をします。

◆来客の氏名と会社名，用件を聞き，面談のおおよその時間を聞く。その際，上司が多忙であることは相手に告げておく。

◆取り次いだ方がよいと判断したら，「あいにく○○は，仕事が立て込んでおりますのでお会いできないかと存じますが，せっかくですので都合を聞いてまいります」などと言って上司に取り次ぐ。

◎待ってもらえれば会うことができる場合は，「○分ほどお待ちいただければ，○分ほどお会いできると，○○が申しておりますが，いかがいたしましょうか」と尋ねる。

◎相手が待てると言えば，椅子や雑誌などを勧めて待ってもらう。

◆案の定，忙しくて会う時間が取れないときには，「申し訳ございません。やはり慌ただしくしておりまして，お目にかかる時間が取れません。わざわざお越しいただいたのに申し訳ないと○○が申しております」などとわびる。

◆この後は，「上司が不在のときの対応」と同様の対応をする。つまり「代理の者でよいか出直すか」相手の意向を聞くことになる。

上司が約束に遅れる場合の対応

車が渋滞に巻き込まれたり，外出中の面談が長引いたりして，上司が約束の時間に遅れる場合があります。そのような場合，秘書は来客に謝罪し，状況に応じて以下のような対応をします。

●遅れが30分以内の場合の対応

上司が30分以内に帰社する場合は，できる限り待ってもらうように頼みます。「○○（上司）の帰社が遅れておりまして，申し訳ございません。30分以内には戻れると連絡が入りました。何とかお待ち願えませんか」などとお願いします。

●遅れが30分以上の場合の対応

30分以上遅れる場合は，遅れる理由と帰社予定時間を告げてわびた後，「このまま待つか」「代理の者と会うか」「帰るか」相手の意向を聞くようにします。遅れる理由は詳しく話す必要はなく，「会議が長引いてしまって」とか「交通渋滞に巻き込まれて」，あるいは単に「急用ができて」などとします。

相手が待つ場合は，その間心を込めて接待します。また，代理の者と会う場合はその手配をします。

相手が帰る場合は，「わざわざお越しいただきましたのに，お約束を果たせず申し訳ございませんでした」とわび，伝言がないか尋ねます。相手から次の面会日を予約したいと要望があったら，二，三希望日を聞き，こちらから改めて連絡することを告げておきます。

●上司が社内にいて遅れる場合の対応

上司が社内にいても，会議や面談が長引いているために，約束の面会時間に間に合わないことがあります。上司が面会時間に戻らない場合は，来客を応接室に案内して，「こちらで少々お待ちください」と待ってもらいます。上司にはメモで来客が待っていることを知らせ，後の指示を受けます。

来客が早く来た場合の対応

来客が約束の時間より早く来た場合は，応接室に案内して待ってもらい，上司に来客の件を知らせて指示を受けます。上司の都合がよければすぐ会うことになりますが，そうでなければそのまま待ってもらうことになります。来客にはすぐお茶を出しますが，上司が応接室に来たら来客の分を下げ，上司と来客のお茶を新しく出すようにします。

紹介状を持ってきた客への対応

紹介状を書いた人は，事前にそのことを引き合わせる相手に知らせることが一般的ですが，知らせない場合もあります。従って，紹介状を持っている客への対応は，基本的に「事前に連絡があった場合」と「連絡がなかった場合」の二つに分かれます。紹介状を持っている者がアポイントメントを取っている場合は，通常の予約客と同じように対応しますが，以下はそうでない場合の対応の仕方です。

●事前連絡がある場合の対応

予約はないものの，紹介者からの事前連絡があり，上司が面会を承知しているときは，以下のような要領で対応します。

①来客が名乗ったら，「○○様からご連絡をいただいております。お待ちしておりました」などとあいさつをして，紹介状を受け取る。

◎紹介状は開封してあるのが一般的だが，このとき秘書は封筒から紹介状を出して確認するようなことはしない。

②来客に「少々お待ちくださいませ」と言って待ってもらい，上司に紹介状を渡して取り次ぐ。

③上司の都合がよければ，すぐ応接室などに案内する。

●事前連絡がない場合の対応

紹介者から事前に連絡がない場合は，以下のような要領で対応します。

①相手の氏名や会社名を聞き，紹介状を受け取る。

◎紹介状は，一般的には紹介者が紹介状を持っている者の履歴や希望などを書いた書面を封筒に入れたものである。しかし，上位の者が下位の者宛てに紹介状を書く場合は，自分の名刺などに書くことがある。従って，名刺に書かれた紹介状の場合は，上司よりも上位の人が書いたものであることを承知しておかなければならない。名刺に書かれたものだから正式な紹介状ではない，などという誤った判断をしないように注意する。

②受け取ったら，「少々お待ちくださいませ」と言ってそこで待ってもらい，上司にその紹介状を渡して取り次ぐ。

③上司の意向を聞いて指示に従う。

◎上司が紹介者に連絡して確認する場合がある。

◎事前連絡がないためにすぐに会うわけにはいかないこともある。

●上司が会えない場合の対応

上司の都合が悪くて面会できない場合は，多忙などの理由を話して丁重に断り，代理の者に会うか，別の日に面会の予約をするかなど相手の意向を確かめます。

紹介するときのマナー

秘書は来客を上司に紹介するなど，紹介の仲立ちをすることが多いので，紹介するときのマナーを身に付けておく必要があります。

紹介のマナーには以下のようなケースごとにルールがありますが，基本的には立場が下の人を先に紹介することになります。

◆地位の上下がある場合。

社会的地位の上位の人と下位の人を紹介する場合は，先に下位の人を上位の人に紹介する。

◎年齢の差や性別などと関係なく，社会的地位の上下の関係が優先される。

◎他社の人は社内の者より社会的地位が上位と見なし，先に社内の者を紹介し，次いで他社の人を社内の者に紹介することになる。

◆年齢差がある場合。

社会的地位が同じ場合や，趣味の会など社会的地位が問題にされない場合は，先に若い人を年上の人に紹介する。

◆地位や年齢が同じような場合。

先に自分と親しい人を紹介する。

◆「紹介してもらいたい人」と「紹介を受ける人」の場合。

先に，紹介してもらいたい人を紹介する。

◆一人を大勢に紹介する場合。

最初に一人を紹介し，その後各人を一人ずつ，その人に紹介する。

席次のマナー

応接室のソファーなどの席や，車や列車，飛行機の座席には席次があり，上座には上位の人が座り，下位の人は下座に座るのがマナーです。秘書は車などに取引先と同乗する機会もあるため，応接セットの席次だけでなく，乗り物の席次についても心得ておく必要があります。

一般的には，奥の席が上座となり，和室では床の間に近い場所が上座になります。従って応接室などで席をセットするときは，入り口から遠い奥の場所に上座となる長椅子（ソファー）を設置し，その反対側に下座となる２脚の椅子を設置するのが通例です。

●応接室での席次

応接室に来客を案内したときには，「どうぞこちらにお掛けになって，お待ちくださいませ」とソファーの席を勧めます。

席次は以下のようになります。

◆**ソファーの席でも奥の席が最上席になり，その横が第２位の席，反対側の奥の方の一人用の椅子が第３位となり，その横が第４位になる。**

◆**一人用の椅子の場合の席次は，奥から①，②となる。来客が二人のときは接遇側（一人）は④になるが，対話上③の場合もある。来客が3人のときは，①②③の順で，接遇側は④になる。**

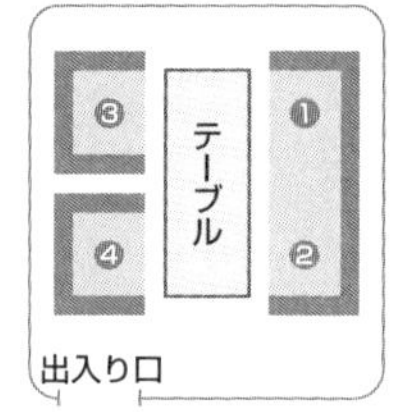

ソファー席がある場合の席次。

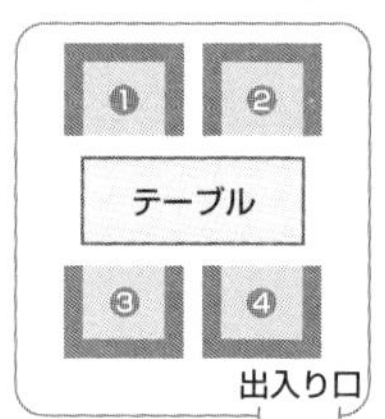

ソファー席がない場合の席次。

車の席次

車の席次は，運転手付きの車の場合と，車の持ち主（オーナードライバー）が運転する場合とでは席次が違うので注意します。

◆**運転手がいる場合の席次。**

◎**後部中央席がない場合の席次は，①運転手の後ろの席，②助手席の後ろの席，③助手席の順。**

◎**後部中央席がある場合の席次は，後部中央席が第３位，助手席が第４位になる。**

◆**オーナードライバーが運転する場合の席次。**

◎**席次は，①助手席，②運転手の後ろの席，③助手席の後ろの席，④中央席の順になる。**

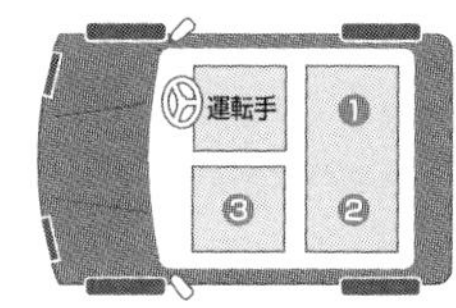

運転手付きの車の席次。

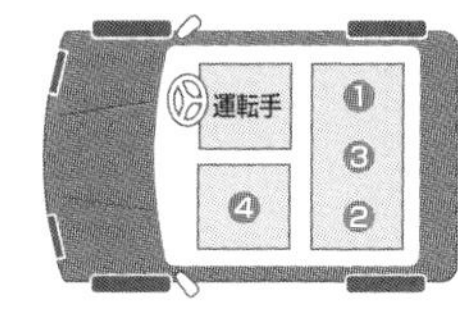

運転手付きの車で，後部中央席がある場合の席次。

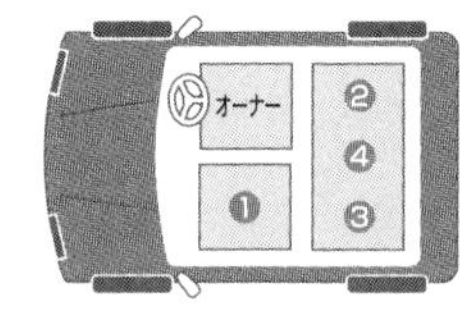

オーナードライバーが運転する場合の車の席次。

列車の席次

列車では，２席ずつ対面する場合と，進行方向に向かって３席並ぶ場合があります。

◆**2席ずつ対面する4つの座席の場合は，①進行方向を向いた窓側の席，②進行方向を背にした窓側の席，③進行方向を向いた通路側の席，④進行方向を背にした通路側の席の順になる。**

◆**1列に3席に並ぶ座席の場合は，①窓側の席，②通路側の席，③中央の席の順になる。**

飛行機の席次

飛行機の席次は，１列に３席並ぶ列車の座席の席次と同じになります。

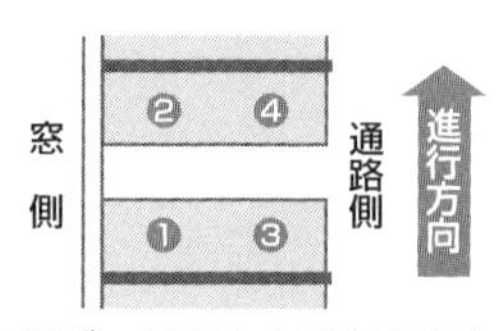

2席ずつ対面する列車の席次。

茶菓接待のマナー

茶菓接待では以下のようなことに留意します。

◆応接室に入るときは必ずノックする。

◆上司と来客にお茶を出すときは，上司の個人的な茶わんは使用しないで，上司にも客と同じ茶わんで出す。

◆上司と来客が名刺交換などあいさつを交わしているときは避けて，あいさつが終わって落ち着いたところでお茶を出すようにする。

◆テーブルに書類などが広げてあるときは，自分で勝手に脇に寄せたりしないで，声をかけてスペースを空けてもらうようにする。

◆お茶を配るときは，奥の最上席の来客から順に出す。

◆お茶は，「どうぞ」と一言，言葉を添えて出すが，来客が話しているときは黙礼をして出す。

◆お茶と一緒に菓子も出すときは，菓子を先に出し，客から見て左に菓子，右側にお茶が並ぶように配置する。

◆出し終えて部屋を出るときは，「失礼しました」と一礼して退室する。

見送りのマナー

来客が帰るときには，以下の要領で見送ります。

◆自席で見送る場合。

自分の席から立ち上がり，「失礼いたしました」と一礼して見送る。来客が通り過ぎた後すぐ座席に着くのではなく，部屋を出て見えなくなるまで立って見送るのがマナー。

◆エレベーターまで行って見送る場合。

エレベーターまで行って，秘書がエレベーターを呼ぶボタンを押す。来客が乗り込んだら「失礼いたします」「ごめんください」などと一礼し，ドアが閉まるまで見送る。

◆車のところまで行って見送る場合。

来客の荷物があればいったん預かり，車に運び入れる。車が出ようとするときに一礼して，車が見えなくなるまで見送る。

SELF STUDY

過去問題を研究し
理解を深めよう！

POINT 出題 CHECK

「接遇」で出題が多いのは「受付での応対」で，早く来た客への対応，紹介状を持っている客への対応などがポイントになる。次に多いのが「お茶の出し方」。3級で学習したことを含め留意点を細かくチェックしておく。この他，「席次」の問題もコンスタントに出題されるので，上座や席次を決めるときの基本をしっかり理解しておきたい。「紹介の仕方」は紹介する順序だけでなく，状況に応じた紹介の仕方を考えておくことが大切。

受付での応対 ①

上司を訪ねてきた客に対して行ったことである。

○　①学生時代の友人だとしか言わない客だったが，失礼だがと言って名前を尋ね，上司の都合を確認すると言って待ってもらった。

×　②上司の知り合いと言う客だったが，用件を言わないので，用件が分からないと取り次げないと言った。

②用件を言わないのは，他人に知られたくないか用件を言えば会ってもらえないなどが考えられるが，秘書は「用件を言わない客」として取り次がなければならない。

受付での応対 ②

上司を訪ねてきた客に対して行ったことである。

○　①紹介状を持った客だったが，不意の来訪だったので，上司の都合を確認すると言って待ってもらった。

×　②不意の客だったが，上司宛ての紹介状を出されたのでその場で書面を確認してから上司に取り次いだ。

②紹介状を当事者ではない秘書が確認するようなことをしてはならない。

受付での応対 ③

予約時間より早く来た客に対してどのように言うのがよいか。

○　①「少々お待ちくださいませ」とだけ言って待ってもらう。

①早く来た客には，そのように言って上司に取り次ぎ指示を仰げばよい。

お茶の出し方

お茶を出すときに心がけていることである。

○　①客を長く待たせるときは，上司が応接室に入ったら，上司にお茶を出すとともに，客にも新しいお茶を出している。

○　②コーヒーが好きだと聞いている客には，客にも上司にもコーヒーを出している。

×　③出すときテーブルの上に書類が広がっている場合は，「失礼します」と言って書類を端に寄せてから出すようにしている。

×　④面談中の客と上司のお茶を入れ替えるとき，茶たくは置いたまま茶わんだけ入れ替えた。

③テーブルの上に広げられている書類は使用中ということになるので秘書が勝手に端に寄せてはいけない。書類を使っている人に寄せてもらうように声をかけてお願いするか，断って空いたところに出すようにする。④茶たくは茶わんを載せて客に出したり下げたりするためのものである。従って，入れ替えるときも茶わんと一緒に下げなければならない。

席次

上司の支店出張に随行したときの，上司と秘書 A の席の着き方である。

○　①飛行機では，上司は窓側の座席，A は上司の隣（通路側）に座った。

○　②支店の会議室では，上司は入り口から遠い奥の席，A は資料を持って上司の隣の席に座った。

×　③日本料理店での支店との懇談会では，上司は床の間を背にした席，A は左隣に座った。

③支店の人も同じ会社の人間だから，席順は職位の順ということになる。従って A が上司の隣に座るのは不適当となる。

紹介の仕方

秘書Aの下に新人B（松本和也）が配属された。取引先に紹介するとき，次の［　］内はどのように言うのがよいか。

「今年入社しまして，［　　　　　　　　　　］よろしくお願いいたします」

×　①私の同僚となりました松本和也です。

×　②私の後輩になりました松本和也です。

×　③私の下に配属されました松本和也です。

○　④私と一緒に仕事をすることになりました松本和也です。

④組織上の配属としてAの下に配置されただけなので，外部に紹介するときは一緒に働くことになったと紹介するのが適切である。

スタディガイド
領域：理論編
領域：実技編
テスト

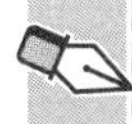

CHALLENGE 実問題

1 難易度 ★★★☆☆

次は秘書Aの，上司を訪ねてきた客への応対である。中から<u>不適当</u>と思われるものを一つ選びなさい。

1）郷里の友人と名乗る不意の客に，よければ用件を聞かせてもらいたいと言った。
2）時間に遅れて来た予約客が電車の遅延でと言ったので，上司に取り次ぐときそのことを話した。
3）不意に訪れた取引先の人に，確認してくるので少し待ってもらいたいと言って椅子に座ってもらった。
4）電話で面会の予約を受けていた客だが来社は初めてだったので，名刺をもらいたいと言って預かった。
5）前に来社したことがあって名前が分かっている客だったので，こちらから先に相手の名前を言って迎えた。

2 難易度 ★★★★☆

次は秘書Aが，上司（山田部長）を訪ねてきた客を案内しているときに言った言葉である。中から<u>不適当</u>と思われるものを一つ選びなさい。

1）先週届いた中元の贈り主の客に
「先日は結構なお品物をありがとうございました」
2）取引先のH氏の紹介で来社したと言った客に
「H様には私ども，大変お世話になっております」
3）新商品への意見を聞くために来てもらった客に
「山田がご私見をお聞かせいただきたいと申しております」
4）来るのに意外と時間がかかったと言った初めての客に
「そちらさまからはどのような経路でいらっしゃいましたか」
5）息子が結婚すると聞いていた客に
「ご子息さまが結婚なさるそうでございますね。おめでとうございます」

【解答・解説】1＝1）来客は上司の郷里の友人と名乗るのだから，まず上司に取り次ぎ指示を仰ぐのがよいことになる。不意であっても，用件を聞かせてもらいたいと言うなどは，私的なことに立ち入っているので不適当ということである。
2＝3）「ご私見」が不適当。私見は自分の意見という意味の言葉。自分のことだから「ご」を付ける言い方はない。この場合は客の意見なので，「ご意見」などが適切になる。

SECTION 4

交際

Lesson 1 慶事・弔事のマナー

葬儀を手伝う人も香典を出すの？

▶秘書Aの上司の家族に不幸があり，Aは同僚Bと一緒に葬儀の受付を手伝うことになりました。Bは初めてだったので，Aに「葬儀を手伝う人は香典を出したり，会葬者名簿に名前を書いたりする必要はないのではないか」と尋ねました。このような場合，Aはどのように答えればよいのでしょうか。

対処例 ○△×?…

「葬儀に行く場合は，手伝いでも香典を供え，会葬者名簿に記帳しなければならない」と教えてあげればよいでしょう。

スタディ !!

二人は上司の家族の葬儀に行くわけです。手伝いに行くとしても，この場合上司と関わりのある者として一般の会葬者と同様に香典を供え，会葬者でもあるので会葬者名簿に記帳しなければなりません。

慶事の庶務と服装

祝い事である慶事(けいじ)には，「落成(らくせい)*1) 祝賀･創立記念祝賀」，「昇進･就任」，「結婚」，「受章*2)・受賞*3)」，「賀寿(がじゅ)*4)」などがあります。

ワードCheck!

*1) 落成＝建物などが完成すること。
*2) 受章＝国から勲章(くんしょう)や褒章(ほうしょう)を授(さず)けられること。
*3) 受賞＝賞を受けること。
*4) 賀寿＝長寿の祝いのこと。還暦(かんれき)（満60歳），古希(こき)（70歳），喜寿(きじゅ)（77歳），傘寿(さんじゅ)（80歳），米寿(べいじゅ)（88歳），卒寿(そつじゅ)（90歳），白寿(はくじゅ)（99歳）の祝いがある。

慶事における秘書の庶務

慶事に関して，秘書は以下のようなことを行います。

◆祝いの品を贈る。

上司の指示で祝いの品を贈る場合は，それぞれの祝い事にふさわしい品物をリストアップし，上司の意向を確認してから贈るようにする。

◎上司が参考にできるように，前例を記録した資料を用意する。

◎デパートなどから届ける場合は，祝い状を添える。

◎直接届ける場合は，吉日の午前中を選ぶとよい。

◆招待状の返事を書く。

招待状を受け取ったら上司に出欠の意向を確認し，なるべく早く返事を出す。

◎出欠の返信には，出欠にかかわらず祝いの言葉を一言添えるのがマナー。

◆祝電を打つ。

招待の席に出席できない場合は，祝電を打つ。

◎場所や氏名を確認し，必ず「祝電」扱い・「日時指定」にして打つ。

◆上司の代理で出席する。

あくまでも上司の代理であることを自覚して，控えめな態度と礼儀正しい言葉遣いを心がける。

慶事における服装の知識

結婚式の受付などを頼まれた場合の秘書の服装は，多少改まったスーツやワンピースにします。式が終了した後，会社に帰って仕事をする場合もあることを考えて服装を選びます。

また服装に関しては，上司にアドバイスを求められることもあるので，慶事に出席する場合の男性の服装も心得ておきます。

◆午前中および昼の服装。

◎モーニング・コート（略してモーニング）を着用する。

◎ネクタイは白かシルバーグレーが一般的。

◎ワイシャツと手袋は白。靴と靴下は黒。

◆日没後および夜間の服装。

◎燕尾(えんび)服（夜会用正式礼装）かタキシード（燕尾服の代用として着用する夜会用略式礼服だが，準礼装となる）を着用する。

◎ワイシャツもネクタイも白。タキシードの場合のシャツはフリルやプリーツの飾りがあるもの。ネクタイは黒のちょうネクタイ。手袋は白かグレーの革。靴下は黒。靴は黒のエナメル。

◆略式の服装は，ダークスーツかブラックスーツを着用する。

弔事の基本知識と秘書の心得

弔事(ちょうじ)は突然訪れます。秘書は訃報(ふほう)を知ったらすぐ上司に知らせ，どのように対応するか指示を受けることになりますが，細かい情報の収集や香典の手配などは秘書がしなければなりません。また，上司の家族の弔事や社葬についても基本的な心得を身に付けておく必要があります。

●訃報を受けたときの対応

新聞やテレビあるいは関係者などの話から，上司に関わりがある人の訃報を知ったら以下のことを確認し，対応について上司と打ち合わせをします。

◆訃報を受けて確認すること。

◎逝去(せいきょ)の日時。
◎経緯(けいい)と死因。
◎喪主(もしゅ)の氏名と故人との関係，住所，電話番号。
◎通夜(つや)，葬儀・告別式の日時と場所。
◎葬儀の形式，宗教など。

●弔事の基礎知識

弔事は「通夜」,「葬儀」,「告別式」の順で行われ，仏式や神式では葬儀の後すぐ告別式が行われます。

秘書として以下の基本知識は身に付けておくようにましょう。

◆通夜とは。

通夜とは，死者を葬(ほうむ)る前に家族や親戚，知人がひつぎの側で終夜過ごし，死者を守ることをいうが，最近ではこのようなしきたりは薄れてきている。一晩過ごすのは遺族(いぞく)やごく近しい親戚(しんせき)だけで，その他の人は定められた時間（6時から10時までの間の2時間程度が一般的）に参列するようになっている。上司が故人と関係が深かった場合は，通夜にも参列することになる。

◆葬儀，告別式とは。

葬儀は，遺族や親戚などが集まって行う儀式で，仏式の場合は僧侶の読経や遺族，親戚の焼香が行われる。葬儀は1時間ほどで終了し，5～10分程度の休憩(きゅうけい)の後，引き続き告別式が行われる。告別式は故人と縁(ゆかり)のあった人たちが最後の別れを惜しむ儀式で，参列者は葬儀社の進行係の案内に従って前の方から順次焼香していく。告別式も1時間程度が一般的である。葬儀・告別式とも時間が定められているので，告別式に参列する場合はその時間内に行く。

◎仏式の告別式では，祭壇(さいだん)に向かって右側の席に遺族と親族が並ぶ。祭壇の正面の席に会葬者が座る。

◎僧侶の読経が始まり，会葬者は前の席から順に焼香する。

◎用事がある場合は，焼香が済んだらそのまま帰ってもよいが，できれば告別式が終わり出棺を見送るまでいるようにする。

◎告別式で取引先など顔見知りの人と出会っても，黙礼する程度であいさつなどは慎むのが礼儀。

◎告別式では，喪主にあいさつしないで帰ってよい。

◆供花・供物について。

供花や供物は祭壇に供えるものなので，通夜や葬儀の前日までに届くようにする。また，宗教によって供えるものが異なるので注意する。

◎仏式では，「生花」，「花輪」，「果物」，「菓子」，「茶」など。

◎神式では，「生花」，「酒」，「魚」，「榊」，「果物」など。

◎キリスト教式では，白系統の「生花」など。

◆香典の手配と上書き。

香典など現金を供えるときの上書きは，宗教によって異なるので注意する。宗教の形式が不明な場合は，どの宗教にも共通する「御霊前」とする。秘書は，上司が通夜あるいは葬儀・告別式に行く前に用意しておく。

◎仏式では，「御香典」，「御香料」，「御霊前」。

◎神式では，「御榊料」，「御玉串料」，「御霊前」。

◎キリスト教式では，「御花料」，「御霊前」。

◎香典は通夜か葬儀・告別式に参列したときに渡す。通常は受付で渡して記帳する。秘書が上司の代理で参列する場合は，上司の名前を記帳し，その下に(代)と書く。

◆弔電について。

上司が参列できないときは，弔電を打つ。電文は電話帳などに例文があるので参考にするとよい。凝ったものにする必要はない。

●告別式での心得

秘書は，上司の代理で告別式に参列することもあるので，仏式の「焼香の仕方」，神式の「玉串奉奠の仕方」，キリスト教式の「献花の仕方」を心得ておきます。

◆焼香の仕方(仏式)。

焼香は，次の手順で行う。①焼香台の近くまで進み，遺族に一礼する。②焼香台の前に来たら祭壇に向かって一礼する。③右手の親指と人さし指，中指の3本で抹香をつまみ，やや頭を下げて目の高さに押しいただいた後，香炉にくべる。④遺影に合掌して一礼する。⑤遺族の方を向き一礼して席に戻る。

◆玉串奉奠(たまぐしほうてん)の仕方（神式）。

玉串奉奠は，次の手順で行う。①神官から玉串を受け取る。左手で葉先，右手で茎を持つ。②玉串をささげる案（台）まで進む。③玉串の葉先を神前に向ける（茎が手前になる）。④手を持ち替え，左手で根元を，右手で葉先を持つ。⑤時計回りに180度回転させ，葉先が手前に来るようにして案（台）に置く。⑥二礼二拍手（音を立てない）一礼する。⑦遺族と神官に一礼して席に戻る。

◆献花(けんか)の仕方（キリスト教式）。

献花は，次の手順で行う。①左が茎，右に花が来るように受け取る。②花が手前に来るように右回りに90度回転させる。③そのまま献花台に置き，一礼して席に戻る。

弔事の服装

通夜や葬儀・告別式に参列する際の服装は以下のようなものになります。

◆通夜に参列するときの服装。

通夜では平服でも構わないが，男性はできるだけ黒系統の地味なスーツを着用し，ネクタイと靴は必ず黒にする。女性は地味な無地のワンピースか黒やグレーのスーツが一般的。

◆葬儀・告別式に参列するときの服装。

葬儀・告別式では，男性はモーニングが正式だが，黒のスーツが一般的。地味なものであれば平服でも構わないが，ネクタイと靴は必ず黒にする。女性は黒のスーツか喪服。アクセサリーは結婚指輪と一連の真珠のネックレス以外は身に着けない。靴やハンドバッグは黒で光沢がないものにする。

上司の家族の弔事への対応

上司の家族に不幸があった場合は，秘書は葬儀・告別式の受付などを手伝うことになります。また，上司はしばらく会社を休むことになるので，上司や代行者などとその間の仕事についての打ち合わせをすることになります。上司の家族の訃報を受けたら以下のことに留意します。

◆社内外への通知。

上司の代行者などに指示を仰ぎながら，上司の関係者に通夜や葬儀に関することを連絡する。

◆葬儀の手伝い。

上司の家人や葬儀委員長などの指示に従って受付などを手伝う。

◆上司の休みの間の打ち合わせ。

上司が休んでいる間の業務について，上司の代行者などと対応を協議する。上司の意向に従うのが基本だが，できるだけ心配をかけないように気を配る。

スタディガイド
領域：理論編
領域：実技編
テスト

●社葬の知識と秘書の心得

社葬とは，会社に功績があった地位の高い人が亡くなったとき，会社として葬儀を執り行うことをいいます。一般的には総務部が担当し，費用などは一切会社が負担します。

秘書は通夜や葬儀・告別式などで参列者の接遇や受付を担当することになりますが，受付では，参列者に漏れなく記帳してもらうように心がけます。香典もここで預かることになりますが，相当な金額になるので取り扱いには十分注意しなければなりません。また，傘やコート，荷物などを預かる場合は，間違いなく返却するように細心の注意を払います。

●葬儀に関する用語

- □ 会葬者（かいそう）………葬儀に参列する人のこと。
- □ 一周忌………死去した人の翌年の命日（めいにち）やそのときに執（と）り行う法事のこと。
- □ 初七日（しょなのか）………死後７日目のこと，またはそのときに執り行う法事のこと。
- □ 通夜…………死者を葬る（ほうむ）前に，家族や親戚など親しい人が一晩過ごして死者を見守ること。
- □ 告別式………死者が葬られる前に，故人と関係があった人たちが集まって最後の別れをする儀式。
- □ 故人（こじん）…………亡（な）くなった人のこと。
- □ 逝去（せいきょ）…………人が亡くなること。
- □ 喪章（もしょう）…………人の死を悲しむ気持ちを表現するために着ける黒いリボンや布。
- □ 遺族…………死者の家族のこと。
- □ 弔問（ちょうもん）…………遺族を訪問して悔（く）やみを言うこと。
- □ 弔辞（ちょうじ）…………故人を惜しんで葬儀のときに述べる悔やみの言葉。
- □ 服喪（ふくも）…………喪に服すること（死者の親族がある一定期間，公的な交際を避けたり派手な振る舞いを慎むこと）。
- □ 喪中（もちゅう）…………喪に服している期間のこと。
- □ 喪主…………葬儀を執り行う名義人。
- □ 法要（ほうよう）…………故人の冥福（めいふく）を祈るための行事。
- □ 冥福…………死後の幸福。
- □（御）布施（おふせ）……葬儀や法事などで僧侶に渡す金品のこと。またはその上書きの言葉。
- □ 香典返し……もらった香典に対して，返礼の品物を贈ること。
- □ 忌明け（きあ）………服喪の期間が終了すること。

SELF STUDY

過去問題を研究し
理解を深めよう！

POINT 出題 CHECK

「慶事」では，祝儀袋や結婚披露宴での服装などに関する問題が出題されている。「弔事」に関する出題は広範囲にわたり，香典の上書きや弔事に関する用語，訃報を知ったときの確認事項や告別式に関することまで幅広く取り上げられている。また，弔事一般として，それらを組み合わせた問題も出題される。

結婚披露宴の受付

上司から，子息の結婚披露宴で受付の手伝いを頼まれた。

○　①結婚披露宴の受付なので，それらしき雰囲気を出すため，コサージュを付けたスーツを着るのがよい。

×　②受付が済めば結婚披露宴に出ることになるので，結婚披露宴に出るロングドレスがよい。

×　③結婚披露宴でも，上司から頼まれた仕事なので，オフィスでの普段の服装でよい。

①上司に頼まれたので仕事ではあるが，華やかな場なのでそれなりの服装がよいことになる。②あくまでも受付の手伝いで出席することを忘れてはいけない。③華やかな場にはふさわしくない。

祝儀袋

祝儀袋について述べたものである。

○　①贈る金額に見合った体裁の祝儀袋を選ぶ。

×　②表面に相手の名前を書く場合は右上に書く。

○　③繰り返してもよい祝い事では，ちょう結びの水引にする。

②表面に名前を書く場合は左上に書くのが正しい。

弔事での上書き

弔事での上書きについて述べたものである。

○　①御玉串料＝神式の葬儀に現金を包むとき。

×　②御布施　＝仏式の葬儀の香典返しをするとき。

②御布施は僧侶に読経のお礼をするときなどの上書き。香典返しは「志」。

✻ 弔事に関する用語

弔事に関する用語について述べたものである。

○ ①会葬＝葬式に参列すること。

○ ②供物＝死者の霊前に供える物品のこと。

× ③弔辞＝死者の家族を訪ねて悔やみを述べること。

③弔辞とは葬儀のとき故人を惜しんで述べる慰めの言葉。説明文は「弔問」のことである。

✻ 訃報を知ったときの確認事項

取引先の訃報を知って確認したことを上司に報告したことである。

○ ①喪主の氏名と続柄。

× ②逝去の日時と場所。

○ ③通夜の日時と場所。

○ ④葬儀の日時と場所。

②逝去した場所というのは家か病院かなどということで，こちらの対応には直接関係ないので確認する必要はなく，上司に報告したのは不適当。

✻ 告別式

告別式に参列したときに行ったことである。

○ ①洋服は黒色のスーツにし，アクセサリーは真珠のネックレスで一連のものにした。

○ ②焼香の後すぐ会社に戻ることになっていたので，出棺を待たずに式場を出た。

○ ③会葬者芳名録に記帳するように言われたので，上司の名前を書き，その下に（代）と書いた。

× ④顔見知りの取引先の人と出会ったので，世話になっていると日ごろの礼を言った。

④告別式は死者に最後の別れを言う厳粛な儀式なので，それ以外のことをする場ではない。

✻ 弔事一般

上司の出張中，取引先の部長が亡くなったので確認したことである。

○ ①課長に，告別式への代理参列を頼むか。

○ ②香典や供花などは，前例に従って手配してよいか。

× ③弔電を，会社からのものとは別に上司の個人名でも手配するがよいか。

③弔電は会社名で打てばよく，別に個人名で打つ必要はない。

CHALLENGE 実問題

1 難易度 ★★☆☆☆

秘書Aは上司から,「恩師が 77 歳を迎えるのでお祝いの電報を打つように」と指示された。次はAが，年齢が分かるようにして打った電文の一部である。(　　) 内に適切な言葉を書きなさい。

謹んで（　　a　　）のお祝いを申し上げ，ますますの（　　b　　）をお祈りいたします。

2 難易度 ★★★☆☆

次は秘書Aが，上司の代理で取引先の葬儀（仏式）に参列したとき行ったことである。中から<u>不適当</u>と思われるものを一つ選びなさい。

1）香典袋は「御霊前」と書かれてあるものを使い，会社名と上司の役職名，氏名を書いてふくさに包んで持って行った。
2）受付で香典を差し出してから会葬者芳名録に記帳したとき，上司の名前の下に（代）と書いた。
3）顔見知りの取引先の人と出会ったが，特に言葉を交わさず会釈だけして焼香の順番を待った。
4）焼香のとき，焼香台近くの遺族に上司の代理であることを伝えてから焼香をした。
5）会社に戻り上司に参列の報告をしたとき，葬儀についての印象を付け加えた。

【解答・解説】1 =〔解答例〕
　a　喜寿
　b　ご活躍・ご健勝
2 = 4）上司の代理参列であったことは，会葬者芳名録の上司の名前の下に（代）と書いておけば分かる。焼香のときにわざわざ遺族に伝えることではないので不適当である。

Lesson 2 パーティー・贈答

会社主催のパーティーで，受付の服装は？

秘書Aは，会社の創立30周年記念パーティーで来賓受付を担当することになりました。このような場合，Aはどのような服装をすればよいのでしょうか。

対処例 ○△×?…

パーティーといっても，会社行事なのですから，派手な服装は慎み，普段より少し改まった程度のスーツを着ていくとよいでしょう。

スタディ !!

パーティーでの服装は，一般的には華やかなものがよいとされますが，Aは来賓の受付という「会社の仕事」をするので，一般参加者とは立場が異なります。しかし，華やかな服装をしている人を受け付けるわけですから，いつもより少し改まった服装がよいということになります。

パーティーの基礎知識

秘書は会社が主催するパーティーで受付を担当したり，会場内で上司と来客，あるいは来客同士の間を取り持つなどの接遇を受け持ったりします。また，時には取引先のパーティーに招待された上司と一緒に参加する場合もあります。さまざまな場面で秘書としての役割をそつなくこなせるようパーティーの基本的な知識を身に付けておく必要があります。

●パーティーの種類

パーティーは，個人が主催するものと企業が主催するものとに分けることができます。個人が主催するものは親しい人間同士が集う，基本的にプライベートな内容のパーティーで，企業が主催するものは，企業間の付き合いが主体のオフィシャルなパーティーになります。個人や企業が主催するパーティーには以下のようなものがあります。

◆個人が主催するパーティー

「誕生日パーティー」，「卒業祝賀会」，「婚約パーティー」，「結婚披露宴」，「叙勲*1)祝賀会」，「還暦祝賀会」などがある。

◆企業が主催するパーティー

「創立記念パーティー」，「新社屋落成祝賀会」，「就任披露パーティー」，「新事業発表パーティー」，「新年会」，「忘年会」などがある。

●パーティーの形式

一口にパーティーと言っても，正式な「晩餐会（ディナー・パーティー）」から気軽な立食パーティーまでさまざまな形式があります。

◆ディナー・パーティー

格式の高いパーティーで，服装の指定があり座席も決められている。一般的には，午後7～11時の間に開催され，食事はフルコースが出される。

◆ランチョン・パーティー

午餐会と訳される。ランチより正式な昼食会で，結婚披露宴や祝賀会がこの形式で行われる。午後に開催され，開催時間は2，3時間が一般的。

◆カクテル・パーティー

カクテルを主とした形式のパーティー。カクテルと軽いつまみを楽しみながら自由に歓談する気軽なパーティーである。夕方に開催されるが定刻に来る必要はなく，開催時間内なら何時に来てもよいし，途中で帰ってもよい。

◆ビュッフェ・パーティー

ビュッフェはフランス語で，駅や列車内の軽食堂のこと。ビュッフェ・パーティーは軽食が出される立食式のパーティーとなる。

●パーティーの服装

服装はパーティーの形式や格式，開始時間によって決めますが，指定がある場合にはそれに従うのがマナーです。ただし，招待状に「平服でお越しください」と書いてあってもカジュアルな「普段着」で行ってはいけません。その場合は，男性はダークスーツ，女性はスーツか派手でないワンピースを着用して出席するようにします。

◆正式な服装は，男性はタキシードに黒のちょうネクタイ。女性はイブニングドレスなど。略式では，男性はダークスーツ，女性はスーツかワンピース。

＊ 1）叙勲＝社会的に功績のあった人に勲章を与えること。

贈答のしきたりとマナー

秘書は，世話になっている取引先への中元や歳暮など，恒例となっている贈答のほか，取引先の慶事や上司の関係者の個人的な祝い事などで贈答の手配を担当することになります。いざというときに困らないよう，贈答に関する基本的な知識やマナーを心得ておきましょう。

●贈答の知識

秘書は，上司に関わりのある人への贈答を扱うことになりますが，品物を選ぶ場合は上司の意向を尊重し，贈る趣旨や予算などを考慮して先方に喜ばれるものを選定できるように心配りをしなければなりません。

金品を贈る場合，以下のようなことに留意します。

◆中元を贈る。

◎地域によって異なるが一般的には7月15日までに贈る。古代の中国では陰暦の7月15日を中元としていたことから，この時期にやりとりする贈り物を中元というようになった。

◎7月15日を過ぎたら立秋（8月8日ごろ）までは「暑中御見舞」として贈り，立秋を過ぎたら「残暑御見舞」として出す。

◎歳暮と同様，日ごろから世話になっている人へのお礼の贈り物なので，もらった人は返礼する必要はない。

◎冷麦やジュース類など，涼感のあるものがよく贈られる。

◆歳暮を贈る。

◎12月初旬から12月20日ごろまでに届ける。20日を過ぎても年内であればよいとされるが，年末の慌(あわ)ただしい時期は避ける。

◎一般的に中元よりも重視されるので，中元を贈った場合はそれよりも金額的に高い品を贈るのがよい。

◎品物としては酒類や缶詰類が一般的だが，「数の子」などの正月用食材も喜ばれる。

◆結婚祝いを贈る。

◎贈り物はできるだけ早く贈る。持参するときは吉日の午前中を選ぶ。

◎同じ品が重なる場合があるので相手に希望の品を聞ける場合は，その品を贈るとよい。

◎品物でなく祝い金を贈ることも多い。披露宴に出席しない場合に包む金額は，出席するときの半額が目安。

◆結婚記念日の祝いを贈る。

◎一般的に，人を招いて祝うのは「銀婚式」と「金婚式」である。銀婚式は結婚25周年の祝い，金婚式は50周年の祝いのこと。

◎贈り物としては二つで一組になる一対の湯飲み茶わんなどがよく選ばれるが，金婚式には金，銀婚式には銀にちなんだものを贈ることもある。

◆賀寿の祝いに贈る。

◎賀寿とは長寿の祝いのことで，「還暦（かんれき）(満60歳）」，「古希（こき）(70歳）」，「喜寿（きじゅ）(77歳）」，「傘寿（さんじゅ）(80歳）」，「米寿（べいじゅ）(88歳）」，「卒寿（そつじゅ）(90歳）」，「白寿（はくじゅ）(99歳）」がある。還暦だけは満年齢で祝うが，その他は数え年で行ったりする。

◎贈り物は相手の好みや趣味にあったものを選ぶ。

◆落成式（らくせい）・記念式の祝いに贈る。

◎新工場や社屋が完成したときの落成式や，創立30周年記念式典などに招待されたときに贈る。

◎招待状を受け取ったらできるだけ早く返事をして，祝いの品を届ける。

◎祝いの品としては酒や花瓶などが一般的。

◆病気見舞いを贈る。

◎入院を知ったら，家族などに見舞いに行っても差し支えない時期を聞く。見舞いの品は相手の回復具合に合わせて選ぶようにする。

◎品物よりも現金の方が喜ばれる。

◎品物なら花か果物が一般的。食べ物などを差し入れるときは，相手の容体に配慮する。特に「健康食品」の類いは病人が口にしてはいけない成分が入っている場合があるので避ける。

◎「鉢植えの花」は避けるのが常識。鉢植えの花から連想される「根付く」という言葉が「寝付く」に通じるのを嫌ったもので，病気見舞いには不適当とされる。

●上司関連の贈答

秘書は，上司が加入している諸団体などへ贈答の手配を頼まれることもあるため，それらの団体も把握しておくようにします。以下のような団体があります。

◆県民会や高校の同窓会など出身地，出身校に関する団体。

◆研究団体や学術団体，福祉団体，慈善団体など。

◆学校法人や財団法人，社団法人など。

◆経済団体。

◆文化，スポーツ，学術に関連する諸団体。

◆諮問委員会など。

袋の選び方と水引の種類

現金を包むときには，市販の祝儀袋や不祝儀袋を購入して使うのが一般的です。袋は以下のように用途によって適切なものを選びます。袋も，豪華なものから簡素なものまでありますが，包む金額に見合ったものを選ぶようにします。

用途	水引の種類
結婚祝い	紅白，あるいは金銀の結び切り。
弔事用	白か黒，あるいは銀白の結び切り。
一般の慶事	紅白のちょう結び。
病気見舞い	水引はない。上書きだけにする。

現金の包み方

現金を包むときには，以下のようなことに留意します。

◆慶事の場合は，新札を用意する。お札を半紙で中包みするが，市販の祝儀袋に中袋が付いているのでそれを利用するとよい。

◆中袋の中央に金額を記入する。中袋の裏の左脇に住所を書く。

中包みの表中央に金額を書く。

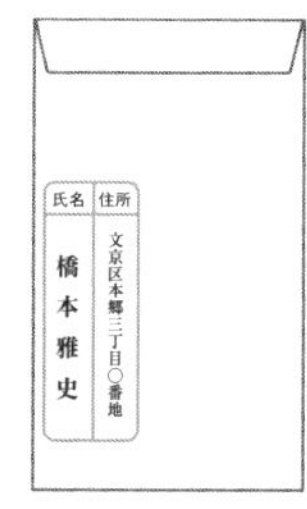

中包みの裏左側に住所，氏名を書く。

◆上書きは，慶事の場合は濃い墨で，弔事の場合は薄墨で書く。

◆中包みを上包みする。

記名の仕方

記名するときは，以下の方法でします。

◆水引の下の中央に氏名を書く。上書きと同様，慶事の場合は濃い墨で，弔事の場合は薄墨で書く。

◆連名のときには上位の人を右から順に書く。ただし3名くらいまでに。3名より多いときは，「秘書課一同」などと所属名を書き，贈った人の全員の名前を半紙に書いて中包みに入れる。

◆贈る相手の名前を書くときは袋の左上に書き，上位者を左から順に書くことになるので注意したい。

連名のときには上位者を右から順に書く。

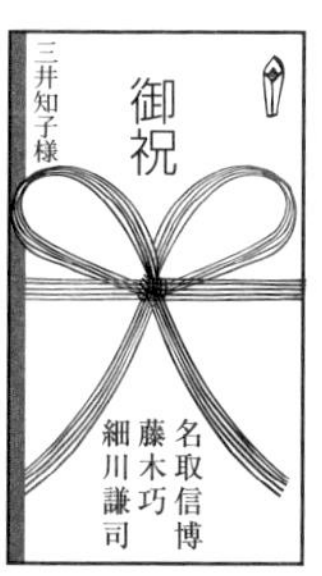

宛名を書くときの連名は上位者を左から順に書く。

●上書きの書き分け

上書きは，用途に応じて以下のように書き分けます。

	上書き	用　途
慶事	●御祝	新築，開店，栄転，就任など一般慶事。
	●寿	結婚，賀寿などの祝い。
	●内祝	家内の慶事。慶事や病気見舞いのお返し。
	●御祝儀	祝い事での心付け。
弔事	●御霊前，御仏前 御香典，御香料	仏式の葬儀，告別式，法要。ただし，一般的に御霊前は四十九日の法要まで，御仏前はその後。
	●御霊前，御神前 御玉串料	神式の葬儀，告別式，御霊祭（みたままつり）。
	●御霊前，御花料	キリスト教式の葬儀，追悼式，記念式。
	●志	香典返し。
	●御布施	葬儀や法要で，お寺や僧侶へのお礼。
他	●謝礼，薄謝，御礼 寸志	一般の御礼。寸志は目下の人への謝礼。
	●御見舞， 祈御全快	病気，けが，入院の見舞い。
	●○○御見舞	災害見舞い。○○に「震災」,「火災」などと書く。
	●記念品，御餞別	転勤や送別会のとき。
	●粗品	訪問のときの手土産。景品。
	●御奉納	祭礼などへの寄付。
	●陣中御見舞	運動選手の合宿などに贈るとき。
	●暑中御見舞	お中元が遅くなったとき。立秋（8月8日）まで。
	●残暑御見舞	立秋以降に贈るとき。
	●寒中御見舞	1月6日ごろから立春（2月4日）までに贈るとき。

SELF STUDY

過去問題を研究し
理解を深めよう！

 POINT 出題 CHECK

「パーティー」は，基礎知識を身に付けた上での「心得」的な内容の出題が多い。また関連問題として，取引先からパーティーに招待されたときの対応なども出題される。「贈答」では上書きの問題が多いが，一通り学習していれば解ける。また品物選びや贈るときの確認事項などが出題されるほか，贈答一般について常識的なことが問われる。

パーティーの心得

立食パーティーでの心得である。

× ①会場の入り口で飲み物を渡されることがあるが，それは乾杯用なので，口を付けてはいけない。

①会場の入り口で渡される飲み物は，「ウェルカムドリンク」といって歓迎の意味で渡してくれるものだから飲んで差し支えない。

取引先からの招待

取引先のM氏から，「日ごろ世話になっている人たちを招いて，懇親会を開くので出席してもらいたい」と誘われた。

× ①「そのことについては，上司を通してお話しいただけませんでしょうか」と言って，聞かなかったことにする。

○ ②「その日はまだ予定がはっきりしておりませんので，後ほどご連絡いたします」と言っておいて，上司の指示を仰ぐ。

②このような場合は上司の指示に従うのがよいが，直接的に言うのではなく，予定がはっきりしていないと保留にして，後で上司に聞くのがよい。

上書き

品物を贈ったときに書いた上書きである。

○ ①1月中旬に贈ったときに「寒中御見舞」。

× ②8月中旬に贈ったときに「暑中御見舞」。

②暑中見舞は7月16日から立秋の8月8日ごろまでである。8月中旬なら「残暑御見舞」になる。

品物選び

○　①相手の趣味や好みが分からないときは，ビール券を贈るのがよいかもしれない。

×　②初めての相手に贈るときは，印象に残るようにかさばるものにした方がよいかもしれない。

②相手が喜ぶ品を選ぶのが原則。こちらの印象を考えて選ぶのは不適当。

贈るときの確認事項

上司に，友人の受章祝賀会の招待状を見せられ，花を贈りたいと手配を頼まれたので確認したことである。

○　①予算は幾らぐらいか。

○　②花屋の希望はあるか。

×　③手配はいつするのがよいか。

③祝賀会当日に届くように手配すればいつしてもよい。従って，いつすればよいかなど確認することではない。

贈答一般 ①

上司が取締役に就任した。知人などから祝いの品が贈られてきたので，記録しておくようにと指示されて記録したことである。

○　①品名。

×　②上書き。

○　③贈り主の会社名。

○　④贈り主の氏名・役職名。

②記録はお返しのとき必要だからである。「上書き」は，お返しには関係ないことである。

贈答一般 ②

慶事のお祝いを贈るときに心がけていることである。

○　①祝儀袋は，水引が結び切りのものとちょう結びのものを，いつも用意しておくようにしている。

×　②祝い状は，祝いの品が先方に届く日を確認し，その後に届くよう配慮している。

○　③賀寿祝いを忘れずに贈るために，取引先の役員などの生年月日を控えているようにしている。

②祝い状には祝いの品について書き添えるから，品物より先に届くよう送るのがよい。従って，後に届くよう配慮するなどは不適当ということである。

スタディガイド
領域：理論編
領域：実技編
テスト

CHALLENGE 実問題

1 難易度 ★★☆☆☆

次は秘書Aが行った，上司の贈答に関する業務である。中から<u>不適当</u>と思われるものを一つ選びなさい。

1）上司宛てに香典返しが届いたので，お悔やみの言葉を添えて礼状を送った。
2）上司宛てに取引先から中元が届いたので，指示を受けて礼状を書いて送った。
3）上司の知人に郷里の特産物を送ることになったので，配送の手配をし，送ることをはがきで知らせた。
4）出張で世話になった取引先へ何か品を贈るように指示されたので，贈答用として名のある菓子を送った。
5）取引先の会長へ喜寿の祝いを贈るよう指示されたので，会長の好みに合いそうな置物の候補を挙げて上司に決めてもらった。

2 難易度 ★★★★☆

秘書Aは後輩Bから，「初めて取引先の祝賀パーティー（立食形式）に出席することになったが，どのようにすればよいか分からないので教えてもらいたい」と言われた。次は，そのときAが教えたことである。中から<u>不適当</u>と思われるものを一つ選びなさい。

1）持ち物はなるべくクロークへ預け，会場内で持つのは必要な身の回りの物だけにする。
2）会場の入り口で手渡された飲み物は，主催者のあいさつや乾杯を待たずに口を付けてよい。。
3）空いた皿はサイドテーブルに置き，次に料理を取るときは新しい皿を使うようにする。
4）会場ではなるべく多くの人と話を交わすようにする。
5）パーティーの途中で帰るときは，主催者にあいさつしてから帰るようにする。

【解答・解説】 1＝1）香典返しとは香典に対する返礼（品物とあいさつ状）である。それに対して，また礼状を出すことはしないので1）は不適当ということである。
2＝5）立食形式のパーティーは最後までいなければいけないというものではないので，途中で帰ることは差し支えなく黙って帰ってよい。立場や関係性により，主催者にあらかじめ断っておくことはあるが，あいさつしてから帰るようにと後輩に教えたのは不適当ということである。

第5章

技　能

SECTION 1 会議

SECTION 2 文書の作成

SECTION 3 文書の取り扱い

SECTION 4 資料管理

SECTION 5 日程管理・オフィス管理

SECTION 1

会議

Lesson 1 会議と秘書の業務

時間配分に注意するよう伝えたが……

▶秘書Aは，外出中の上司から「取引先での面談が長引いて帰社が遅れる。3時からの部内会議は30分遅らせるよう手配してもらいたい」との電話を受けました。そこでAは会議室の使用時間の30分延長を申し込んだのですが，後の使用部署と10分重なったので10分短く予約しました。次に，Aは30分遅れることと，10分短くなったことを会議の進行役に伝え，時間配分に注意するようお願いしたら，先輩に注意を受けました。Aはどのようにすればよかったのでしょうか。

対処例 ○△×?…

会議が30分遅れることと，10分短くなったことだけを進行役に伝えればよかったのです。

スタディ !!

会議の時間配分は進行役が，予定している時間，課題などを考えて決めることです。従ってこの場合，Aは進行役に予定している時間が変わったことだけを伝えればよく，「時間配分に注意するように」などと言うべきではありません。

会議の知識と用語

株式会社の重要な会議には，「株主総会」，「取締役会」，「常務会」などがありますが，他にもさまざまな種類や形式の会議があることを知り，基本的な会議用語も身に付けておきましょう。

●株式会社の重要会議

株式会社の意思決定機関としては以下の会議が代表的なものです。

◆株主で組織する「株主総会」

株主総会は株式会社の最高意思決定機関である。その会社の株主で構成され，基本的に株主は所有する株式の数に応じた議決権を有している。株主総会は定期株主総会，臨時株主総会があり，年1回以上の開催が義務付けられている。通常年1回の定期株主総会が開かれる。議題は，取締役や監査役の選任や解任，定款（ていかん）*1）の改廃（かいはい），予算・決算の承認など。

◆会社活動の意思を決定する「取締役会」

取締役会は，株主総会で選任された取締役で構成される。経営全般にわたる基本方針を決定する法で定められた意思決定機関。半数以上の取締役の出席で成立し，その過半数の賛否で議案が決せられる。

◆実質的に会社を動かす「常務会」

常務会は重役会議・最高経営会議などとも呼ばれ，一般的には常務以上の取締役で構成される。法で定められた機関ではないが，実質的には，常務会が会社を動かしているといわれる。

会議の種類

会議の種類としては以下のようなものがあります。

◆説明会議（連絡会議）

リーダーや担当者が持っている情報を一方的にメンバーに伝達するための会議。質疑応答はあるが，議論することが目的の会議ではない。

◆問題解決会議（意思決定会議）

解決すべき課題や決定すべき議題に対してメンバーが最善策を求めて議論し，結論を出す会議。白紙から議論することよりも，最初に執行部（しっこうぶ）*2）などが原案を提出し，それを基にメンバーで議論していく方法が一般的。

◆研修会議（教育・訓練会議）

新人教育研修や専門職研修など，ある技術や知識を習得させるための教育方式。技術や知識など情報の伝達のほか，メンバーが相互に啓発（けいはつ）し合うことも会議の大きな目的となっている。

◆研究会議（研究発表会）

メンバーのこれまでの研究成果を発表したり，それに対して質疑応答をするなどして相互啓発を行うための会議。

◆アイデア会議（ブレーンストーミング）

商品名や開発商品を決めるためにアイデアを出し合う会議。この会議で結論

ワードCheck!

＊1）定款＝株式会社などの組織の根本的な規則を定めたもので，組織の憲法と言われている。
＊2）執行部＝政党や労働組合など組織の運営を担当する機関。

を出すとは限らない。さまざまなアイデアを収集するのが目的。一般に，ブレーンストーミング，略してブレストという手法が用いられる。ブレストには以下のようなルールがある。

◎出したアイデアを批判したり，否定してはいけない。

◎奇想天外なアイデアでも，非現実的なアイデアでもよい。

◎誰かが出したアイデアに便乗したり，それを加工したアイデアでもよい。

◎質より量を重んじる。

会議の形式

会議の形式には以下のようなものがあります。

◆円卓会議

自由討議，あるいはフリートーキングなどともいう。円卓を用いるので席次を気にすることなく着席し，自由に話すことができる。参加人数は20人程度が限界。円卓がなければ四角のテーブルでもよい。

◆パネルディスカッション（Panel discussion）

テーマに沿って，専門家の討論者（パネリスト）がそれぞれの立場で，聴衆の前で討論し，その後，聴衆からの意見や質問を受ける形式で討論を続けていく。専門家の意見や聴衆の意見などが行き交うので，見識を広めるのに適している。

◆シンポジウム（Symposium）

公開討論会。特定のテーマについて専門家が数人，講演形式で自分の意見を発表し，それについて聴衆と専門家の間で質疑応答をするもの。さまざまな立場からの意見が必要なときに用いられる。

◆フォーラム（Forum）

公開討論会，公開座談会。参加者の自由な討論を基本とし，一つの話題に対して参加者全員で質疑応答などさまざまな意見の交換をする。

◆バズセッション（Buzz session）

バズとは「ガヤガヤ」とか「ブンブン」という意味。セッションは「会議」。従って直訳すると「ガヤガヤ会議」になる。参加者が6人ぐらいのグループに分かれて6分ほどあるテーマを集中して話し合う。その後，各グループのリーダーがそれぞれのグループの意見や主張を代表して発表する方式。人数が多い場合は6人にこだわる必要はなく，時間も10分を超えてもよい。

◆ブレーンストーミング（Brain storming）

アイデア収集のために行われる会議。前ページの「アイデア会議（ブレーンストーミング）」参照。

●会議用語

□ 招集……………会議を開催するために，メンバー（議員，委員）を集めること。国会を開くときに議員を集めるときは「召集」を用いるが，一般の会議は「招集」を使う。

□ 議長……………会議の議事進行上の責任者。賛成反対が同数のときは，議長の決定投票によって可否を決定する。これを「キャスチングボート（casting vote)」という。

□ 議案……………会議で審議するための案。会議にかける議案が複数ある場合は，1号議案，2号議案などと番号をふる。

□ 委任状…………委任したことを記載した文書のこと。会議における委任状とは，採決に際しての賛否を委任状を預けた人に一任すること。会議のメンバーの委任状を持っている人は，自分の議決権のほか委任状の数だけ議決権を有することになる。

□ 定足数…………会議が成立するために最低必要な会議のメンバーの数のことをいう。定足数に満たない場合は，会議は不成立となる。

□ 動議……………議事進行で予定されている議案以外に，議題を出すこと。またその議題のこと。

□ 採決……………議論をした後，賛成か反対かの決を取ること。挙手や起立，投票などの方法で決定する。表決ともいう。起立表決の場合は，議長が提出された議案に対して賛成者の起立を求め，賛成者が過半数を超えるなど可決に必要な一定の数を満たせば可決，それに満たなければ否決となる。

□ 諮問（しもん）・答申（とうしん）……上級者や組織が，下級者や組織，あるいは学識経験者などに意見を求めることを諮問といい，それに対して答えを出すことを答申という。そのために選ばれたメンバーの委員会を諮問委員会などという。上級者は諮問委員会の意見を参考にするだけで，委員会の結論がそのまま決まるというわけではない。

□ 分科会…………全体会議の下に設定された専門分野ごとの小さな会議体のことで，小委員会などともいう。

□ 一事不再議（いちじふさいぎ）の原則…一度会議で決定したことは，その会議の期間中に再度会議にかけて議論することはないという原則。

□ オブザーバー…会議に出席を許されていて発言することはできるが，会議の正規のメンバーではないために議決権を有していない人。座る位置は会場の後方など。

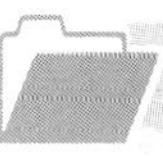

会議の準備

上司が主催する会議での秘書の仕事を大きく分けると，①会議の準備，②会議中の仕事，③会議後の仕事の三つになります。まず，会議の準備としてどのような仕事があるのか押さえておきましょう。

●会議の準備をするための確認

会議の準備は次の要素によって異なるので，上司に準備を指示されたらどのような会議なのかを確認します。

◆上司が主催する会議か，メンバーとして参加するのか。

◆社内で行う会議か，社外で行う会議か。

◎社内で行う会議には，内部の者だけで行う会議と外部の人を招いて行う会議がある。

◆定例会議か，臨時会議か。

◎定例会議は，次の開催日をそのときの会議の最後で決めることが多い。

◎臨時会議は，急に決まることが多いので，迅速に手配する。

●上司がメンバーとして出席する場合

上司が会議のメンバーとして参加するときには，口頭または書面，電子メールなどで事前に会議の開催通知があるので，以下のことを行います。

①上司に出欠を確認する。

◎出席の場合は，スケジュール表に記入する。

◎出欠にかかわらず，出欠が決定したらすぐ主催者に連絡する。

②手配をする。

◎会費の払い込みや資料の準備をする。

◎会場までの交通機関の手配，場合によっては宿泊の手配をする。

③前日に再確認する。

◎会議の前日に，変更がないかどうか再確認する。

●上司が主催する会議の準備

上司が会議を主催する場合は，まず参加人数が収容できる会場を選定し，会議で必要になる機器や備品の有無，照明や空調設備の具合，食事の手配が可能かどうかなどをチェックしておく必要があります。

開催に向けての準備の手順は以下の通りです。

①参加者の選定

◎上司の指示により，参加者名簿を作成する。

◎名簿の作成が終わったら，リストに漏れがないか上司に確認してもらう。

②会場の選定

◎社外会議の場合，会議で使用する機器や備品がそろっていて参加者が収容できる会場の候補を幾つかリストアップする。リストに使用料などその他の参考資料を添付して上司に選定してもらい，決定次第手配する。

◎社内会議の場合は，どの会議室を使用するか上司に確認する。

③資料の準備

◎会議に必要な資料を確認し，印刷などの手配をする。

④開催通知と参加予定者の確認

◎開催通知（案内）状を作成し，参加者に送付する。必要があれば案内状と一緒に資料を送る。部内会議など会社内部の会議の場合は，電話やメールで通知することが多い。

◎期日までに参加予定者を確認する。送付した開催通知の返信が届いていない場合は，電話などで確認する。

◆その他の確認事項

◎会議中のお茶や食事の接待。出す回数と時間。

◎会議中の電話の取り次ぎをどのようにするのか。

◎携帯電話の取り扱い。「マナーモードにしてもらう」，「電源を切ってもらう」，「話す場所を指定する」など。

◎宿泊の手配の有無。

◎議事録を取るかどうか。取る必要がある場合は，議事録の担当者は誰にするか。

◎社外の人を招いた会議では，テーブルに参加者の名札を置くか，名札を胸に着けるか，その場合の席順はどのようにするのか（社内の者だけの会議の場合は，席順は決まっているので名札を置いたりしない）確認する。

◎会場の入り口などに表示する会議名はどのようにするのか。

スタディガイド
領域：理論編
領域：実技編
テスト

●会議の開催通知

外部の人の参加を求める会議の開催通知は文書で行います。その場合は，約1カ月前に通知状を送付し，以下のような項目を記入します。また，会議資料はできれば事前に送るようにします。その場合も当日，忘れた人のために受付に予備を用意しておきます。

◆通知状に記入すべき項目

◎会議の名称。

◎開催日時（日にちと曜日，開始時刻と終了予定時刻）。

◎開催場所（○○会館や○○ホテルなどの会場名，○○階○○の間《○号室》などの階や室名・部屋番号）。

◎会場の地図・住所・電話番号。駐車場の有無。

◎開催趣旨や議題。

◎出欠の連絡方法と締め切り期日。

◎主催者名（事務局名・担当者名，電話番号）。

◎食事，宿泊の手配の有無。

◎資料の有無や注意事項など。

●会場の設営

会場設営も秘書の仕事です。テーブルや椅子の配置，スクリーンやビデオ機器の設置など，会議にふさわしい会場の設営をします。

会議の目的に応じてテーブルや椅子は以下のように配置します。

◆円卓式・ロの字形の配置

この形式は，座席に序列などがなく全員がお互いの顔を見ながら発言できるのが特徴。自由な話し合いやアイデア会議などに最適だが，参加人数は20人程度が限度。人数が少ない場合は円卓式（なければ四角いテーブルでもよい）に，人数が多い場合はロの字形にする。

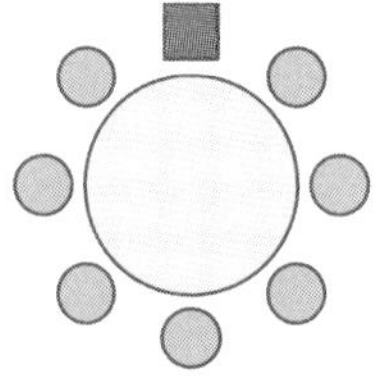

円卓式

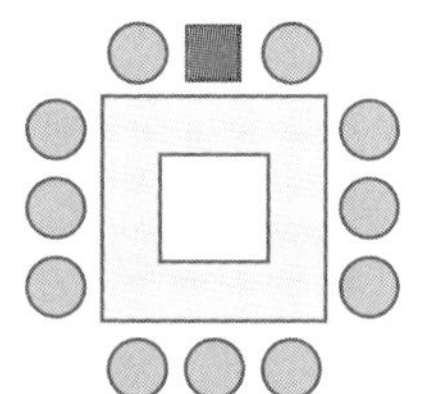

ロの字形

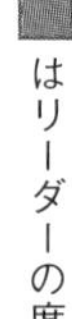

■はリーダーの席

◆教室式の配置

株主総会など参加人数が多い場合やリーダーから一方的な情報伝達などを行う場合は，教室式が便利。参加者全員が前方のリーダーを正面に見ることができる。リーダーはホワイトボードを背にして立ち，必要があればボードに書き込んだり，図版類を貼り付けたりすることができる。この方式は議事式とも呼ばれる。

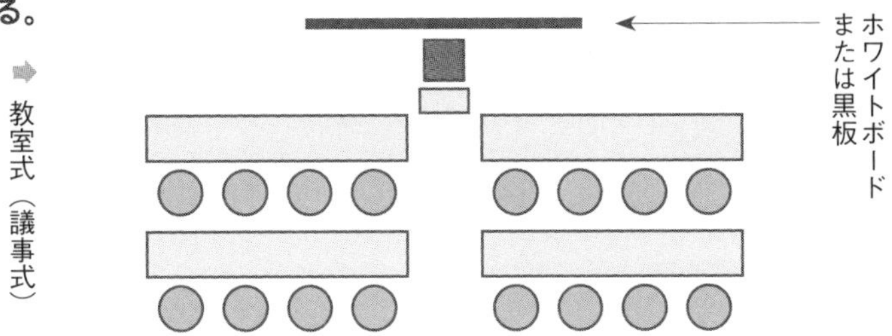

◆コの字形・Ｖの字形の配置

この二つの形式は，研修会などでよく用いられる。メンバーがリーダーの方を見られるだけでなく，メンバー同士が相互に顔を見ながら話すこともできる。プロジェクター＊1)などを用いて図版や画像をスクリーンに映し出す場合，あるいはビデオを見せる場合は，Ｖの字形が便利。そうでない場合はコの字形の方が多人数に対応できる。

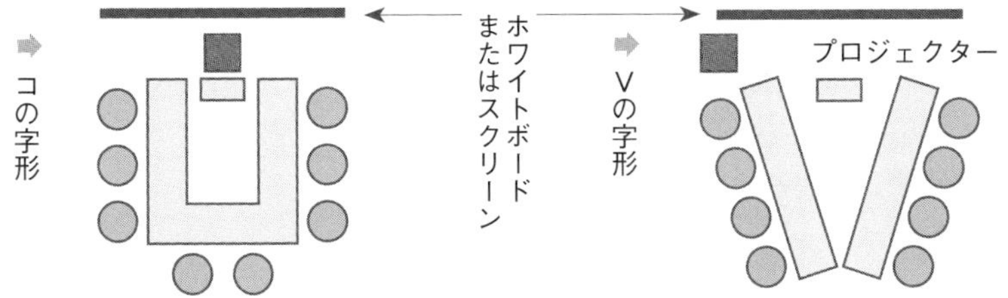

機器類の設置

会議をスムーズに運営するために，機器類の設置についても担当を決めるなどして万全な態勢で望みます。

◆プロジェクター，ビデオ，スクリーン，ホワイトボード，マイク，指し棒やポインター＊2) などを用意しておき，故障がないか事前チェックしておく。

◆ホワイトボード用マーカーなどの消耗品が使えるかどうか確認する。消耗品を会議で使ってしまったら，新しいものを補充しておく。

＊1）プロジェクター＝グラフや図版，文字などをスクリーンに映し出す装置。液晶のものが主流になっている。

＊2）ポインター＝指し棒の代わりにレーザー光を利用したもの。遠い位置から対象を指し示せる特性がある。

会議中の仕事

上司が主催する会議の開始直前，および会議中の秘書の仕事としては以下のようなものがあります。

◆会場前に受付を設置し，そこでコートや荷物を預かったり，配布資料を渡す。また，同時に上司の指示で作成した会議参加者リストに基づいて出欠を確認する。会議の開催時間が迫ってきても，会場に現れない参加予定者に対しては，電話を入れてこちらへ向かっているかどうかを確認し，定刻になったら，出欠状況を上司に報告する。

◆会場内の冷暖房の温度の調整や換気の管理をする。また，預かったコートや荷物は紛失や取り違えがないように確実に保管する。

◆事前に上司と打ち合わせた計画に基づいて，お茶や食事のサービスをする。会場が議論で熱中しているときは食事の時間になってもすぐに出さず，上司に「食事の時間だがどのようにするか」とメモを入れて指示を待つ。お茶は会場の様子を見て回数を増やしたりする気遣いが必要。

◆秘書が議事録を取り，後日まとめるケースもある。略式議事録に記載する項目は以下のようなものである。

◎会議名と開催日時，場所。

◎主催者名，議長名，司会者名，参加者名（人数），欠席者名（人数）。

◎議題，発言者と発言の主な内容。

◎決議事項または結論。

◎議事録作成者名。

会議後の仕事

会議が終了したら以下のように，参加者を見送り，会場の後片付けをします。

◆参加者への対応

◎車で帰る人の配車の手配をして，預かったものを確実に渡す。

◎会議中に受けた伝言を正確に伝える。

◆会場の後片付け

◎机を元通りにして備品やコップなどを片付ける。

◎照明・冷暖房などのスイッチを切って，戸締まりをする。

◆会場の管理者への対応

◎管理者に会議の終了を報告し，必要なら会場費などの精算をする。

SELF STUDY

過去問題を研究し
理解を深めよう！

POINT 出題 CHECK

「会議」では，会議の準備と会議当日の仕事に関する出題が中心。会議に必要な仕事と，余計なことや出過ぎたことの区別がきちんと理解できているかが問われる。また，会議用語も出題されるので，基本用語は押さえておく。

会議の準備

社外の会場で行う社員研修会の講師に確認したことである。

○　①謝礼の支払方法に希望はあるか。

○　②資料の配布の仕方に気を付けることはあるか。

×　③資料の予備は何部用意しておけばよいか。

③資料の予備の部数などは，社員研修会に参加する人数や傍聴者の数などを考慮して秘書が判断すればよいことである。

会議当日の仕事

上司主催の，社外から参加者がある会議の直前に行ったことである。

○　①既に入室していて資料を読んでいるＭ氏に，Ｍ氏の会社からあった伝言を口頭で伝えた。

○　②上司からコピーして配布するようにと資料を渡されたので，会議の開始に間に合わなかった場合の配布方法を確認した。

×　③会議室の入り口の所で，開始時刻ぎりぎりに来た人に，会議が始まるので急いで席に着くよう促した。

①会議前なので口頭で伝えても構わない。③参加者が遅刻してきても，開始ぎりぎりに来ても，秘書には関係ないことであり，急いで席に着くようにと促す立場にもない。

会議用語

○　①動議　＝会議中に，予定された以外の議題を出すこと。

×　②答申　＝出された議案に対して，反対意見を述べること。

○　③定足数＝会議の成立に必要な，最低限の出席人数のこと。

②「答申」とは上位機関から尋ねられたことに対して意見を述べること。

CHALLENGE 実問題

1 難易度 ★★★☆☆

秘書Aの上司は，専門家を招いて社外の関係者と研究会を行うことがある。次はその準備としてAが行っていることである。中から<u>不適当</u>と思われるものを一つ選びなさい。

1）会場は，遠方から来る人が移動せずに宿泊できるようホテルにしている。
2）宿泊を希望する人が予約数を超えてしまったときは，近隣のホテルを紹介している。
3）研究会後に懇親会を行うときは開催通知で知らせて，懇親会の出欠も取っている。
4）プロジェクターを使用するとき，会場レイアウトの相談は事前に会場とするようにしている。
5）参加者名簿は誤字脱字のないように気を付けているが，念のため上司にも確認してもらっている。

2 難易度 ★★★★☆

次は会議に関する用語の説明である。中から<u>不適当</u>と思われるものを一つ選びなさい。

1）「採択」とは，議案や意見などを正式に採り上げることである。
2）「議決権」とは，可否同数のとき，議長が行使する決定権のことである。
3）「定足数」とは，会議成立のために必要な最小限の出席人数のことである。
4）「オブザーバー」とは，会議に出席はするが決議には加わらない人のことである。
5）「答申」とは，上位の役職や機関から問われたことに対して意見を述べることである。

【解答・解説】1＝5）参加者名簿の文字の確認などは，Aが行うべき業務である。念のためであっても，上司に確認してもらうなどは，上司にAの業務を手伝わせることになるので不適当である。
2＝2）「議決権」とは，議案の決議に参加する権利のこと。2）は，「キャスチングボート」の説明である。

SECTION 2

文書の作成

Lesson 1 ビジネス文書

会社宛ての礼状に，「ご健勝」でいいの？

▶秘書Aは後輩Dから，「上司の指示で取引先の会社宛てに出す中元の礼状を書いたが，清書する前に直した方がよいところを指摘してほしい」と言われて，次の文案を受け取りました。どこを直せばよいのでしょうか。

拝啓　盛夏の候　ますますご健勝のこととお喜び申し上げます。

　さて，このたびは大変結構なお品をご笑納くださいまして，

お志のほど，ありがたく御礼申し上げます。

　まずは，取り急ぎ文中をもって御礼申し上げます。　　　草々

対処例 ○△×?…

「ご健勝」を「ご発展」に，「ご笑納」を「ご恵贈」に，「お志」を「ご芳志（ほうし）」に，「文中」を「書中」に，「草々」を「敬具」に直します。

スタディ !!

「ご健勝」は，個人に対して使う言葉。相手が会社の場合は「ご発展」，「ご隆盛」とします。「ご笑納」はこちらが相手に贈ったときに使います。「芳志」は「相手の厚意」のこと。「書中」は「書面」でも構いません。「拝啓」と対の結語は「敬具」で，「草々」は頭語が「前略」のときの結語です。

ビジネス文書の種類

社内の者へ伝達する文書を「社内文書」といい，社外に出すための文書を「社外文書」と呼びます。そして，社内文書や社外文書などビジネスで用いる文書を総称して「ビジネス文書」と呼びます。ビジネス文書には次のようなものがあります。

◆社内文書の種類

◎「稟議書」とは，決裁や承認を仰ぐための文書。

担当者が案を作成して関係者に回覧し，その件に決裁権限を持つ上位者の承認・決裁をもらうことを稟議といい，その文書を稟議書という。具体的には，「～してよろしいでしょうか」，「～することをお願いします」と伺いを立てる文書のことで，起案書，回議書ともいう。

◎「報告書」とは，結果や経過，事実などを報告する文書。

出張した成果や経過などを報告する「出張報告書」，調査したことの事実関係や明らかになったことを報告する「調査報告書」，研修を受けて習得したことを報告する「研修参加報告書」，研修を実施した成果を報告する「研修実施報告書」など，さまざまな報告書がある。定期的な報告書としては，「営業日報」，「営業月報」などがある。

◎「通知文」とは，経営幹部が，関係する社員に命令や指示を伝えるための文書。

会社の上層部で決定したことを伝える文書だが，命令や指示の他に，規定に近い文書や単なる案内文もこれに含まれる場合がある。

◎「案内文」とは，「お知らせ」や「案内」など情報を伝えるための文書。

研修会の参加を呼びかけたり，健康診断の案内をするときなどの文書。社員の便宜を図るためのもので，強制力はない。

◎「進退伺」とは，自分や部下に重大な過失＊1）があったとき辞職すべきかどうか伺う文書。

◎「回覧文書」とは，関係部署に順次回していく文書。

必要な人にだけ見せるときに使われる。文書に回覧先が記してあり，読んだら捺印して次に回す。

◎「上申書」とは，上役に事実や意見を申し述べる文書。

◎「始末書」とは，自分や部下が犯した過失などに対して謝罪する文書。

◆社外文書の種類（以下は商取引上の文書）

◎「通知状」とは，会議を開催するときなど，相手に必要な情報を伝えるための文書。営業所の移転や人事異動，機構改革などのときにも出す。

◎「照会状」とは，不明点や疑問点を問い合わせるための文書。在庫の問い合わせや商品についての問い合わせなどがある。

◎「督促状」とは，入金や納品などを催促する文書。約束した期日を過ぎて

＊1）過失＝そうするつもりはなかったのに，不注意などのため悪い結果や失敗をもたらすこと。

も実行されないときに出す。

◆社交文書の種類

社交文書とは，企業や担当者同士が良好な関係を保つために取り交わす「付き合い」のための社外文書。

◎「あいさつ状」とは，個人では転任や就任を知らせるとき，会社では新規開店や営業所移転などを通知するときに出す文書。

◎「祝い状」とは，個人では栄転や昇進に対して，会社では新規開店や新社屋落成などに対して，祝意を表するための文書。

◎「招待状」とは，新製品展示発表会や式典，パーティーなどに招待する際に出す文書。「招待」の場合の費用は全て主催者持ちになる。

◎「案内状」とは，式典，パーティーなどの開催を知らせるときに出す文書。会費制とする場合は「案内状」として出す。

◎「見舞状」とは，火災や震災にあったり，けがや病気で入院したときなどに，相手の安否を気遣って出す文書。「暑中見舞い」や「寒中見舞い」も見舞状の一種。

◎「礼状」とは，相手の厚意に対して感謝の意を示すための文書。

◎「悔やみ状」とは，人の死を惜しんで慰(なぐさ)めの言葉を述べる文書。

◎「紹介状」とは，知人などを，自分がよく知っている人に紹介するときに書く文書。通常，権限のある人が書き，秘書は代筆することになる。上司が自分より目下の人宛てに紹介する場合は，名刺に紹介文を書き，押印して紹介を依頼してきた人に渡す場合もある。上司が目上の人宛てに書く場合は，簡略化せず体裁(ていさい)を整えて丁寧に書き，封をしないで渡すのが一般的。紹介状を書いた後は，電話で相手先にそのことを告げてお願いしておくのが礼儀である。

◆その他の文書

◎「念書」とは，互いに約束などをしたときに，後で反故(ほご)＊1) にされたりしないように，念のため証拠として作成しておく文書。

◎「趣意書」とは，何かを始めようとするときの考えや目的を記した文書。

ビジネス文書では，「1 文書 1 件」が原則です。どのような場合でも，一つの文書に複数の件数を書くようなことはしません。文書をファイルで管理する際不都合が起こるからです。

＊1）反故＝約束などを一方的に破ること。

社内文書の形式と作成のポイント

社内文書は，本社と支店や営業所間，あるいは経営幹部から各部署への連絡など，社内でやりとりされる文書のことです。

●社内文書作成のポイント

社内文書を作成するときには以下のことに留意します。

◆社内文書は横書きが原則。

◆文章は短く，簡潔に書く。

◆「頭語」や「結語」および「あいさつ」は省略する。

◆「です・ます」体を用い，丁寧な言い回しは最小限にとどめる。

◎「～いたします」は「～します」に，「～でございます」は「～です」，「お願い申し上げます」は「お願いします」など，できるだけ簡潔にする。

●社内文書の形式

社内文書の基本的な形式は，次ページを参照してください。以下は，各項目を補足的に解説したものです。

①「文書番号」は「総務部発○○号」など，文書の出どころと番号を表記する。文書番号は保存・整理するために付けるので，その必要がないものには付けない。

②「発信日付」は，一般的には「令和」などの元(年)号を用いる。「年」を省略して月日だけを書くようなことはしない。

③「受信者名」は，「○○部長殿」，「○○課長殿」と役職名だけを書き，氏名は記入しない。同じ文書を多数の人に出すときは，対象となる人に応じて「課長各位」，「係長各位」，「社員各位」，「関係者各位」あるいは単に「各位」とする。

④「発信者名」も「営業課長」，「総務部長」などの役職名で出す。また，総務部長が業務改善委員会の委員長として，委員会を開催する場合は，「業務改善委員会委員長」とする。その場合，総務部長の役職名は併記しないので注意する。

⑤「標題」は，何の文書であるかすぐ分かるものにする。また，「接遇研修会の開催（案内)」など標題の横に，文書の性質が分かるようなもの，例えば「案内」，「お願い」，「通知」などの言葉を入れておく。

⑥「本文」には，「来る○月○日に，講師○○先生を迎えて～」といった具体的なことは書かないで，「下記の要領で接遇研修会を開きます。ぜひご参加ください」などと簡潔にまとめ，具体的な内容は「記」の中に箇条書きで書く。

⑦「記」は中央に書き，次の行から「1. 開催日時，2. 開催場所……」などと番号を付けて具体的な内容を記す。

⑧「追記」は，「ただし，既に受講した人は含まれません」とか「会場には駐車場

はないので，車でお越しの方はご注意ください」などのただし書きや注意事項を付け加えるときなどに入れる。

⑨「添付資料」があるときに，どのような資料を同封したかを書く。

⑩「以上」は，文書内容が終了したという結びを示す言葉なので，社内文書では必ず書かなければならない。また，最後に書く言葉だからといって，担当者名の後に書くようなことはしない。

⑪「担当者名（連絡先）」は，内容についての問い合わせがあるときのために書くので，電話（内線）番号や電子メールのアドレスなど，連絡先を書いておく。発信者と担当者は違うので注意する。文書内容の責任者は発信者であり，担当者はあくまでも文書内容に関する仕事の担当というだけである。

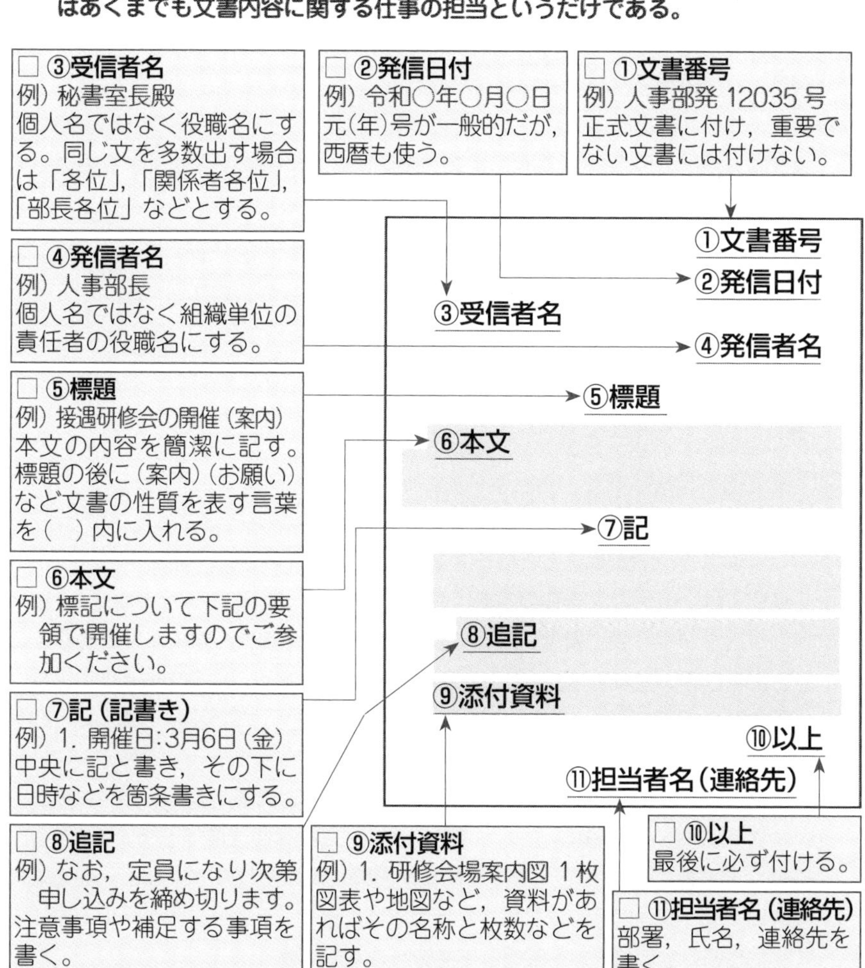

社外文書の形式と作成のポイント

社外文書は，会社を代表して外部に出す文書なので，形式や言葉遣いに十分注意して作成するようにします。

●社外文書作成のポイント

社外文書では正確な内容を伝えるとともに以下のようなことに留意し，基本書式に沿って作成するように心がけます。

◆後述する「社交文書」以外の社外文書は，横書きを用いる。

◆文章は格調ある言葉遣いを用いて丁寧に書く。また，文書の本文部分は，手紙の慣用表現を適切に用いて書くようにする。

◆頭語と結語を正しく用いる。頭語が「拝啓」なら結語を「敬具」とするなど，頭語と結語の組み合わせを間違えない。

◆時候のあいさつを間違えないように注意し，適切なものを選ぶ。長梅雨（つゆ）や冷夏，暖冬などでその月の時候のあいさつと実際が異なる場合は，「時下（じか）」を用いるなど工夫する。

◆文体は「です・ます体」を用いるが，「お願いします」を「お願い申し上げます」などのようにし，より丁寧な表現を心がける。

●社外文書の形式

社外文書の形式は次ページにまとめてありますが，社外文書の構成は，大きく「前付け」，「本文」，「付記」に分けられます。

「前付け」は，①「文書番号」，②「発信日付」，③「受信者名」，④「発信者名」で構成されます。「受・発信者名」以外は，社内文書の内容と同じです。

「本文」は，⑤「標題」，⑥「前文」，⑦「主文」，⑧「末文」，「記」で構成されます。社内文書と違うのは，⑥～⑧までで，ポイントは以下の通りです。

⑥「前文」は，用件に入る前の「あいさつ」である。「拝啓」などの頭語を1字下げたりしないで行頭に書き，続いて1字空けて「向暑の候，ますますご健勝のこととお喜び申し上げます」などと時候のあいさつをする。相手が個人の場合は，「ご清祥」，「ご健勝」，会社などの団体は，「ご隆盛」，「ご発展」となるので間違えないように注意する。

⑦「主文」は，本来の用件部分で，1字落として「さて」で書き出し，用件に入る。

⑧「末文」は終わりの「あいさつ」。1字空けて，「まずは」で書き出す。「まずは，略儀ながら書中をもって，御礼かたがたお願い申し上げます」など。最後は，「敬具」など頭語に合わせた結語を行の末尾に書く。末文の文章が行の末尾に来て結語を書けない場合は，改行してその行の末尾に書く。

「付記」は，⑨「追伸」，⑩「同封物」，⑪「以上」，⑫「担当者名（連絡先）」で構成されます。追伸と同封物は社内文書の「追記」，「添付資料」と同じです。

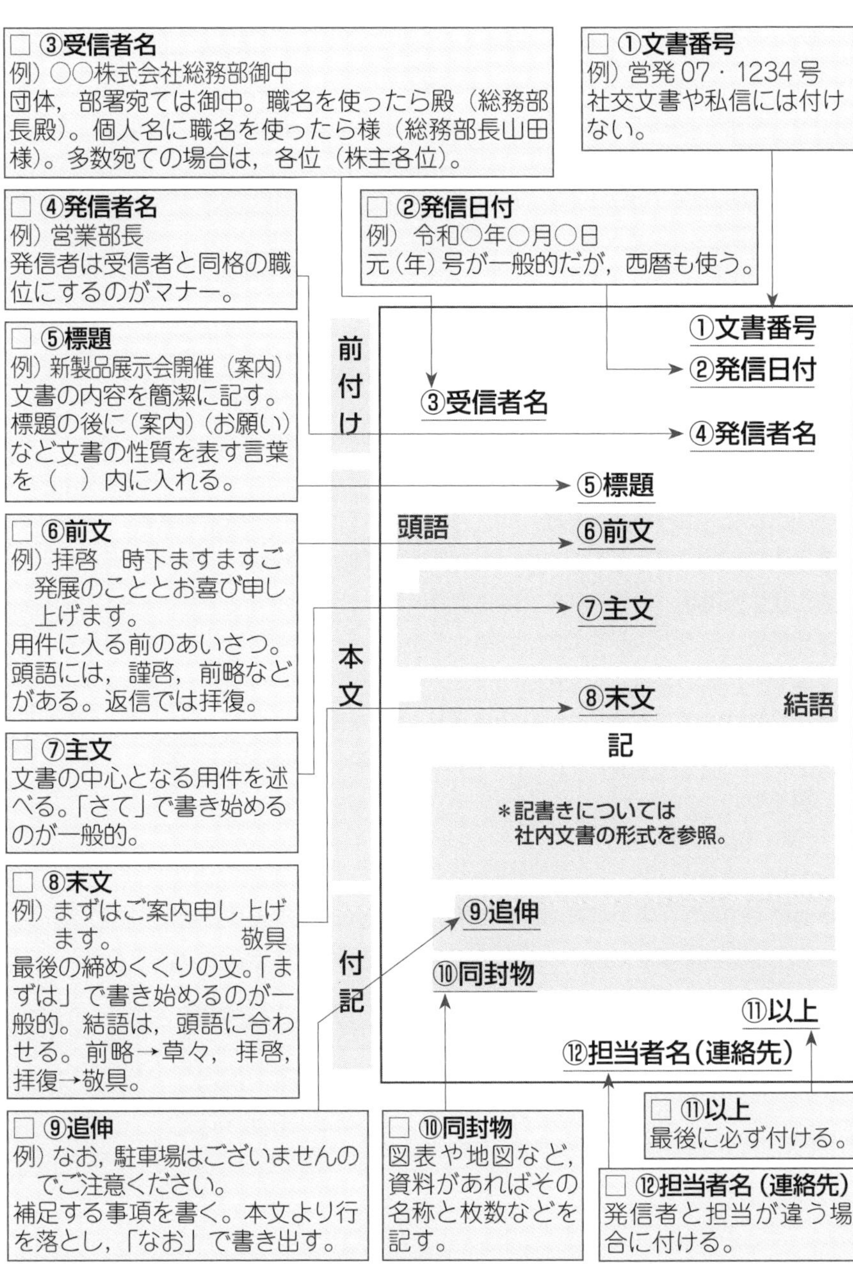

社交文書の特徴と作成のポイント

社交文書は，直接商取引に関係ないことでも，相手との良好な関係を維持したり，さらに関係を深める目的で文書のやりとりをするものです。儀礼的な文書なので一般の商取引文書とは異なり，しきたりやマナーを守って作成することが大切です。手紙の慣用句を適切に用い，形式を整えて格調ある文章で作成するようにしましょう。

慶弔に際しては，直接出向いてあいさつをするのが本来の在り方ですが，それが困難な場合は，祝電や弔電を打つか手紙にします。

●社交文書作成のポイント

作成上のポイントは以下の通りです。

◆社交文書は出すべき時機を逃すと間が抜けたものになる。

◆書式は縦書きにする場合が多い。

◆特に格式を重んじる社交文書には，句読点を付けない。

◆社交文書には，文書番号を付けない。

◆祝い状などの社交文書では，発信日付を「吉日」とする場合もある。

◆通知状や案内状など商用に近いもの以外は標題を付けない。

◆礼状や見舞状，悔やみ状などは手書きにする。

◆見舞状で先方の病気や災害を見舞う場合は，前文を省略して本文から書く。

◆悔やみ状は，頭語，前文を省略して，主文を書く。

◆悔やみ状には，「くれぐれ」，「返す返す」「重ね重ね」「再び」「今一度」「追って」など，不幸が繰り返されることを想起させる「忌(い)み言葉」を書かないように注意する。

●弔電・祝電の打ち方

電報は，電話やホームページから申し込みます。

◆慶弔を知ったら打つ相手の氏名，住所を確認する。弔電は喪主宛てに打つ。

◆電文は電話帳などに例文があるので，それを参考にするとよい。

例文の一部を変えて利用してもよいですね。

社外文書の慣用表現

社外文書（社交文書を含む）の作成に当たっては，「時候のあいさつ」や「頭語と結語の組み合わせ」を間違えないように注意し，「尊敬表現・謙譲表現」を正しく使いこなせるようにしておくことが大切です。

●時候のあいさつ

時候のあいさつには，以下のようなものがあります。

	時候のあいさつの例
1月	お健やかに新春をお迎えのことと存じます。／厳寒(げんかん)の候／厳冬(げんとう)の候
2月	余寒なお厳しい折から／向春(こうしゅん)の候／余寒(よかん)の候
3月	日ましに暖かになりますが／早春(そうしゅん)の候／春寒(しゅんかん)の候
4月	よい季節になりましたが／陽春(ようしゅん)の候／春暖(しゅんだん)の候
5月	若葉の季節となり／新緑(しんりょく)の候／薫風(くんぷう)の候
6月	梅雨の長雨が続いていますが／初夏(しょか)の候／梅雨(つゆ)の候
7月	急にお暑くなりましたが／盛夏(せいか)の候／猛暑(もうしょ)の候／炎暑(えんしょ)の候
8月	立秋とは名ばかりの暑さですが／残暑(ざんしょ)の候／晩夏(ばんか)の候
9月	朝夕はしのぎやすくなり／新秋(しんしゅう)の候／初秋(しょしゅう)の候
10月	秋色いよいよ深まりましたが／秋冷(しゅうれい)の候／紅葉(こうよう)の候
11月	菊花香る折りから／霜降(そうこう)の候／晩秋(ばんしゅう)の候／向寒(こうかん)の候
12月	暮れも押し迫ってまいりましたが／歳晩(さいばん)の候／初冬(しょとう)の候

●頭語と結語の組み合わせ

文書の本文部分は，「前文」，「主文」，「末文」で構成されていますが，頭語は前文の最初に書く言葉で，結語は末文の最後に書く言葉です。頭語と結語は組み合わせが決まっているので，間違えないようにします。

頭語と結語の組み合わせは以下の通りです。

◆往信の場合の「頭語と結語」の組み合わせ。

◎頭語を「拝啓」にし，結語を「敬具」にするのが基本。

◎特に丁重にする場合は，頭語を「謹啓」にし，結語は「敬白」または「敬具」にする。

◎急ぎのときは頭語を「前略」や「急啓」にして結語を「草々」にするか，頭語を「冠省(かんしょう)」にして結語を「不一(ふいつ)」にする。

◎事務的な文書の場合は，頭語を書かないで，「以上」で締めくくる。

◆返信の場合の「頭語と結語」の組み合わせ。

◎頭語を「拝復」とし，結語を「敬具」にする。

◆それぞれの頭語と結語の意味。

◎「拝啓」，「謹啓」は，「謹んで申し上げます」という意味で，「敬具」，「敬白」は，「謹んで申し上げました」という意味。

◎「前略」や「冠省」は「前文を略します」という意味。従ってこの頭語を使う場合は，時候のあいさつや前文のあいさつは省いて，すぐ用件に入ることになる。

◎「急啓」は，「急いで申し上げます」の意味。

◎「草々」は，「丁寧な書き方をしないで申し訳ありませんでした」の意味。

◎「不一」は，「思っていることを十分書き尽くすことができませんでした」の意味。

◎「拝復」は「謹んでお答えいたします」，または「謹んでご返事いたします」の意味。

●前文に用いる慣用表現

前文では，頭語を書いた後１字空けて時候のあいさつを書き，相手の繁栄や健康を祝い，喜ぶ言葉を述べます。続いて，日ごろ世話になっていることや引き立ててもらっていることを感謝する言葉を述べて，前文を終わります。

以下は一例です。

◆会社宛ての前文の例。

「拝啓　盛夏の候，貴社ますますご発展のことと，お喜び申し上げます。また，平素は格別なご愛顧をいただき，深く感謝申し上げます」

◆個人宛ての前文の例。

「拝啓　早春の候，ますますご健勝のこととお喜び申し上げます。また，いつも格別なご厚情を賜り，誠にありがたく感謝申し上げます」

●末文に用いる慣用表現

末文とは，前文，主文を述べた後，最後にあいさつして締めくくる文のことです。

以下は一例です。

◆用件をまとめる言い方。

「取り急ぎ用件のみ申し上げました」

◆本来は出向いてあいさつすべきところを書面でする場合の言い方。

「まずは，略儀ながら書中をもってごあいさつ申し上げます」

自他の使い分け

社外文書では，相手のことに対しては尊敬表現を，自分や自分の側のことに対しては謙譲表現を用いて自他を区別します。尊敬表現とは，相手を敬って表現する言い方です。謙譲表現とは，自分のことをへりくだることによって，間接的に相手を高める言い方です。

名詞の場合	相手方	自分側
□ 本人・職業	○○様／貴殿（きでん）／先生／貴職	私（わたくし）／当職／本職
□ 団体・組織	貴社（きしゃ）／御社（おんしゃ）／貴校／貴店	当社／当行／弊社
□ 場所・土地	御地（おんち）／貴地／貴方面／貴県	当地／当方面／弊地
□ 住居	貴邸／貴宅／尊宅	拙宅（せったく）／拙家／小宅（しょうたく）
□ 物品	佳品（かひん）／結構なお品	粗品（そしな）／寸志／心ばかりの品
□ 手紙	ご書面／ご芳書（ほうしょ）／ご書状	愚書／愚状／書状／書中
□ 意見	ご高見（こうけん）／ご高説（こうせつ）／ご所感／貴意／お申し越し	所見／私見／私案／愚見／所感
□ 配慮	ご配慮／ご高配／ご尽力／ご助力／ご指導／お引き立て	配慮／留意
□ 授受	お納め／ご査収／ご入手／ご笑納（しょうのう）	拝受／頂戴（ちょうだい）
□ 訪問	おいで／お越し／ご来社／お立ち寄り／ご来臨（らいりん）	お伺い／参上／ご訪問
□ 息子	ご令息様／ご子息様／お子さま	息子
□ 娘	ご令嬢様／お嬢さま／ご息女様	娘
□ 夫	ご主人／ご主人様	主人／○○（姓）
□ 妻	奥さま／奥方様／ご令室様	妻／家内
□ 父	お父さま／お父上／ご尊父（そんぷ）様	父／老父
□ 母	お母さま／お母上／ご母堂（ぼどう）様	母／老母
□ 両親	ご両親様／お父さまお母さま	両親／父母
□ 兄・弟	お兄さま／ご賢兄／弟さま／ご賢弟	兄／愚兄／弟／愚弟
□ 姉・妹	お姉さま／妹さま	姉／愚姉（ぐし）／妹／愚妹（ぐまい）
□ 家族	皆々様／ご一同様	一同／家族一同

以下は，動詞の場合の自他の使い分けです。

「結構なお品を承（うけたまわ）り，ありがとうございました」などと言葉を取り違えて使わないように注意します。この場合は「結構なお品を賜（たまわ）り～」とします。「承る」は，「聞く」，「（引き）受ける」，「承諾する」の謙譲語です。

動詞の場合	相手方	自分側
□ 言う／話す	おっしゃる／言われる	申す／申し上げる
□ 聞く	お聞きになる／聞かれる／お耳に入る	伺う／拝聴する／承る
□（引き）受ける	お受けになる	承る
□ 承諾する	ご承諾なさる	承る
□ 行く	いらっしゃる／行かれる	伺う／参る
□ 来る	いらっしゃる／来られる／おいでになる／おみえになる	伺う／参る
□ 会う	お会いになる／会われる	お目にかかる／お会いする
□ 食べる	召し上がる／食べられる	いただく／頂戴する
□ 読む	お読みになる／読まれる	拝読する
□ 思う	お思いになる	存ずる
□ 知る	お知りになる／ご存じになる	存ずる／存じ上げる
□ 見る	ご覧になる	拝見する／見せていただく
□ 尋ねる	お尋ねになる	伺う／お尋ねする
□ 訪ねる	いらっしゃる／おいでになる	伺う／おじゃまする／参上する
□ 与える	賜（たま）う／くださる	差し上げる
□ もらう	お納めになる／お受けになる	賜る／いただく
□ いる	いらっしゃる／おいでになる	おる
□ する	なさる	いたす

SELF STUDY

過去問題を研究し理解を深めよう！

POINT 出題 CHECK

「ビジネス文書」では，「社外文書」からの出題が多い。頭語・結語，時候のあいさつ，前文のあいさつ，自他の使い分けなど，内容も多岐（たき）にわたるが，いずれも基本的なことを押さえておけば解ける。「社内文書」については，作成する際の基本的な心得以外に記述問題も出題されるので，文書の形式を覚えておくことがポイント。その他，社内文書と社外文書の混合問題やビジネスで使われる文書の種類を問う問題が出される。混合問題はレベルが高い。

頭語と結語

頭語と結語の組み合わせである。

○　①謹啓　――　敬白

○　②前略　――　草々

×　③急啓　――　敬具

③「急啓」は，「前略」と同じように，前文を省略するときの頭語なので，「敬具」ではなく「草々」とする。

時候のあいさつ

○　①1月に出す手紙は「初春の候」

○　②4月に出す手紙は「陽春の候」

×　③7月に出す手紙は「向暑の候」

③「向暑の候」は，暑さに向かう時季という意味なので6月の時候のあいさつになる。

前文のあいさつ

手紙の前文で用いるあいさつの言葉である。

○　①貴殿ますますご清栄のこととお喜び申し上げます。

○　②貴殿ますますご清祥のこととお喜び申し上げます。

○　③貴社ますますご発展のこととお喜び申し上げます。

×　④貴社ますますご健勝のこととお喜び申し上げます。

④「健勝」は，相手の健康を祝う言葉なので，個人の場合に用いる。

慣用句

下線部分を手紙用語に直しなさい。

①まずは，ひとまず用件のみお伝えいたします。

②略式ですが，書中をもってごあいさつ申し上げます。

③最後になりますが，貴社のますますのご発展をお祈り申し上げます。

①取り急ぎ，取りあえず　②略儀ながら　③末筆ながら

自他の使い分け

社交文書で相手側のことを書くときどのように書くか。

①意見

②相手

③息子

①ご高見，ご高説　②あなた様，貴殿　③ご子息様，ご令息様

社内文書

社内文書の書き方を述べたものである。

○　①発信者名は，役職名だけでよい。

○　②担当者名は，「以上」を書いてから書く。

×　③発信日付は，年は書かずに月日だけ書く。

③日付は，元(年)号（平成など）か年（西暦）を入れて書く。

社内文書と社外文書

文書の書き方を述べたものである。

○　①格式を重んじる社交文書は，縦書きにし，句読点は付けなくてよい。

○　②担当者名は，「以上」を書いてから書く。

×　③社交文書も社内文書も，発信日は文書を作成した日にちを書く。

③発信日は発信当日の年月日を書く。

文書の種類

文書の名称とその説明の組み合わせである。

○　①趣意書＝そのことの目的や，考え方を述べた文書。

×　②上申書＝上司が部下に，業務上の命令や指示をする文書。

○　③念　書＝約束などをしたとき，後日の証拠のためにお互い持っている文書。

②「上申書」とは，部下が上司に意見などを述べた文書である。

CHALLENGE 実問題

1　難易度 ★★★★☆

次は秘書Aが後輩に，社交文書について教えたことである。中から適当と思われるものを一つ選びなさい。

1）社交文書は儀礼的なものなので，文書番号は書かない。
2）社交文書でも横書きの場合，数字は全て算用数字で書く。
3）わび状は，何をおいてもまず迷惑をかけたことを謝るため，前文を省く。
4）悔やみ状は，深く弔意を表すために，頭語を「拝啓」ではなく「謹啓」にする。
5）事務所移転の通知状は，ビジネス上のことなので，頭語を「前略」，結語を「草々」にする。

2　難易度 ★★★★☆

次は手紙の慣用句である。それぞれの意味を答えなさい。

1）ご引見ください
2）ご休心ください
3）万障お繰り合わせの上

【解答・解説】1＝1）「文書番号」は，文書の出どころと通し番号を表記するもので，事務文書の保存や整理のために付ける。社交文書に付けるものではないので適当ということである。
2＝【解答】
1）会ってください
2）安心してください
3）何とか都合をつけて

Lesson 2 グラフの作り方

円グラフは「数字が大きい順に」では？

▶秘書Aは，後輩秘書Dに最近調査したアンケートの結果を集計して円グラフを作成してほしいと頼みました。すると「円グラフを描くときは基線から数字が大きい順に項目を並べるのが正しいと記憶しているが，その方法でよいか」と尋ねてきました。Aはどのように答えればよいのでしょうか。

対処例 ○△×?…

「アンケートなどの場合は，用紙に書かれた質問項目順に，並べるようにする」と教えましょう。

スタディ !!

円グラフを描くときは円の頂点から中心点まで線を引きます。これを基線といい，そこから数字が大きい項目順に右回りに作図していきます（「その他」は数値に関係なく最後）。ただし，アンケートの場合は，「大変よい」「よい」「普通」「悪い」「大変悪い」などそこに記してある項目順に並べます。

円グラフの作り方

円グラフは，項目の構成比を表現するのに適したグラフです。円周の全体を100%として，構成項目の比率に応じて分割し，全体の構成比を扇形の大小で表現しようというものです。

円グラフは次の手順で作成します。

◆円グラフの作成手順

①構成項目の比率を求め角度に換算する。

例）構成項目A，B，C，Dをそれぞれ，A＝20%，B＝40%，C＝25%，

D＝15%とすると，角度は全体で360°なので，360°÷100＝3.6で，1%は3.6°となる。各項目の角度は，A＝3.6°×20＝72°，B＝3.6°×40＝144°，C＝3.6°×25＝90°，D＝3.6°×15＝54°となる。

②円を描き，基線を入れる。基線は円の頂点から中心点までの線（図①）。

③大きい比率のものから右回りに作図していく。

例）①の例では，B＝144°，C=90°，A＝72°，D＝54°の順に描くことになる。

ただし，アンケートなどでの調査項目は，項目の数値に関係なく「大変よい」「よい」「普通」「悪い」「大変悪い」などの順に並べる。また「その他」の項目は，数値に関係なく最後に書くとよい。

④構成要素と比率を扇形のスペースに書き入れる。

◆円グラフを作るときの留意点

◎項目を分かりやすくするために，色分けしたり斜線を引くなどする。

◎扇形の中に項目や数値を書き入れることができない場合は，引き出し線を使って円外に書いてもよい。

◎タイトルは円グラフの外に書くのが一般的だが，円グラフの中央に小さい円を描き入れ，その中に書いてもよい（図②）。

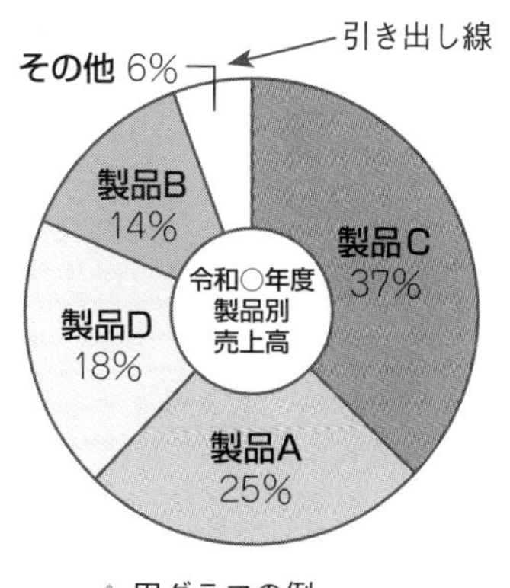

円グラフの例。

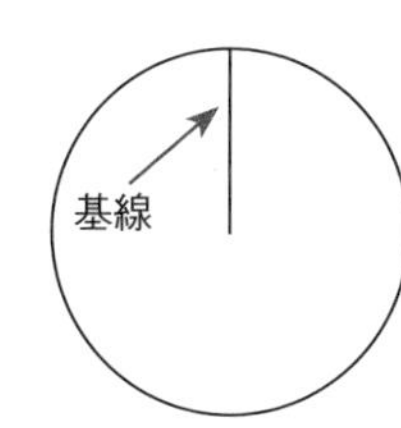

図①　円グラフの基線。

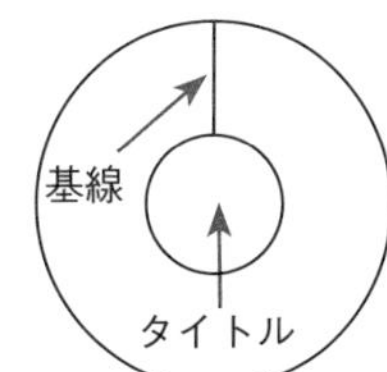

図②　中央にタイトルを入れる場合の基線。

グラフを作成するときに明記しなければならないのは，＜製品別売上の年度別比較○年〜○年＞などの「タイトル」と「調査年月日」です。他の資料を利用して作成する場合は，「調査機関」，「引用資料（出典）」も記入します。また，製品名や年度（年度別比較のグラフの場合）なども忘れないように記入します。

帯グラフの作り方

帯グラフとは，帯のような横長の長方形に構成項目を書き入れたグラフです。長方形の横の長さ全体を 100%として，構成項目の比率に応じて長方形を区切り，その帯の面積の大小で構成比を表現しようというものです。A 支店，B 支店，C 支店，D 支店の売上高の構成比を表したグラフを年度ごとに並べ，年度別比較をすることもできます。

帯グラフは，以下の手順で作成します。

◆帯グラフの作成手順

①構成項目の比率を求め，それぞれを帯の長さに換算する。

例）帯の長さを 100 ミリとして，構成項目 A，B，C，D がそれぞれ，A＝20%，B＝40%，C＝25%，D＝15%とすると，A＝20 ミリ，B＝40 ミリ，C＝25 ミリ，D＝15 ミリとなる。

②帯の左から構成項目の比率の大きい順に並べていく。ただし，年度別比較などで複数の帯グラフを並べる場合は，最初に並べた構成項目の順番に従ってそれ以降の帯グラフを作るようにする。

③それぞれの長方形の中に構成要素と比率を書き入れる。

④年度別比較の帯グラフの場合は，各グラフにある同じ構成項目の区切りの線と線をリーダーケイ（……）で結ぶと，変化がよく分かる。

◆帯グラフを作るときの留意点

◎帯全体の長さは端数のない区切りのよい数値にした方が分割しやすい。

◎円グラフと同様，項目の色分けをしたり，引き出し線を用いて工夫する。

前年度上期	C製品 25%	B製品 22%	A製品 17%	E製品 14%	D製品 10%	その他 12%
前年度下期	C製品 20%	B製品 16%	A製品 19%	E製品 20%	D製品 11%	その他 14%
今年度上期	C製品 26%	B製品 21%	A製品 20%	E製品 11%	D製品 12%	その他 10%

帯グラフの例。

SELF STUDY

過去問題を研究し
理解を深めよう！

POINT 出題 CHECK

グラフについては，「円グラフ」と「帯グラフ」の作成問題がコンスタントに出題される。グラフの「タイトル」や「調査年月日」，「引用資料（出典）」などの記入ミスがないように注意する。また数値の単位は全て「%」になる。この他，やや複雑な折れ線グラフを作成する問題も出題されることがあるので，3級で学んだ折れ線グラフや棒グラフも復習しておくとよい。

グラフ作成

次の表は，令和○年度におけるP社製品別売上高構成比率を示したものである。これをグラフにする場合，どのグラフが適切か。下の中から一つ選んで書け。（定規を使わずに書いてよい）

製品名	A製品	B製品	C製品	D製品
構成比率	19.8%	36.8%	15.9%	27.5%

①棒グラフ

②円グラフ

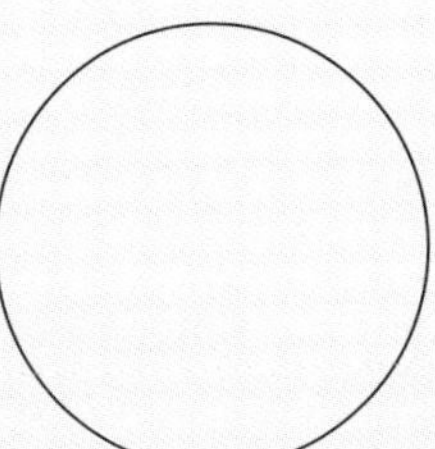

③帯グラフ

P社製品別売上高構成比率
（令和○年度）

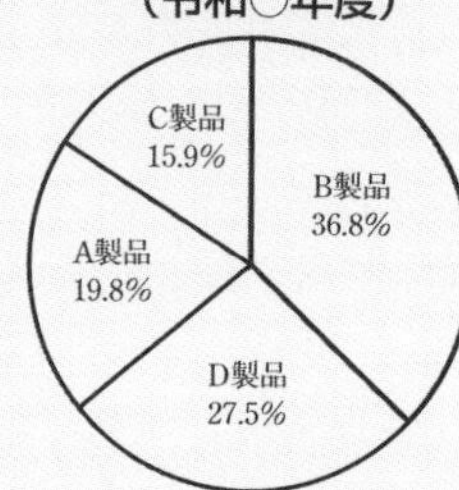

【解説】適切なグラフとなると構成の比較ができて分かりやすい円グラフとなる。並べ方は比率の大きい順に，右回りに書く。

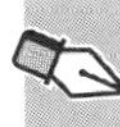

CHALLENGE 実問題

1 難易度 ★★☆☆☆

秘書Aは，上司から資料を渡されてグラフにするようにと指示されることがある。次は，その資料に応じてAが考えたグラフの種類である。中から不適当と思われるものを一つ選びなさい。

1) 令和２年度の営業所別売上高は，「折れ線グラフ」がよいのではないか。
2) 過去３年間における製品別売上高構成比の推移は，「帯グラフ」がよいのではないか。
3) 製品Qに関する使用満足度アンケート調査の結果は，「円グラフ」がよいのではないか。
4) 支社別の正社員と派遣社員の内訳が分かる従業員数は，「棒グラフ」がよいのではないか。
5) 昨年のお客さま相談窓口における問い合わせ数の月別推移は，「折れ線グラフ」がよいのではないか。

2 難易度 ★★★☆☆

次の表は，商品Y・W売上高の推移を示したものである。これを推移が分かりやすい一つのグラフにしなさい（定規を使わずに書いてよい）。

商品名＼年	令和２年	令和３年	令和４年	令和５年
Y	2,000	900	2,400	3,000
W	1,100	2,500	1,900	1,500

（単位：万円）

【解答・解説】１＝１）令和２年度の営業所別売上高をグラフにするのは，その年度の各営業所の売上高を比較するためである。「棒グラフ」は，その長さで金額の大きさを表すので分かりやすい。「折れ線グラフ」は，時間の経過に伴う推移を表すのに適したグラフなので不適当ということである。

２＝図参照。二つの商品の売上高の推移を分かりやすいグラフにするには，折れ線グラフがよいということになる。タイトル，単位，基点を表す０などの記入漏れに注意。

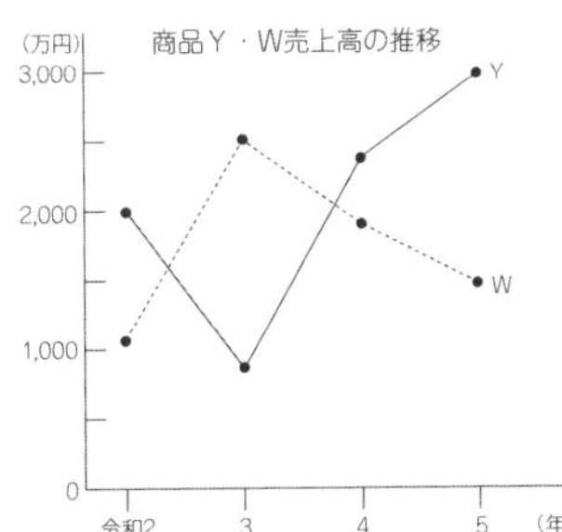

SECTION 3

文書の取り扱い

Lesson 1 受発信業務と「秘」扱い文書

「秘」扱い文書はどのように扱うの？

秘書Aは上司から，「秘」扱い文書を社内の各部長に配布するように指示されました。この場合，Aはどのように配布すればよいのでしょうか。

対処例 ○△×?…

封筒の部長名の脇に「親展」と書いて持って行き，そのとき「文書受渡簿」に受領印をもらうとよいでしょう。

スタディ !!

重要文書の受け渡しですから，渡したときに必ず受領印をもらうようにします。また，「親展」とは，宛名人が開封するように求める言葉です。部長自身が開封するように必ず「親展」と書きます。

文書の受信と発信

秘書の元には毎日，多くの上司宛ての文書が届きます。秘書はこれらの文書を整理して適切な方法で上司に渡さなければなりません。また，上司の指示で文書を取引先や関係者に発信することも日常的にあるため，文書の受発信業務について適切な知識を身に付けておくことが大切です。

●受信業務のポイント

受信文書には，業務用の文書と，個人的な手紙である「私信」があります。受信文書を上司に渡すときは，「開封して渡す文書」と「開封しないで渡す文書」に分けますが，「私信」は全て開封しないで渡します。

また，私信以外にも開封してはいけない文書があります。それらの区別と文書を取り扱う際の留意点は以下の通りです。

◆開封しないで上司に渡す文書

◎封筒に差出人側の社名がない文書は私信と見なして開封しないで渡す。

◎封筒に印刷された社名が二本線で消されていて，業務用の文書か私信か不明な文書は開封しないで渡す。その他，迷うときは私信扱いにする。

◎業務用の文書でも「書留」や，「親展」と記された文書は開封しないで渡す。

◎「秘」扱い文書も開封しないで渡すが，通常「秘」扱い文書は「親展」となっている。

◆開封文書を扱うときの留意点

上記以外の文書は開封して渡すが，その際以下のことに留意する。

◎開封して渡すときは，取り出した文書の後ろに封筒をクリップで留めて渡す。

◎「速達」扱いの郵便物や，文書に「至急」などと記してあるもの，重要文書と思われるものを上にして渡す。

◎こちらが出した往信文書に対する返信の場合は，往信文書の控えを添付して渡す。

◎要約が必要な長い文書は，重要な部分や注意すべき部分にアンダーラインを引いたり，要点をメモしたものを添付して渡す。

◎請求書や見積書は計算違いがないか検算して渡す。

◎取引先のパーティーの案内状などは，当日のスケジュールのメモを添付して渡す。

◎異動や就任，事業所移転のあいさつ状などは，名簿や名刺の変更部分を訂正してから渡す。

◎上司宛てでも，その文書に関する担当者がいる場合は直接担当者に渡す。

◎上司が興味を持っていないと思われるダイレクトメールなどは廃棄する。

●発信業務のポイント

秘書は上司の手紙を清書したりパソコンで文書を作成し，それを取引先や関係者に発信することになりますが，文書を発信する際は以下のことに留意します。

◆発信するときの留意点

◎封はホチキスなどで留めたりしないで，必ずのり付けして出す。

◎親展や儀礼的な社交文書などを出すときは，封じ目に「〆」の印を書くか，封印を押す。

◎切手を貼るときは，きちんと重量を測って正確な料金を算出し，過不足のないように注意する。特に，料金不足のときは受取人が不足分を支払うことを心得ておかなければならない。

「秘」扱い文書の取り扱い

「秘」扱い文書をコピーして配布したり，社外に発送したりすることもあります。取り扱う際には以下のようなことに留意しておきましょう。

◆社内で取り扱うときの留意点

◎個人宛てに渡す場合は，封筒に「親展」と書いて渡す。封筒に「秘」の印を打ったりして，中に「秘」扱い文書があることをわざわざ知らせるようなことをしてはいけない。

◎他部署に渡すときは，文書受渡簿に文書名と相手先を記入する。それを「秘」扱い文書と一緒に持参して，渡したときに相手から受領印をもらう。

◎配布するときは，各文書に通し番号を入れ，配布先と通し番号を記録する。また，渡すときには必ず受領印をもらう。

◎配布するときに，口頭で「秘」扱い文書であることを相手に話したりしない。話すと周囲に漏れる恐れがある。

◎事前に電話で相手の在席を確認し，できるだけ直接本人に渡すようにする。本人が不在のときは秘書に渡す。

◎コピーするときには，誰もいないときを見計らって取る。

◎コピーは必要な枚数だけ取る。ミスコピーは，保管したりせずにシュレッダー（文書細断機）で処理するか焼却する。

◎紛失すると困るからといって，貸し出すときにコピーして貸し出したりしない。コピーすればその分漏れる機会が増えることになる。

◎コピーした文書を回収するときは，回収後にコピーした枚数と記入した通し番号とを照合してから廃棄する。

◎ファイルして保存するときは一般の文書とは別にし，鍵のかかるキャビネットや耐火金庫などで管理する。

◎廃棄するときは，シュレッダーにかけて確実に処分する。手で破いてごみ箱に捨てるようなことはしない。

◆社外に発送するときの留意点

◎必ず二重封筒にし，「親展」と記して発送する。内側の封筒には「秘」の印を押し，それが外から見えないようにさらに別の封筒でカバーする。

◎受発信簿に記録することを忘れないようにする。

◎郵送する場合は，書留あるいは簡易書留にする。発送後すぐ相手に電話し，「秘」扱い文書を送ったことを伝えておく。

◎発送する文書にも通し番号を付け，誰に送ったか分かるようにしておく。

その他文書の取り扱いの留意点

領収書や契約書なども文書の一つです。これらの文書については次のようなことにも留意します。

◆料金を支払ったときは必ず領収書をもらうようにする。

◎領収書は正式に書いてもらう方がよいが,レジでプリントしたものでもよい。

◎領収書には，金額と日付が正確に入っているか確認する。

◎5万円以上の領収書には，発行者に必要な収入印紙を貼って消印してもらうようにする。

◎金額が間違っていることに気付いたら，発行者に訂正させて訂正印を押してもらうか，新しく発行してもらう。

◆契約書などに押す印鑑についての知識を持つ。

◎契約書に関しては,「実印」,「訂正印」,「捨て印」,「割り印」,「消印」など印鑑の知識を身に付けておく。

※印鑑の知識は，第3章 SECTION1 Lesson2「印鑑に関する用語」を参照。

用紙のサイズ

用紙サイズの違うものを統一してコピーする場合など，用紙のサイズについての知識も心得ておく必要があります。用紙のサイズは，基本的にはA判とB判があり，よく使う用紙はA4判です。A4判を二つ折りにしたのがA5判，それを二つ折りにしたのがA6判，A4判を2倍の大きさにしたものがA3判，その倍がA2判という関係になっています。B判も同じ関係になります。

用紙と列番号の関係

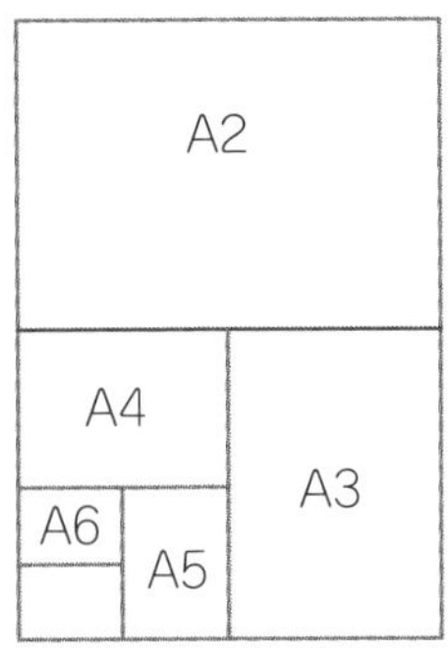

用紙の列番号の寸法

B判		A判	
列番号	寸法（mm）	列番号	寸法（mm）
B0	1,030 × 1,456	A0	841 × 1,189
B1	728 × 1,030	A1	594 × 841
B2	515 × 728	A2	420 × 594
B3	364 × 515	A3	297 × 420
B4	257 × 364	A4	210 × 297
B5	182 × 257	A5	148 × 210
B6	128 × 182	A6	105 × 148

SELF STUDY

過去問題を研究し
理解を深めよう！

POINT 出題 CHECK

「受発信業務と『秘』扱い文書」では「秘」扱い文書に関する出題が多いが，社内外での取り扱い方のポイントを押さえておけばだいたい解ける。「上司に渡す文書」に関しては書留類の渡し方がよく問われる。渡すときの留意点はしっかり学習しておくこと。またこの他，領収書の扱いや印鑑の知識，用紙の知識を問う問題も時折出題される。

●次のような間違えやすい問題に注意しよう !!

- **●「秘」扱い文書を紛失しないようにコピーして渡す→×紛失しないように用心するのはよいことだ（コピーすれば情報が漏れる機会が増える）**
- **●現金書留は中を確認して，受信簿に記入して渡す→×幾ら入っているか確認したり受信簿に記録するのはよいことだ（現金書留は開封しない）**

✿「秘」扱い文書 ①

「秘」扱い文書の扱い方を教えたものである。

○　①保管するときは一般文書と別にし，鍵のかかるキャビネットにしまう。

○　②配布したコピーを回収するときは，回収後，コピーした数と照合してから廃棄すること。

×　③貸し出すときは，紛失すると困るので，コピーしたものを渡すこと。

③コピーを取れば漏れる機会が増えることになるので，安易にコピーして渡してはいけない。

✿「秘」扱い文書 ②

「秘」扱い文書を配布したとき行ったことである。

○　①封筒の表に配布先名と，親展と書いた。

○　②本人に直接手渡し，受領印をもらった。

×　③渡すときに，口頭で「秘」扱い文書であることを伝えた。

③「秘」扱い文書は，受け取る人が「秘」と分かればいいことで，他の人には分からない方がよい。従って渡すときに口頭で「秘」扱い文書と言うのは，他の人に分かる可能性があるので不適当である。

上司に渡す文書 ①

上司宛ての文書を上司に渡したときに行ったことである。

○ ①会社名などがなく，差出人の住所氏名が手書きのものは，開封せずにそのまま渡した。

○ ②速達と表示してあるものは，開封して，他の郵便物の上に乗せて渡した。

× ③現金書留は，受信簿に記入した後開封し，金額を確認してから渡した。

③現金書留は開封してはいけない。

上司に渡す文書 ②

上司宛ての文書を上司に渡したときに行ったことである。

○ ①上司宛てでも，内容によっては上司の目を通さず担当者に渡している。

○ ②簡易書留は，親展の表示がなくても開封しないで上司に渡している。

× ③異動や就任のあいさつ状は，訂正した名刺や名簿を添えて上司に渡している。

③名刺や名簿を訂正したことを上司に見せる必要はない。

領収書の扱い

領収書の金額が，正しいのは 25,000円なのに，20,000円となっていた。

○ ①発行者に金額を訂正してもらい，発行者の訂正印を押してもらう。

○ ②自分で金額を訂正して，発行者に訂正印だけ押してもらう。

× ③自分で金額を訂正して，訂正印は自分のものを押しておく。

③自分の訂正印を押したのでは領収書を発行した人の証明にはならない。

印鑑の知識

「印」について説明したものである。

○ ①重要書類に，登録されている印影として押す印を，「実印」という。

× ②印を押したが印影が薄くてはっきりしないとき，欄外に改めてはっきり押す印を，「捨て印」という。

②「捨て印」とは後日の訂正を考え念のために欄外に押す印のこと。

用紙の知識

「大きさ」について述べたものである。

× ① A4判の大きさを半分にしたものを，「B4判」という。

① A4判の大きさを半分にしたものは A5判という。

CHALLENGE 実問題

1 難易度 ★★★☆☆

次は秘書Aが,「秘」扱い文書を関係者に配布したときに行ったことである。中から不適当と思われるものを一つ選びなさい。

1）文書に「秘」の印を押して，通し番号を付けた。
2）番号と配布先名を文書受渡簿に控えた。
3）封入する前に，封筒に配布先を書いて,「親展」のスタンプを押した。
4）本人に直接渡すために，秘扱い文書を持って行くことを自席の内線電話で伝えた。
5）渡すときは封筒のまま渡し，受領印をもらった。

2 難易度 ★★★☆☆

次は秘書Aが，上司に関する受発信事務について心がけていることと，最近行ったことである。中から不適当と思われるものを一つ選びなさい。

1）上司にはDMがたくさん来るが，上司に関心があると思われるものだけ開封して渡している。
2）上司宛ての郵便物のうち，開封した文書には目を通し，上司でなくても処理できるものは担当者に渡している。
3）上司宛ての郵便物でAも分かっている内容のものだったが，表に親展と書かれていたので開封せずに渡した。
4）上司から，出張中に世話になったので礼状を出しておくように言われたとき，いつまでに出せばよいか確認した。
5）上司から，参加する経営研究会の会費を送金するようにと関係書類を渡されたとき，期限はまだ先であったがすぐに手配した。

【解答・解説】1＝4）「秘」扱い文書は，存在そのものも知られないようにするのが扱い方の基本である。それを4）のように自席の内線電話で伝えたのでは，周りの人に知られてしまう恐れがあるので不適当ということである。
2＝4）出張で世話になったことへの礼状は，なるべく早く出すのがよい。それなのに，いつまでに出せばよいかと期限を確認するなどは不適当ということである。

Lesson 2 郵便の知識

アンケート調査で経済的な返送方法は？

秘書Aは上司から，「取引先500社を対象にアンケート調査を行うが，回収率は15％程度と予想されるので，経済的な返送方法で回収してもらいたい」と指示されました。このような場合，Aはアンケート用紙を郵送するときどのようにするのがよいのでしょうか。

対処例 ○△×?…

アンケート用紙を郵送するとき，料金受取人払の手続きをした封筒を中に入れるようにします。

スタディ !!

「料金受取人払」は，郵便の受取人が受け取った郵便物の数だけ，料金を支払う郵便です。つまり，返信を受けた分のみ料金を支払えばよいので，この場合最も経済的な返送方法ということになります。

はがきと封書の知識

ここでは，秘書として扱うことの多い「はがき」や「封書」の基本知識を身に付けます。

また，会議やパーティーなどの出欠の返信用はがきの書き方，縦書き式や横書き式の書き方など，秘書として心得ておくべき基本をマスターしておきます。

●はがきの知識

はがきについては以下のような基本知識を心得ておきます。

◆はがきの種類

◎日本郵便が販売するはがきには，料額印面（切手に相当する部分）が印刷してある「通常はがき」，「往復はがき」がある。

◎日本郵便が販売するはがき以外には，切手を貼って出す一般の「通常はがき」，「往復はがき」がある。

◎はがきは，第二種郵便物に分類される。

◆はがきの通信面の利用範囲

◎通常は，はがきの裏面に通信文を書く。

◎はがきの表面も，下半分など宛て名が分かる範囲なら書くことができる。

◎はがきのサイズを超えない範囲で，合計の重さが6g以内であれば，薄い紙やシールなどを貼ることができる。ただし，貼り付けるものは，はがきに密着していることが必要。

◆「返信用はがき」の書き方

◎返信用はがきの表面の「株式会社 中谷商会　行」となっている「行」を二重線で消し，「御中」とする（図①）。

◎返信用はがきの裏面の「御出席」，「御欠席」の該当しないものを二重線で消す。例えば，出席する場合には，「御欠席」を二重線で消し，「御出席」の「御」，「御住所」の「御」，「御芳名」の「御芳」を二重線で消す（図②）。「出席」は丸で囲んでも囲まなくてもよい。

◎出欠どちらの場合も「喜んで（出席）させていただきます」「残念ですが出張のため（欠席）させていただきます」などと一言添える。

◎断る場合は「出張のため」，「所用のため」，「既に予定が入っているため」などと相手が納得する理由を書くのが礼儀。「時間がないので」とか「忙しいので」と書くのは失礼になる。時間は，つくろうと思えば何とかやりくりしてつくれるからである。

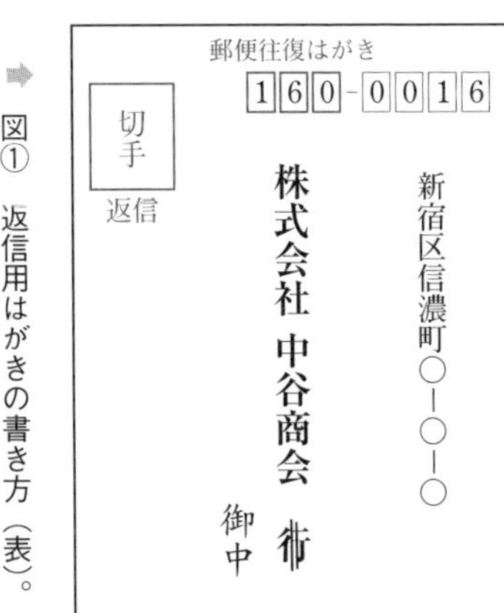

図① 返信用はがきの書き方（表）。

新会社設立披露宴

御出席

喜んで
させていただきます。

御欠席

御住所 153-0043
東京都目黒区東山○-○-○

御芳名
三井 隆史

図② 返信用はがきの書き方（裏）。

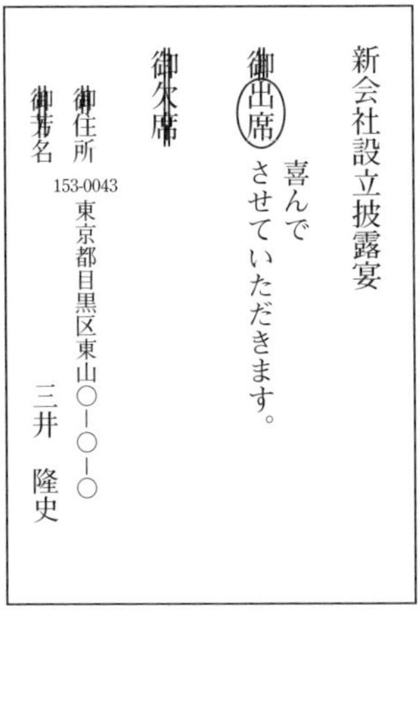

●封書の知識

封書については，関連知識として定形・定形外郵便物，郵便書簡など，第一種郵便物（封書）の知識と，封筒の表書きの書き方を心得ておきましょう。

◆第一種郵便物の種類

◎第一種郵便物には，定形郵便物，定形外郵便物，郵便書簡がある。

◎定形郵便物は，長さ14～23.5cm，幅9～12cm，厚さ1cm以内，重量50g以内の郵便物。その範囲を超えたものが定形外郵便物になる。

◎郵便書簡は，「ミニレター」といい，はがきの3倍の通信文を書くスペースがある封筒兼用の便箋である。表面には、はがきと同様に料額印面が印刷してあるので切手を貼る必要はない。写真など薄い物は同封することができるが、重さが25ｇを超えると定形外扱いとなり，定形外郵便物の料金が必要となる。

◆封筒の表書きの書き方

◎縦書きと横書きの２種類の書き方がある。

◎縦書きの場合には図③のように宛先を書く。

◎横書きの場合には，封筒を縦位置に置く縦長式（図④）と横位置に置く横長式（図⑤）があり，横長式では切手を貼る位置が右上にくるように封筒を置くことがポイント。

◎切手の下は消印のスペース用に空けておく。

◎ホテルなどに滞在している人に送る場合は，ホテルの住所を書いた後に「○○ホテル気付（きづけ）」と書き，改行して相手の名前を書く（図⑥）。

図③　縦書き。

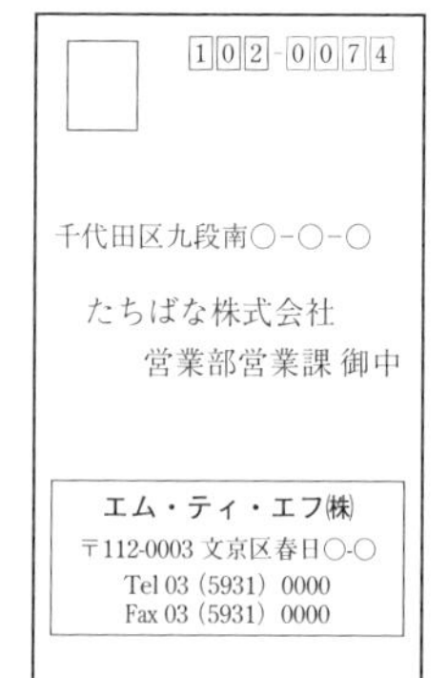

図④　横書き（縦長式）。

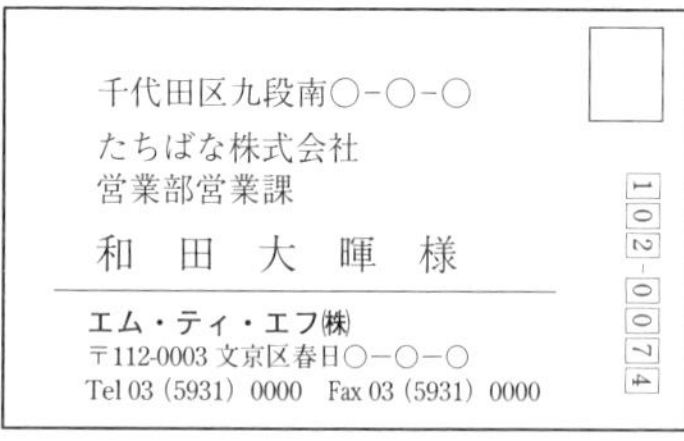

図⑤　横書き（横長式）。

◆封筒に「親展」などの外脇付（わきづ）けや「写真在中」，「履歴書在中」，「請求書在中」などの内容表示語を入れる場合は，図⑦⑧のような位置に入れる。

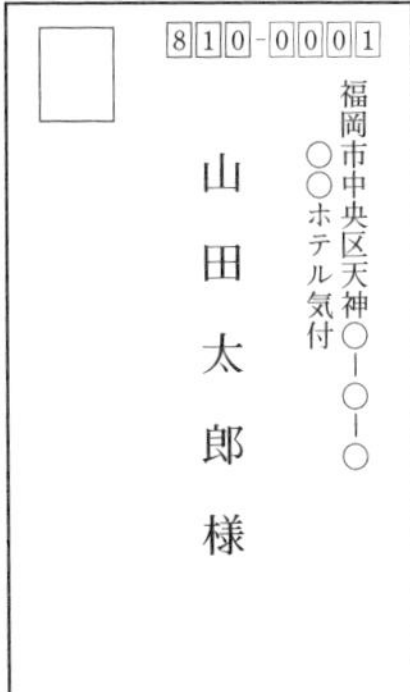

図⑥　ホテル宛ての表書き。

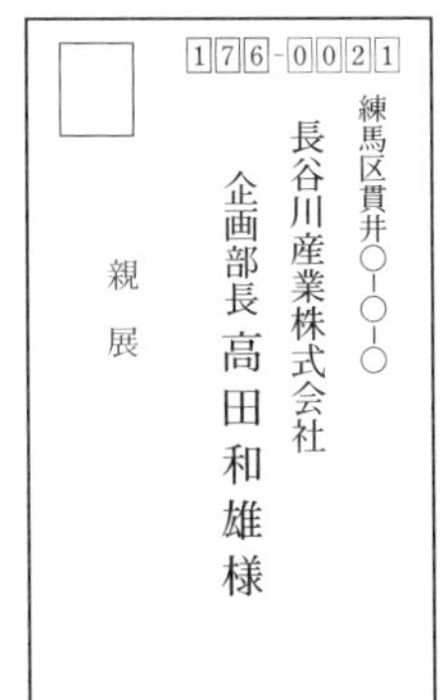

図⑦　外脇付けの位置。

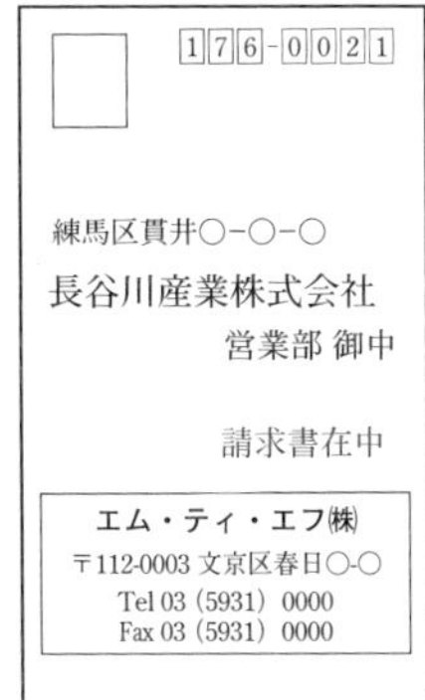

図⑧　内容表示語の位置。

郵便小包と特殊取扱郵便物

重量があるものやかさばるものを送る方法や，よく利用する速達や書留などの特殊取扱郵便物に関する知識も心得ておきます。

●郵便小包の知識

郵便小包とは，第一種郵便では送れないようなもの，定型外郵便で送れば割高になる重量があるものやかさばるものを送るときに利用します。

郵便小包には「ゆうパック」の名で呼ばれる一般小包，冊子などを送るときに利用する「ゆうメール」，信書と荷物を同時に送れる「レターパック」などがあります。

郵便小包を利用するときは以下の点に留意します。

- **◆ゆうメールは，急ぐときには「速達」に，重要なものを送るときには「書留」にすることができる。なお，信書は入れることができないが送り状（添え状）はよい。**
- **◆ゆうメールは書籍やCD・DVD，カタログなどを送る場合に利用する。中身が確認できるように封筒の一部を開封する。「ゆうパック」で送るより割安となる。ゆうメールで大事な本を急いで送りたいときは，簡易書留の速達扱いにするとよい。**
- **◆レターパックは，A4サイズで4kg以内のものを専用の封筒に入れると，ゆうパックより安く送れ，ポストにも投函できる。専用の封筒は事前に購入する。信書を入れることができる。**

●特殊取扱郵便物の知識

郵便物を以下のような特殊取扱郵便物として送ることができます。その場合は，通常の料金に特殊取扱料金が加算されます。

◆速達扱いにする。

郵便物を早く送りたいときは，「速達」扱いにする。

◎郵便物の右上部（横長式の場合は右側下部）に赤線を引くか，赤で「速達」と記入する。

◆書留扱いにする。

重要なものを送る場合は，書留を利用する。郵便物を引き受けたときと，配達した際の記録が残るので，確実に届けることができる。また，万が一事故などで届かなかった場合は損害賠償が受けられる。

◎書留には，「現金書留」，「一般書留」，「簡易書留」の３種類がある。

◎「現金書留」は，現金を送るときに利用する。専用の封筒（有料）に現金を入れるが，紙幣だけでなく硬貨も送ることができる。封筒の中には，現金のほか通信文なども入れられる。

◎現金書留は，万一の場合は，最高 50 万円までの実損額が補償される。

◎現金書留の封筒には，現金を入れた香典袋や祝儀袋をそのまま入れて送ることができる。

◎「一般書留」は手形や小切手，商品券など，現金以外の高額な有価証券を送るときに利用する。

◎「簡易書留」は，「秘」扱い文書や生原稿等，重要な文書などを送るときに利用する。５万円以下の有価証券を送る場合は，一般書留より割安である。

◆速達と書留は両方利用することができる。

◎重要な文書を急ぎで出したいときには，「簡易書留」にして，「速達」扱いにすると速く確実に届けることができる。

◆速達はポストに投函して出すことができるが，書留類は郵便局に出向いて差し出し，受領証をもらわなければならない。

◆その他の特殊取扱について。

書留（簡易書留を除く）扱いにしたときのみ，以下の特殊取扱を利用できる。

◎「引受時刻証明」の利用。郵便物を差し出した時刻を証明するもの。

◎「配達証明」の利用。郵便物を配達した年月日を証明するもの。

◎「内容証明」の利用。どういう内容の文書を差し出したかを証明するもの。

大量郵便物の発送

郵便物を大量に送る場合は，以下のような日本郵便の郵便制度を利用すると，切手を貼る手間が省けて便利なほか，料金が割安になったりします。

◆料金別納郵便

料金が同じ郵便物を，同時に10通以上（一般小包は1個からでもよい）出すときに利用する。

◎事前に取扱事業所の承認を受けて右図のようにスタンプを押すか，印刷しておく。切手を貼る手間が省ける利点がある。

◎料金はまとめて窓口で支払う。

差出郵便局名
料金別納
郵　便

◆料金後納郵便

毎月50通以上の郵便物を出す場合に利用できる。

◎料金別納郵便同様，事前に取扱支店の承認を受けて，右図のようにスタンプを押すか印刷しておく。料金は翌月末日までに現金で納付することになっている。

差出郵便局名
料金後納
郵　便

◆料金受取人払

アンケートなどで，相手側に料金負担をかけずに返信をもらいたいときに利用する。

◎利用する際は，あらかじめ取扱事業所の承認を受けて，右図のような表示をしておく。

◎受取人は返信を受けた分だけの郵便料金を支払う。

料金受取人払
新宿北局承認
903
差出有効期間
令和○年12月
15日まで

◆郵便区内特別郵便物

同じ差出人が，同じ形・重さ・取り扱いの郵便物を同時に100通以上，同一郵便区内に出す場合に利用でき，料金が割安になる。

◎大きさ，重さに制限があり，料金の支払方法は，料金別納か料金後納（または料金計器別納）になっている。郵便物には支払方法の表示とともに「郵便区内特別」の文字を表示する必要がある。

◆儀礼を重んじる社交文書を出す場合は，「料金別納郵便」や「料金後納郵便」など，大量郵便物の発送制度を使ってはいけない。料金別納郵便などは，いわば郵便の略式による送付方法なので，形を整えた社交文書では郵送時も1通ごとに切手を貼って出すことになる。

SELF STUDY

過去問題を研究し
理解を深めよう！

POINT 出題 CHECK

「郵便の知識」では返信用はがきの書き方や封筒の表書き，郵便一般に関することが出題される。郵便一般に関しては，書留と速達の知識，大量郵便物の出し方についてよく問われるので重点的に学習しておくことが大切。それ以外は基本さえ押さえておけば解ける問題である。

返信用はがきの書き方

右図は返信用はがきの住所と氏名を書く部分であるが，以下はどのように書けばよいかの説明文を５つに区切ったものである。

○　①まず，「ご住所」の「ご」を消して，
○　②その下に，会社の所在地を書く。
×　③次に，「ご芳名」の「ご」を消して，
○　④その下に，上司の名前だけを書く。
○　⑤このとき，上司の役職名は書かない。

ご住所
ご芳名

③芳名は相手の名前の尊敬語である。ご芳名はそれにさらに「ご」を付けた慣用語である。従って，返信する場合は「ご」と「芳」の両方を消すことになる。

封書の表書き ①

ABCホテルに長期宿泊している上司（山田一郎）に封書を送るときに住所と名前を書いたものである（部分）。抜けている□部分を記入しなさい。

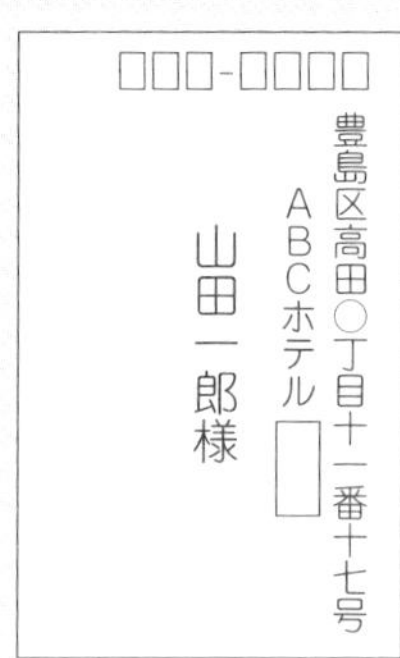

□部分＝気付

【解説】郵便物や荷物などを相手の住所に送らないで，宿泊先や連絡場所に送る場合，注意してもらいたいという意味で□部分には「気付」と書く。位置は宛先の最後である。

封書の表書き ②

下記の宛先へ「親展」で出すように指示された。格式を重んじて書きなさい。

切手
□□□-□□□□

〒 169-0075
東京都新宿区高田馬場 1-4-15
㈱早稲田ビジネスサービス
田中一郎総務部長

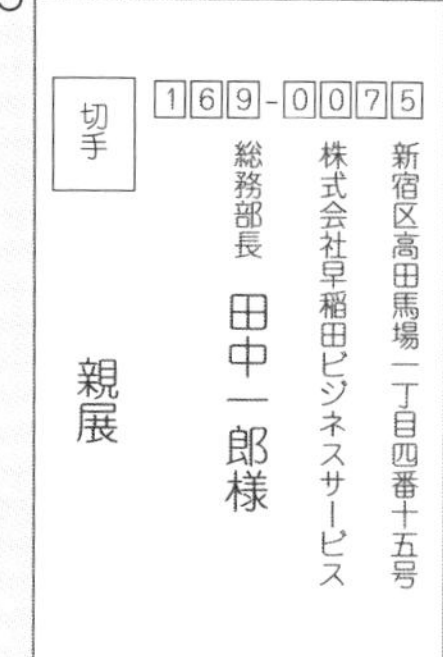

【解説】格式を重んじるのだから住所の算用数字は漢数字にし，㈱は株式会社とする。田中一郎総務部長は，総務部長 田中一郎様として，名前の部分を大きく書く。

郵便一般 ①

新人秘書が行った郵送方法である。

○　①締切日が迫っている原稿を，簡易書留で速達にして送った。
○　②世話になった人へ礼状を添えて，ギフト券を一般書留で送った。
×　③祝賀パーティーの招待状を，数が多かったので料金別納郵便で送った。

③祝賀パーティーの招待状は，格式を重んじた内容になっているので，送る方法もそれに準じなければならない。料金別納は郵送料納付を簡略化するためのものなので不適当。1 通ごとに切手を貼って送る。

郵便一般 ②

上司に10万円分の商品券を送ってもらいたいと言われた。どのような郵送方法を選べばよいか。

×　①速達
○　②一般書留
×　③現金書留
×　④簡易書留

①急ぎでない場合は使わない。②一般書留は，郵便局に差し出すときと相手に届けたときの記録が残されるので，確実に届けられる。万が一届かなかった場合も 500 万円までを上限とした実損額を補償してくれるので，商品券などを送るときに利用する。③現金書留は，現金を送る時にしか使えない。④簡易書留は原稿などの重要文書か，5 万円以内の有価証券を送るときに利用する。

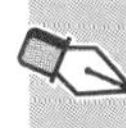

CHALLENGE 実問題

1 難易度 ★★★☆☆

次は秘書Aが，郵送しようとして書いた封筒の表の一部である。枠内の下線部分に入る適切な用語を漢字２文字で答えなさい。

1）実家の「田中宅」に帰省している先輩の松本由美さんに，書類を送るとき。

> 田中＿＿＿
> 松本由美様

2）グランドホテル1120号室に「滞在」している山田一郎部長に，資料を送るとき。

> グランドホテル＿＿＿1120号室
> 山田一郎様

3）上司の恩師である佐藤和夫氏に，上司が賀寿の祝いで撮った「写真」を送るとき。

> 佐藤和夫先生
> 写真＿＿＿

4）㈱ＡＢＣ商事の中村恵子総務部長に，「本人に直接開封してもらいたい」資料を送るとき。

> 株式会社ＡＢＣ商事
> 総務部長 中村恵子様
> ＿＿＿

2 難易度 ★★★☆☆

次は秘書Aが行った，郵便の送り方である。それぞれの（　　）内に適切な用語を書き入れなさい。

1）祝賀パーティーの招待状300通を送るとき，（　a　）扱いにはしないで，手間はかかったが１枚ずつ（　b　）用の切手を貼った。

2）取引先の部長に秘文書を送るとき，部長本人に開封してもらうために（　a　）と書き，（　b　）書留にした。

【解答・解説】1＝1）様方　2）気付　3）在中　4）親展
2＝〔解答例〕
1）a　料金別納　　b　慶事・慶祝
2）a　親展　　b　簡易

SECTION 4

資料管理

Lesson 1 ファイリングと各種資料の管理

株主総会の議事録はどこにあるの？

秘書Aは上司から，昨年の株主総会の議事録を確かめたいので借りてくるようにと指示されました。このような場合，Aはどの部署に借りに行けばよいのでしょうか。

対処例 ○△×?…

総務部に行って借りてくればよいでしょう。

スタディ 💡!!

株主総会は，株主がその会社全体の運営について審議し決定する会合です。このような会社全体のことについての事務を行う部署は総務部なので，株主総会の議事録を借りるのなら総務部へ行きます。

書類の整理法

書類を整理するときは，後から捜しやすい方法で整理するのが原則です。書類の整理法としては，「相手先別整理」，「主題別整理」，「標題別整理」，「一件別整理」，「形式別整理」などがありますが，整理する書類によって最もふさわしい整理法を選ぶ必要があります。例えば，カタログを整理するのに，送ってきた相手ごとにまとめる相手先別整理をしていると，プリンターの購入を検討する場合に，相手先別の各社のフォルダー（資料などをまとめておく書類挟み）を全部チェックしてプリンターのカタログを集めなければなりません。また，検討し終わった後も全てのカタログを相手先別に振り分けていかなければなりません。この場合，カタログを「パソコン」，「スキャナー」，「プリンター」など商品の主題別（テーマ別）に分類・整理していたら，そのような苦労はなく，「プリンター」のフォルダーから全てのカタログを取り出して検討し，終了したらそのまままとめて「プリンター」のフォルダーに収納すれば済みます。

では，なぜカタログは主題別整理をした方がよいのでしょうか。カタログとはその会社が取り扱っている商品を紹介した冊子などのことです。そして，一般に，その会社がどのような商品を取り扱っているか全商品を調べるということはほとんどありません。もしそのようなことがしばしば起こるのであれば，相手先別整理がよいでしょう。しかし，カタログを利用するのは，特定の種類の商品を調べたり，比較・検討する必要があるときです。となれば，その特定の種類の商品ごとに，つまり「プリンター」や「パソコン」など商品の主題ごとにまとめた方がよいということになります。

仕事で扱うさまざまな書類を適切に整理できるように以下の整理法の特徴をつかんでおきましょう。

◆「相手先別整理」の特徴

◎会社別，部署別，個人別など相手先別に書類を整理する方法。

◎手紙などは，相手とのやりとりがよく分かり，照会に対する回答などのいきさつが把握できるので，この整理法が便利。

◎相手先のフォルダーを分類するには，五十音順やアルファベット順などの方法がある。

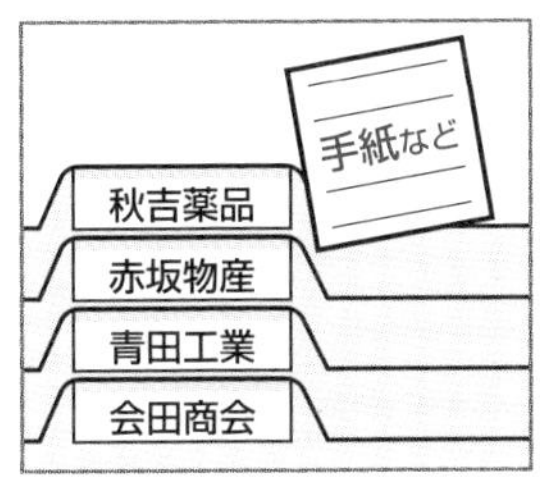

相手先別整理の例。

◆「主題別整理」の特徴

◎書類や資料の内容に着目してテーマ別にまとめる整理法。

◎書類内容を特定のテーマで捜す場合に適している。

◎文献の分類，新聞や雑誌の切り抜きの分類，商品カタログの分類などに用いる。

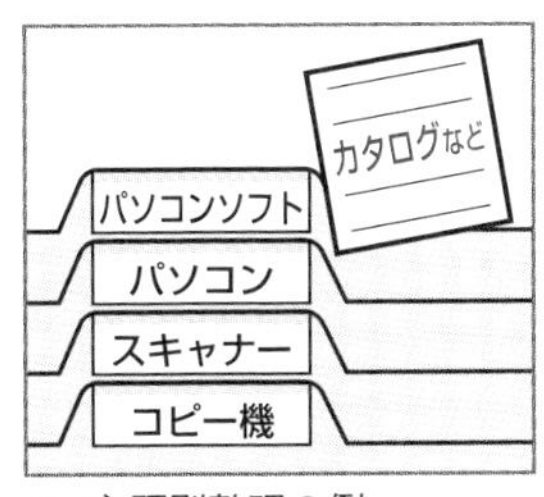

主題別整理の例。

◆「標題別整理」の特徴

◎書類の標題をそのままタイトルにして整理する方法。

◎請求書や見積書などの帳票を管理するときに便利。帳票が多い場合には，月ごとに分けて整理する。

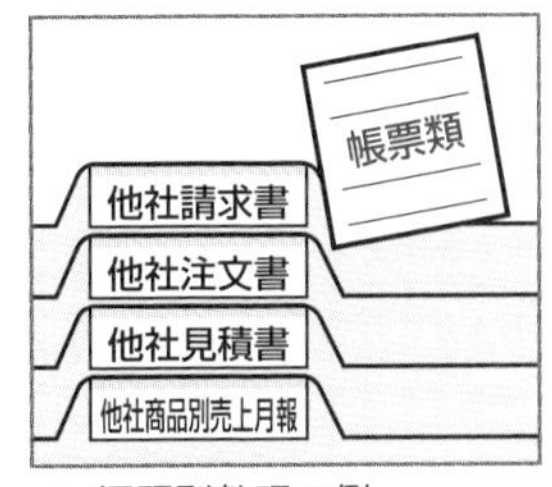

標題別整理の例。

◆「一件別整理」の特徴

◎一連の工事や特定の取引，各種行事などを一件の完結したものとしてまとめる整理法。

◎「本社社屋新築事業」,「20 周年記念式典」などを一件別ごとにまとめて整理し，それに関する資料が全て分かるようにする。

◎量が多い場合は，①②と番号を付けて幾つかのフォルダーに分けて収納する。

一件別整理の例。

◆「形式別整理」の特徴

◎文書の形式をタイトルとしてまとめる整理法。

◎暑中見舞いや年賀状，あいさつ状などをタイトルにしてまとめる。

◎年賀状や暑中見舞いなどは，こちらから出すときに参照すると，相手のことを具体的に思い出したり，出し忘れがないかチェックできる利点がある。

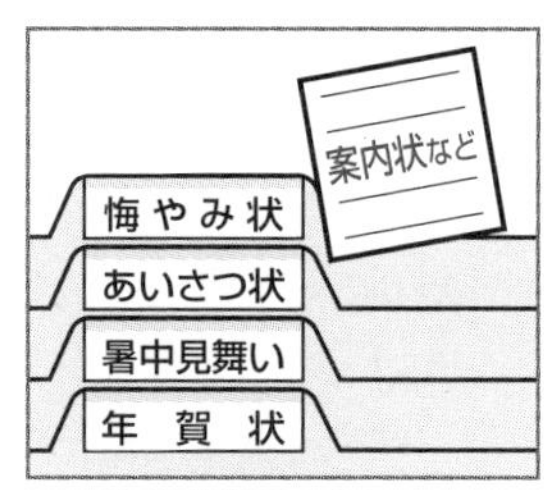

形式別整理の例。

バーチカル・ファイリングの実際

書類の整理法が決まったら，書類をファイルして必要なときにいつでもすぐ取り出せるように管理します。書類の管理でよく用いられているのがバーチカル・ファイリングです。

●バーチカル・ファイリングについて

バーチカル・ファイリングとは，書類をとじないでフォルダーに挟（はさ）み，そのフォルダーをキャビネットの引き出しに垂直に立てて収納する方法です。ちなみに「バーチカル」とは「垂直」という意味です。

また，引き出しに設置されたハンギング・フレームという枠にフォルダー（ハンギング・フォルダー）のツメをかけてつるして（右図上）キャビネットの引き出しに収納する方法をハンギング式バーチカル・ファイリングと呼びます。

バーチカル・ファイリングには次のような特長があります。

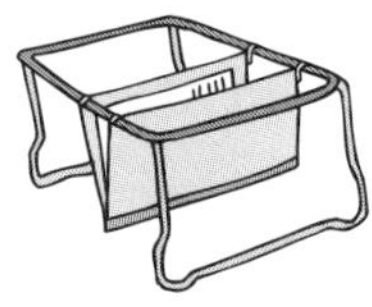

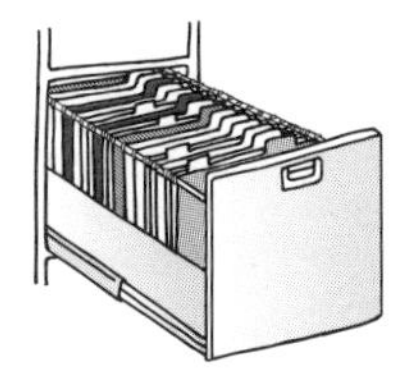

ハンギング式の例。上の枠とハンギング・フォルダーが下のキャビネットの引き出しに設置されている。

◆書類に穴を開けたりとじたりする手間が省ける。

◆書類の増減に対応でき，書類を出し入れするのが簡単。

◆フォルダーにはとじ具がなく，厚紙を二つ折りしただけなのでかさばらず，効率的に収納することができる。

●バーチカル・ファイリングの用具

バーチカル・ファイリングで使用する用具には，「フォルダー」，「ガイド」，「第2ガイド」，「貸出ガイド」，「フォルダーラベル」，「キャビネット」などがあります。

◆フォルダーとは，厚紙を二つ折りした書類挟みのこと。キャビネットにフォルダーを納めるときには折り目を下にして，垂直に立てる。ハンギング式バーチカル・ファイリングに使用するハンギング・フォルダーにはフォルダー本体にツメが付いており，これを引き出しに設置された枠（ハンギング・フレーム）にかけてつり下げる。

◎フォルダーには「個別フォルダー」と「雑フォルダー」がある。

◎個別フォルダーとは，例えば相手先別整理法の場合の「赤坂物産」など，相手先に関する書類を一つにまとめたフォルダーのことで，相手から来た手紙などは全てこのフォルダーの中に入れる。

◎雑フォルダーとは，書類の数が少なくて，まだ個別フォルダーを作成していない会社の書類を取りあえず入れておくためのフォルダー。例えば，初めて取り引きする「有馬通商」から手紙が来た場合，有馬通商の個別フォルダーはないので，「ア」の雑フォルダーに入れておき，手紙のやりとりが増えて書類が5～6通になったら新しく有馬通商の個別フォルダーを作成することになる。雑フォルダーは，「ア」，「イ」，「ウ」などそれぞれのグループの最後に置いておく。

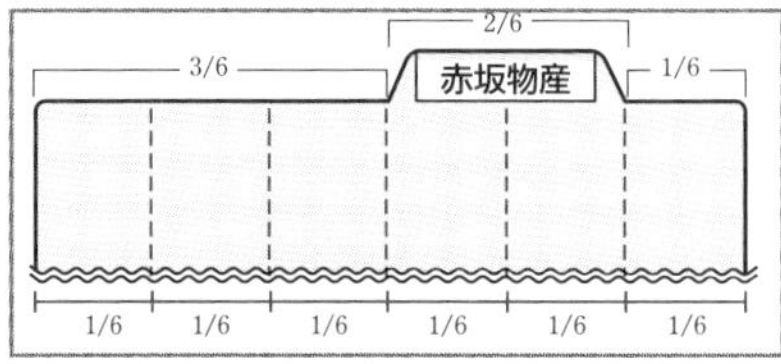

↑個別フォルダーの例。通常，6分割した4番目と5番目のスペース（6分の2）にフォルダー名のラベルを貼る「山」がある。

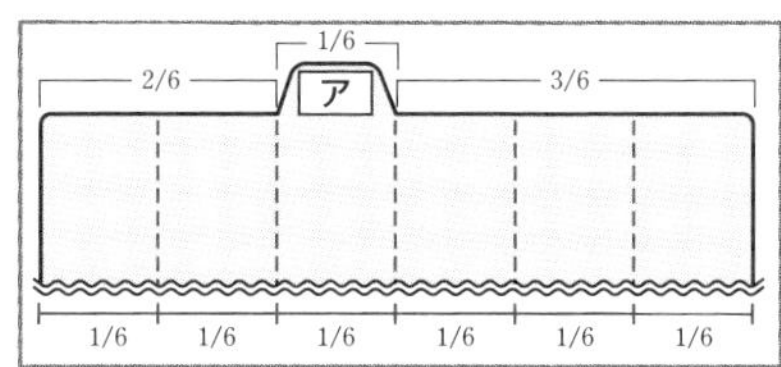

↑雑フォルダーの例。通常，6分割した3番目に雑フォルダーの見出しが出るようになっている。

◆ガイドとは，フォルダーのグループの見出しとして「ア」，「イ」，「ウ」などと左端の山に表示する厚紙のこと。

◎書類が少ない場合は，「ア」，「イ」，「ウ」と細かく分けないで，「ア」，「カ」，

「サ」,「タ」など行で区切ってガイドを設けた方が実用的。

◆第2ガイドとは，書類が多くなり「ア」などのグループをさらに分ける必要が出てきた場合に利用する厚紙の見出しのこと（図④では省略）。

◆貸出ガイド（次ページ参照）とは，フォルダーの中の書類を貸し出すときに，書類の代わりに置いておく厚紙のこと（図④では省略）。

◆フォルダーラベルとは，「赤坂物産」などと書いて個別フォルダーに貼る紙やシールのこと。

◆キャビネットとは，フォルダーを納める引き出しが付いた文書整理だんすのことで，正確にはバーチカル・ファイリング・キャビネットという。

●バーチカル・ファイリングのフォルダーの並べ方

キャビネットの中のフォルダーは以下のような手順で並べます。

①「ア」のガイドを先頭に置く。

◎「ア」で始まるフォルダーのガイドになる。

②「ア」で始まる個別フォルダーを順序よく並べる。

◎「会田商会」,「青田工業」,「赤坂物産」,「秋吉薬品」,「朝日酸素」などの個別フォルダーを並べていく。

③「ア」の雑フォルダーを置く。

◎まだ個別フォルダーを持っていない，「ア」で始まる会社名の書類を入れるフォルダーを最後に置く。「秋山企画」,「浅田広告」,「朝倉出版」などの書類が雑居している。

④「イ」のガイドを置く。

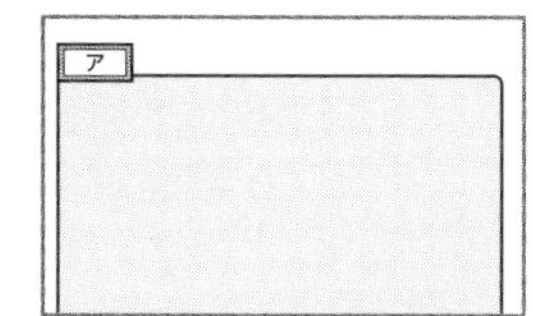

①「ア」のガイドを置く。

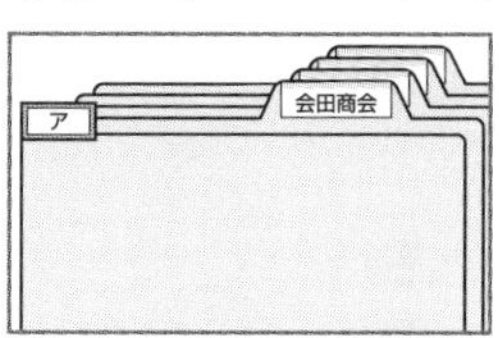

②「ア」で始まる個別フォルダーを並べる。

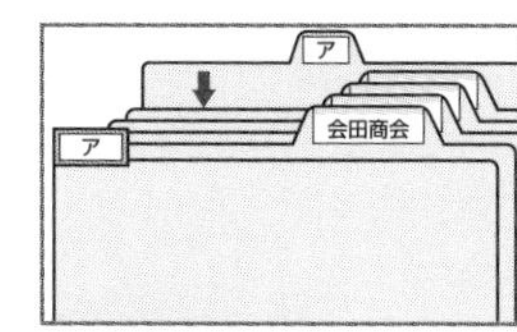

③「ア」の雑フォルダーを置く。

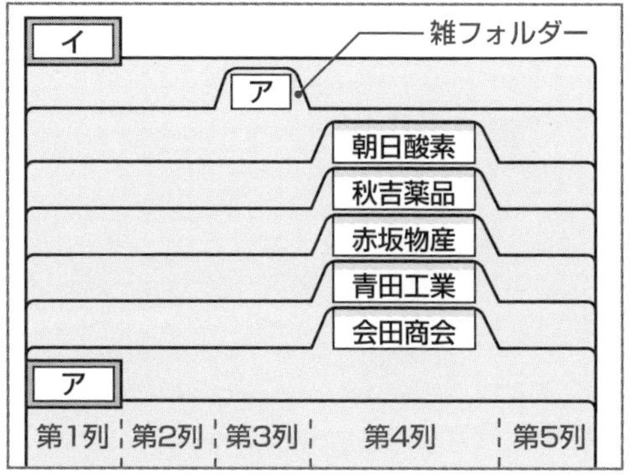

④「イ」のガイドを置く。
①「ア」のガイド，②「ア」で始まる「会田商会」,「青田工業」,「赤坂物産」,「秋吉薬品」,「朝日酸素」などの個別フォルダーが並び，③「ア」の雑フォルダーが置かれて「ア」のグループが完了したことになる。続いて，④「イ」のガイドを置き，同じことを繰り返していく。

全体の幅を6分割し，第1列（1/6）には，「ア」「イ」など大見出しが出る。第2列（1/6）には第2ガイドの見出し（省略）が出る。第3列（1/6）には雑フォルダーの見出しが出る。第4列（2/6）には個別フォルダーの見出しが出る。第5列（1/6）には貸出ガイド（省略）の見出しが出る。

資料・書類の貸し出し

他の部署から資料の貸し出しを求められたときは，一定の手続きを取って貸し出します。

◆資料を貸し出す場合は，「貸出ガイド」を利用する。

◎通常，貸出ガイドには「貸出先」，「貸出日」，「返却予定日」，「書類名」などを記入する欄などがあり，右端の山に「貸出」と記してある。

◎貸出ガイドの記入欄に所定の事項を書いて資料を貸し出し，貸出ガイドは資料があった場所（フォルダー）に代わりとして入れておく。

◎フォルダーの中の資料を全部貸し出す場合は，フォルダーごとそのまま渡したりせず，持ち出し用フォルダーに入れ替えて貸し出す。貸出ガイドは空になったフォルダーに入れておく。

◎貸し出した資料が返却されたら，漏れがないか確認し，貸出ガイドを抜き取って資料を元のフォルダーに納める。

持ち出し用フォルダーの例。

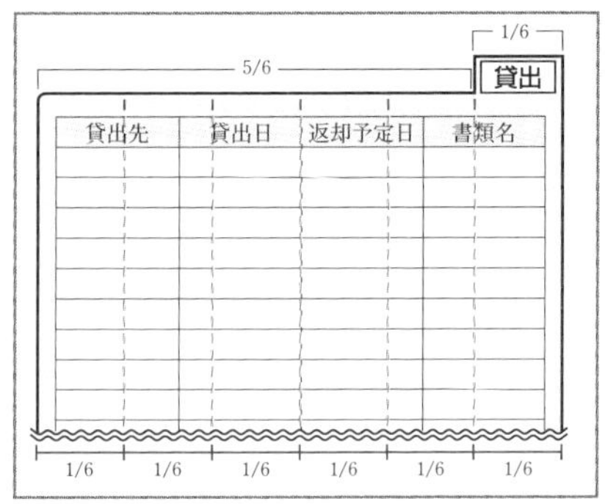

貸出ガイドの例。通常，6分割した右端の6分の1に貸出ガイドの見出しが出る。

書類の移し替え・置き換え

書類も時間が経過すると次第に使われなくなります。しかし，全ての書類をすぐ廃棄するわけではなく，使わなくなった資料は地下室や倉庫の保管庫などに移動させます。

使う回数が少ない書類ほど自分の手元から遠い所に置くことになりますが，保存資料を同じ室内の中で移動させることを「移し替え」といい，書庫室や倉庫など別の場所に移動させることを「置き換え」といいます。

キャビネットに整理してある書類は次のような方法で置き換えますが，この方法を「上下置き換え法」と呼びます。キャビネットの上2段に新しい書類を置くようにするのは，立ち位置で作業でき，出し入れがスムーズにいくからです。

●書類の移し替え・置き換えの手順

書類の移し替えや置き換えは次の手順で行います。

①前年度分を整理する。

◎4段キャビネットの上2段に本年度分の書類，下2段に昨年度の書類があるので，まず下2段分の書類をチェックして，「保存するもの」と「廃棄するもの」に分ける。

◎保存する必要がある書類は，書庫室や倉庫などへ置き換える。不要なものは廃棄する。

②本年度分を移し替える。

◎上2段の本年度分の資料から，「必要な書類」と「未完の書類」を選び出してそのまま残し，残りを下2段に移し替える。

③作業完了。

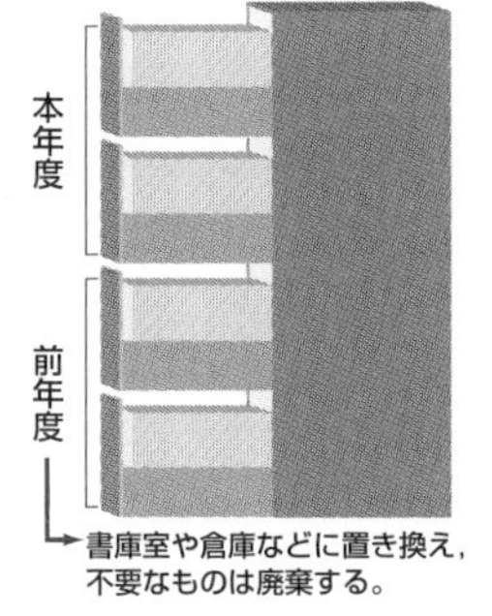

①前年度分を整理する。

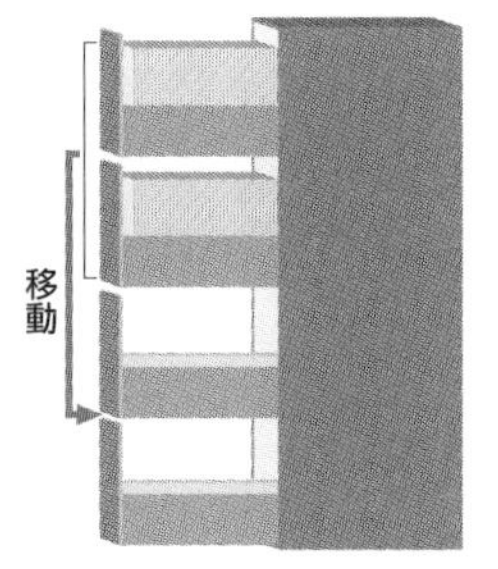

②本年度分の「必要な書類」，「未完の書類」以外を下２段に移し替える。

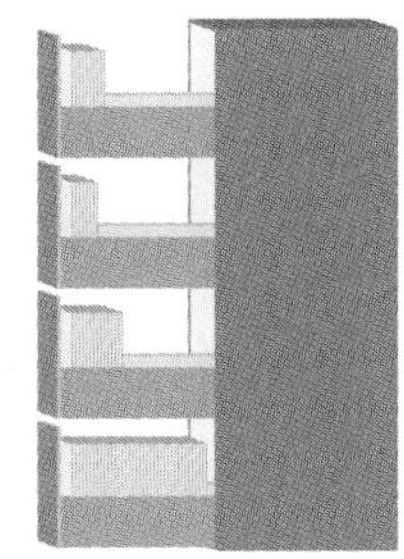
③作業完了。

●書類の保存と廃棄

使わなくなった書類は廃棄することになりますが，不要だからといって勝手に処分できない書類もあります。

例えば，法律で保存期間が定められている書類は，実際に使わなくても勝手に廃棄することはできず，定められた期間は保存するようにしなければなりません。また，会社の内規で保存期間が定められているものもあります。通常は，「永久保存」や「5年保存」，「3年保存」など書類によって保存期間が決まっているので，その内規に従って保存します。そうした期間が過ぎたものや法や内規の定めがなく不要になった書類は，文書細断機（シュレッダー）などで確実に廃棄するようにします。廃棄に関する内規があればそれに従います。

名刺の整理と分類法

名刺を整理・管理する際には，それに適した用具と分類法を選び，名刺情報を安全かつ有効に活用できるようにします。

名刺の整理・管理法

名刺を整理・管理するための用具・手法には以下のようなものがあります。

◆「名刺整理簿」を活用する。

帳簿式のもので，名刺大よりやや大きく区切ったビニールなどの透明のシートと台紙の間にポケットがあり，そこに名刺を入れていくタイプのものが一般的。一覧性があり見やすく，持ち運びもできるので整理する名刺が少ない場合は便利だが，差し替えが不便で名刺の増減に対応できない難点がある。例えば，五十音順の「ア」行のスペースがいっぱいになったときは，「カ」行以下を全部順次移動させていかなければならず，名刺が不要になったときも，順次差し替えて押し詰めていかないと歯抜け状態になってしまう。また，ポケットより大きな名刺を収納できないことも欠点。

名刺整理簿。

◆「名刺整理箱」を活用する。

細長い箱に名刺を横に立てて収納するタイプのもので，名刺を捜しやすいように，「ア」，「カ」，「サ」などのガイドで区切って整理する。長所は名刺の増減に対応できること。出し入れも楽なので，名刺の数が多い場合には便利である。ただし，一覧性がないこと，持ち運びに不便なことが難点。また，ひっくり返したら元に戻すのに手間がかかる。

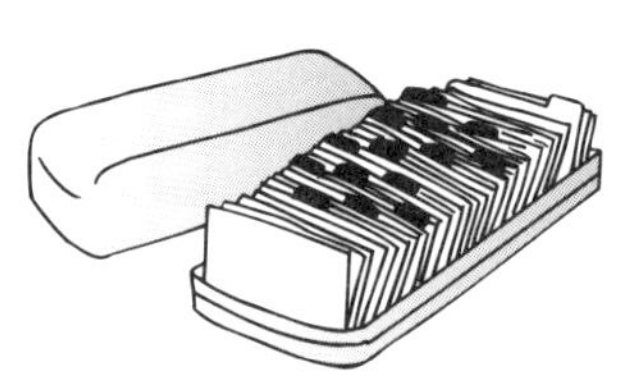

名刺整理箱。

◆「パソコン」を活用する。

名刺の増減にも対応でき，名刺データの訂正も簡単な上，検索も速いということからパソコンで管理するケースも増えてきた。便利な反面，データ化した個人情報全部を簡単にコピーされてしまうという欠点もあり，データが漏れないように厳重に管理する必要がある。

名刺の整理・管理をするときの留意点

名刺を整理するときは，以下の点に留意します。

◆受け取った名刺には日付や紹介者名，また「背が高く白髪」などその人の特徴をメモしてガイドのすぐ後ろに置く。

◆必要があって抜き出した名刺を名刺整理箱に戻すときは，元の場所ではなく，ガイドの後ろに戻す。例えば「滝本博孝」の名刺を抜き取ったら戻すときは「タ」のガイドのすぐ後ろに戻す。このようにしていくと，よく使う名刺がガイドの近くに集まるようになる。

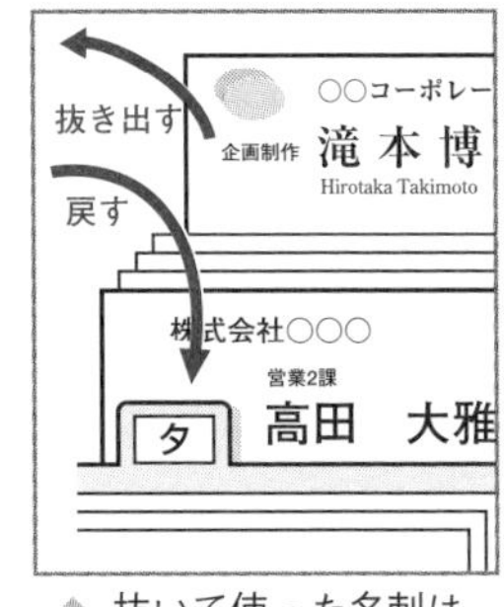

抜いて使った名刺はガイドのすぐ後ろに差す。

◆あいさつ状や変更通知などで，昇進後の肩書や住所・電話番号などの変更を知ったら，その部分をすぐに名刺に転記し訂正しておく。また，新しい名刺をもらったら，古い名刺と差し替えておく。

◆年に１回は名刺を点検し，使わなくなった名刺などは廃棄する。名刺を処分するときは，そのまま捨てずに細かく破ってから廃棄する。

◆名刺には縦書きのものと横書きのものがあるが，区別せずに整理する。また，大きさの違う名刺だからといって，コピーして形をそろえる必要はないが，整理用具のサイズに納まらない場合は，そのような工夫も大切。

◆上司の私的な名刺やよく利用する飲食店の名刺などは，業務上の名刺とは別に管理するのがよい。

名刺の分類法

名刺は，「個人名」，「会社名」，「業種別」のいずれかで分類することになりますが，選び方は「どれで捜(さが)すことが多いか」によって決めます。「個人名」や「会社名」は五十音順で分類します。

また，個人名の五十音順を採用して分類したときに，「会社名は分かるが，誰だったか名前を思い出せない」ということがでてきます。そのようなときのために，別に会社名とその関係者を書いたカード（右図），五十音順に分類しておくと便利です。個人名からも会社名からも検索することができるので，この方式をクロス索引方式といいます。

地球商事株式会社

会長	小嶋重治
社長	山下太郎
専務	野口正明
常務	大木茂樹
営業部長	橋元正年
営業課長	斉藤健二

名刺大の大きさに会社の関係者を記入して五十音順に分類する。

カタログ・雑誌の整理

各社から送られてくるカタログや雑誌の整理も秘書の仕事になります。

●カタログの整理

カタログを整理するときは以下のような点に留意します。

◆カタログは「机」，「椅子」，「棚」など商品別にまとめるのが基本。

◆薄いカタログは，ハンギング式バーチカル・ファイリングの方法を利用し，商品別の個別フォルダーを作成して整理する。

◆1年に1回は点検し，不要なものは処分する。新しいカタログを入手したら古いものと差し替える。ただし，自社のカタログは古くなっても保存しておく。

●雑誌の整理

定期購入している雑誌が届いたら受け入れ年月日を控えておきます。また，上司の部屋や応接室にはいつも最新の雑誌を用意しておきます。

自社の刊行物以外の保存期間は，一般誌は前年分だけ，専門誌は長くて5年とするのが一般的。保存する必要のある雑誌はピン製本で半年分か1年分をまとめて合本（がっぽん）します。合本した背表紙に「雑誌名」，○年1月号～6月号などと「発行年と号数」を書いておきます。

●雑誌・カタログの関連用語

- □ 日刊・週刊・月刊… 日刊は毎日，週刊は毎週，月刊は毎月発行される刊行物。
- □ 旬刊（じゅんかん）・隔月刊（かくげっかん）…… 旬刊は10日に1回，隔月刊は2カ月に1回発行される刊行物。
- □ 季刊 …………… 年に4回発行される刊行物。
- □ 増刊 …………… 定期刊行物が定期以外に，臨時に発行される刊行物。
- □ 総合カタログ … 会社の取り扱い商品を一冊にまとめたもの。
- □ リーフレット…… 広告や案内用などの1枚ものの印刷物。
- □ パンフレット … 小冊子のこと。
- □ バックナンバー… 定期刊行物の発行済みの号のこと。
- □ 総目次 ………… 雑誌などの半年分や1年分の目次を集めたもの。
- □ 索引（さくいん） …………… 本に掲載された重要な語句などを抜き出し，一定の基準で配列してその語句があるページを捜しやすくしたもの。
- □ 奥付 …………… 本の著者や発行所名，発行日などが記されている部分。
- □ 絶版 …………… 売り切れた後，印刷・販売をしていない刊行物。
- □ 再版 …………… 既に発行されている本を同じ形式で重ねて発行すること。
- □ 改訂 …………… 出版後，書物の内容を改めること。
- □ 創刊 …………… 雑誌など定期刊行物の発行を開始すること。

新聞・雑誌の切り抜きと整理

秘書は，上司が指示した記事を切り抜くほか，新聞や雑誌に目を通し，上司にとって必要と思われるテーマの記事が掲載されていたら，切り抜いて整理・保存しておきます。

●切り抜きの手順と留意点

切り抜きの手順と留意点は以下の通りです。

①切り抜く記事を囲む。

◎切り抜く記事の周囲を色鉛筆やマーカーなどで囲む。

◎新聞は記事の続きが離れている場合があるので注意する。

②データを記事の余白に記入する。

◎新聞の場合は，「紙名」，「年月日」，「朝・夕刊の別」，「(地方版の場合は) 地方版名」を記入する。

◎雑誌の場合は，「誌名」，「年月日」，「号数」，「ページ番号」を記入する。

③記事を切り抜く。

◎新聞は翌日以降，雑誌は次号が来てから切り抜く。

◎切り抜く記事が両面にある場合は片面をコピーする。

④台紙に貼る。

◎台紙はA4判に統一する。

◎原則として1枚の台紙に1記事とする。

◎テーマが同じなら複数の記事を貼ってもよい。

◎新聞の記事など，切り抜いた形が悪い場合は，読みやすいように整えて貼る。

◎コピーした記事がA4判の用紙に入れば，切り抜いて台紙に貼ったりせずにそのまま利用する。

切り抜いて台紙に貼ったら，フラットファイルにつづるか，フォルダーに入れてキャビネットに保管します。

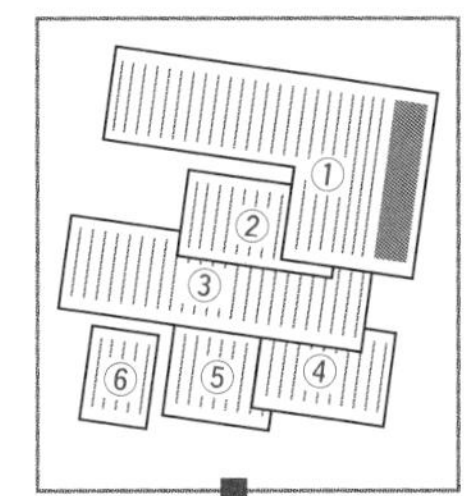

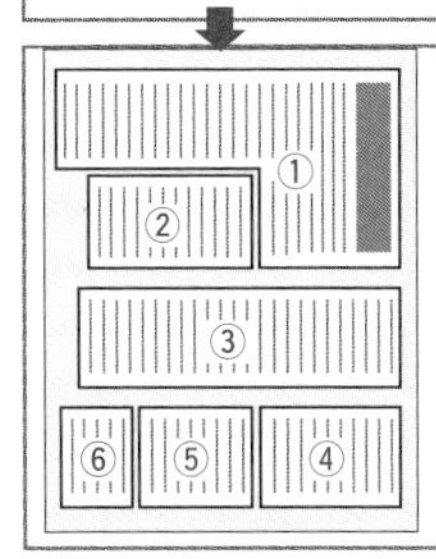

形の悪い記事は，形を整えて貼る。

フラットファイルで整理すると，いつでも台紙をばらばらにできるので再分類するときに便利。スクラップブックは一度貼ったら変更できないのでビジネスでの切り抜きには不向き。

テーマごとに個別フォルダーを作ってキャビネットに納め，フォルダーの中に切り抜きを貼り付けた台紙を入れて整理する。

社内外からの情報収集と資料管理

秘書は，上司に必要な書類やデータを求められたら，素早く的確な情報を収集し，上司に提供しなければなりません。そのためには，どこに行けばどのような情報が得られるか把握しておき，必要な資料は手元で管理しておかねばなりません。

●社内情報の管理部門

会社の各部署では，一般的には以下のような情報を持っています。

- **◆総務部門には，「株主総会」，「取締役会」，会社全体の「各種行事・式典」，「社屋等の増改築」，「備品購入・管理」，「車両管理」などの情報がある。**
- **◆人事部門には，「人事採用」，「人事配属」，「福利厚生」，「教育研修」，「給与体系」などの情報がある。**
- **◆経理部門には，「在庫」，「仕入」，「生産」，「資材購入」などの数値情報のほか，財務諸表に関する情報がある。**
- **◆営業部門には，「営業所別売上」，「商品別売上」，「販売予測」，「販売計画」，「製品別取引先名簿」，「顧客名簿」，その他，営業統計など営業・販売に関する情報がある。**
- **◆企画部門には，市場調査を含む「各種調査」，店舗展開企画などの「各種企画」，「経営企画」などの情報がある。**
- **◆広報・宣伝部門には，「社内報」，「広報誌」，その他，視聴率調査資料など宣伝活動に関する資料や情報がある。**

●社外情報の収集

業務上必要な資料は最新のものをそろえておくようにします。例えば「列車時刻表」，「会社年鑑」，「会社四季報」，官公庁の「職員録」，「職業別電話帳」，政府発行の各種白書＊1)，現代用語を解説した事典など，常に最新版を入手しておかねばなりません。

この他，インターネットを活用すれば，郵便局やNTT，各交通機関，各省庁，各市町村役場・役所のホームページなどにアクセスしてさまざまな情報を得ることができます。ただし，公的な機関のホームページは信頼性がありますが，中にはいいかげんな情報もあるので注意が必要です。

秘書はインターネットからさまざまな情報を得るためにも，検索方法のノウハウを心得ておくことが必要です。

＊1) 白書＝政府が発行する各界の年次報告書。「経済財政白書」，「環境白書」，「国民生活白書」などがある。

SELF STUDY

過去問題を研究し
理解を深めよう！

POINT 出題 CHECK

「資料管理」では書類の整理法やファイリング，資料の保管や名刺・雑誌・カタログの整理，新聞・雑誌の切り抜き，情報収集など広範囲に出題されている。ファイリングはほとんどが用具についての問題だが，用具名を書かせる記述問題も出されるので，名称を正確に覚えておくこと。雑誌・カタログの整理については，関連用語の問題が多いが，直接関係のない周辺用語も選択肢として出されるので注意したい。情報収集では社内の各部署で得られる情報，特に，総務と経理が持っている情報について問われることが多い。その他は，基本を学習していればほとんど解ける問題である。

書類の整理法

書類などの整理法とその説明の組み合わせである。

○　①標題別整理＝注文書や見積書など，それに印刷されている標題を，そのままタイトルにするまとめ方。

×　②一件別整理＝カタログや分厚い名簿など，厚すぎて他のものと一緒にできないものを整理するまとめ方。

②一件別整理とは一つの仕事や行事を一件として，そのことに関する書類を，始めから終わりまでまとめる整理法である。

ファイリング

ファイル用品とその説明の組み合わせである。

○　①持ち出しフォルダー＝文書を貸し出すときに使うフォルダー。

×　②ガイド＝タイトルを書いてフォルダーの山に貼る見出し紙。

○　③ファスナー＝パンチで穴を開けた文書をとじるためのファイル用具。

○　④ハンギング・フォルダー＝上辺の両側から出た突起で枠につり下げられるフォルダー。

②「ガイド」とは，キャビネットに立てて並べたフォルダーを区切り，そのグループの見出しの役をする厚紙のことである。フォルダーの山に貼る見出し紙は「フォルダーラベル」または単に「ラベル」という。

スタディガイド　領域：理論編　領域：実技編　テスト

資料の保管

カタログや資料の整理について後輩に教えたことである。

○　①記事のコピーなど，必要なことを済ませた新聞は，いつまでも取っておかないこと。

×　②保存期間が定められている資料でも，必要がなくなったら，整理のために捨てること。

○　③オフィスの機器類の保証書，操作マニュアルは，種類に関係なく一カ所にまとめておくこと。

②保存期間が定められていればそれに従わなければならない。

名刺の整理

名刺整理用具の特性の説明である。それぞれの整理用具の名称を書きなさい。

①一覧性があり見やすいが，多量の名刺の整理には不向きである。

②名刺をカードのようにして整理できるので，多量の名刺を整理するのに便利である。

①名刺整理簿（名刺ファイル，名刺フォルダーもよい）。②名刺整理箱。

雑誌・カタログの整理

用語とその説明である。

○　①草稿＝正式に書く前の下書きのこと。

×　②校正＝下書きなどをきれいに書き直すこと。

○　③奥付＝本の著書名・発行所名・発行日などが載っている部分のこと。

②校正とは仮に刷った印刷物と原稿が間違っていないか確認する作業。

新聞・雑誌の切り抜き

新聞記事の切り抜き整理について述べたものである。

○　①台紙に貼った記事は，テーマごとに分類してフォルダーで整理する。

×　②フォルダーは年度別に分類しておき，切り抜いた記事はその中に入れておくとよい。

②フォルダーの分類はテーマ別にしないと意味がない。

情報収集

社内で使用している事務用品・備品の年間予算を知ることができる部署。

×　①企画部門

○　②総務部門

②事務用品や備品を購入するのは総務部門である。

CHALLENGE 実問題

1 難易度 ★☆☆☆☆

秘書Aは新人Bから，「文書を部内の共有キャビネットに保管して，集中管理しているのはなぜか」と尋ねられた。次はこのときAが答えたことである。中から不適当と思われるものを一つ選びなさい。

1）文書の私物化を防ぐため。
2）保管スペースを効率よく使うため。
3）情報について共通認識を持つため。
4）不要になった文書を捨てやすくするため。
5）部員の利用頻度で，仕事量を把握するため。

2 難易度 ★★★☆☆

秘書Aは，名刺の整理を人名の五十音順で名刺整理箱を使って行っている。次は，Aが最近行ったことである。中から不適当と思われるものを一つ選びなさい。

1）同じ人の肩書の違う名刺が２枚あったので，古い方は破棄した。
2）名刺整理箱がいっぱいになったので，「ナ」のガイドから後ろの名刺は新しい箱に移した。
3）新任のあいさつで来社した森本氏の名刺を整理箱に入れるとき，「モ」のガイドのすぐ後ろに入れた。
4）得意先の担当者が転勤し業務に関わりがなくなったが，名刺はしばらくそのまま保存することにした。
5）取引先担当者が結婚し姓が加藤から青木になったと連絡があったので，名刺を訂正し，「ア」のガイドのすぐ後ろに入れた。

【解答・解説】1＝5）文書の集中管理とは，文書は個人で持たず，必要なときは部内で共有している文書を見るというやり方。理由は5）以外の通りで効率化のため。利用頻度で仕事量を把握するためなどは，見当違いで不適当ということである。
2＝4）名刺は必要なものがすぐに抜き出せるよう整理しておかないといけない。そのためには，使わなくなった名刺は捨てることになる。転勤し業務に関わりがなくなった人の名刺は保存しても意味がなく不適当である。

SECTION 5

日程管理・オフィス管理

Lesson 1 日程管理

予定表に「常務同伴」と書いてはダメ？

秘書Aが上司（営業部長）の予定表を作成していたら，先輩の常務秘書Cがたまたま用事で訪ねてきました。上司と常務は明日Y社に訪問する予定なので，Cに時間は間違いないか確認したところ，「Y社訪問常務同伴」と予定表に表記しているところを指さしてこういう書き方はおかしいと注意されました。Aはどのように表記すればよかったのでしょうか。

対処例 ○△×?…

「常務同伴」を「常務に随行（ずいこう）」と表記すればよかったのです。

スタディ

同伴とは「一緒に行くこと」ですが，ビジネス的でなく目上の人と行く場合には使いません。このような場合は随行を使い，「常務に随行」というように表記しなければいけません。

予定表の種類と記入要領

秘書は，上司がスムーズに仕事ができるように上司のスケジュールを管理します。上司は，秘書が作成したスケジュールに基づいて行動し業務を進めていくことになるため，秘書の日程管理は大変重要な仕事になります。余裕のないスケジュールを組んだために以降の日程が全て台無しになってしまった，というようなことがないように，長引く可能性がある会議や面談の後は予定を入れないなど，工夫をする必要があります。

予定表の種類

予定表には「年間予定表」,「月間予定表」,「週間予定表」,「日々予定表」がありますが，基本的には年間で決まっている行事や定例会議などの予定から先に埋めていき，次に月間，週間，日々の各予定表の順にスケジュールを記入していくことになります。しかし，必ずしも4種類の日程表を作成しなければならないというものではありません。上司の仕事の内容によっては，月間予定表と週間予定表で十分という場合もあります。事前に上司と，使用する予定表や予定表の形式などを相談するようにします。

各予定表の特徴は以下の通りです。

- ◆「年間予定表」には，年間で行われる社内外の主要行事を記入する。
  - ◎例えば，新年会，株主総会，定例取締役会，定例常務会，創立記念式典，夏期休暇など。
- ◆「月間予定表」には，1カ月の行動予定を記入する。
  - ◎年間行事の他に出張や会議，会合，訪問予定などの基本事項を記入する。
- ◆「週間予定表」には，1週間の確定した行動予定を時間単位で記入する。最も活用する予定表。
  - ◎会議，会合，面談，出張，講演，式典などを細部まで正確に書く。
  - ◎上司の私事に関しては秘書の手帳などに書き，予定表に入れる場合は記号などで簡略にする。

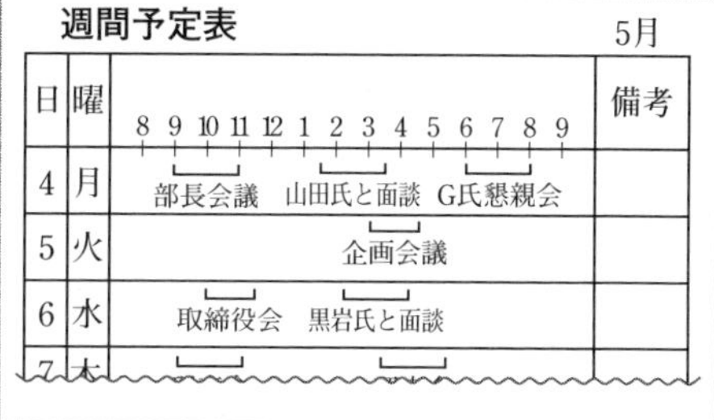

週間予定表の例。

- ◆「日々予定表(日程表)」には，その日1日の上司の行動予定を分単位で記入する。備考欄は必ず設け，必要な情報が一覧できるようにしておくことが大切。

予定表の作成と記入要領

予定表を作成，記入する場合は，以下のようなことに留意します。

◆予定表を作成するときの留意点

- ◎年間，月間，週間，日々予定表は基本的にそれぞれ1枚の用紙で作成し，一覧できるようにする。
- ◎日々予定表や週間予定表の時間の目盛りは，通常は午前8時から午後9時程度までに設定するが，上司の仕事の仕方に合わせて作成する。
- ◎日々予定表，週間予定表には備考欄を設ける。予定内容について詳細なメモが必要になる場合もあるためスペースを広く取るようにしておく。

◎土曜，日曜が休日であっても予定表には土曜，日曜の欄を設ける。

◆予定を記入する際の留意点

◎予定表に記入する主なことは，「出張」，「会議」，「会合」，「面談」，「訪問」，「講演」，「式典」など。その他，採用面接や依頼原稿締切日など時間が決まっている仕事を記入する。

◎表示方法は，「簡潔」，「正確」，「見やすく」を基本とする。よく使用する言葉を記号で表記するとスペースを取らず便利。

例）会議→□　面談→○　出張→△　など。

◎予定変更の場合は，変更前の予定も分かるように二重線で消す。

◎「月間予定表は前月末まで」，「週間予定表は前週末まで」，「日々予定表は前日の終業時まで」に上司に見せて確認し，上司が了承すればコピーして上司と秘書が1部ずつ持つ。

◎上司の行動予定を知っておく必要がある関係者には「月間予定表」と「週間予定表」を配布する。その際，上司の私事は削除しておく。また，配布するときは欄外に「○年○月○日現在」と作成年月日を入れる。

◎定例行事で，まだ日程が確定していない場合は「(仮)」とした上で昨年の日程を参考にして記入しておく。

◎正式に決まっていない日程を記入する場合も「(仮)」と書いておく。

予定変更の対処の仕方と出張事務

面会予約がしてあっても，こちらの都合や先方の都合で面会が取り消しになる場合があります。秘書はそのようなときの対処の仕方も心得ておく必要があります。また，上司が出張する際の補佐業務も秘書の仕事です。予定表以外に旅程表を作成するほか，出張事務としてどのようなことをするのか心得ておきます。

●予定変更への対処と調整

予定の変更は以下の要領で行います。

◆行事の変更があった場合は，上司に変更を告げ上司と秘書の予定表を修正する。

◆当方の都合で予定を変更する場合は，上司の指示に従って関係者と調整し，上司と秘書の予定表を修正する。

◎面会の約束を断る場合は，先方にわびて希望の日時を二，三聞いておく。上司の意向を聞いて日時を決めたら，速やかに相手に連絡する。

◆先方の都合で予定変更を申し入れてきた場合は，上司の意向に従って先方と新しい予定を決め，上司と秘書の予定表を修正する。

◆予定が変更になったら，上司の予定表を配布していた関係者に漏れなく連絡し，予定表の修正を依頼する。

●出張事務

上司が出張する際は以下のような業務を行います。

①出張計画を立てる。

◎上司に「出張の目的，期間，目的地」を確認する。ただし，目的については上司が告げない限りは聞かない。

◎出張の目的地・訪問予定先に便利な宿泊先や交通手段を選択し，それを盛り込んだ出張計画案を作成する。

◎上司に出張計画案を見せ，上司の意向や好みなどを聞いて修正する。

②交通機関や宿泊先の手配をする。

◎交通機関は上司の希望や旅費規定，到着地での行動予定，出発・到着時刻，目的地までの効率などを総合的に考えて選定する。

◎予約できる交通機関は早めに予約しておく。

◎宿泊するホテルや旅館は上司の意向を聞いて，できるだけ希望に沿った施設を選び，上司に確認して手配する。

③旅程表を作成する。

◎出張中の全ての予定を一覧表にした旅程表を作成する。

◎旅程表には１日ごとに時間の目盛りを付けて，出発・到着時刻，利用交通機関，訪問先，出席する会議，宿泊先などの項目を分刻みで綿密に記入する。

◎旅程表は上司と秘書が１部ずつ持ち，場合によっては関係先にも配布する。

④出発の準備をする。

◎出張に必要な費用を算出し，経理から仮払いを受ける。

◎必要な所持品を準備する。例えば，名刺，旅程表，搭乗券や切符，旅費，資料や関係書類など。リストを作成して漏れがないようにチェックする。

◎長期出張で資料などが多い場合は宿泊先などに郵送する。

●出張中・出張後の秘書の仕事

上司が出張しているときは手の空いた時間ができるので，日ごろできなかったファイリングや名刺の整理などに空いた時間を当てます。

上司が出張から戻ったら次のようなことをします。

◆留守中に届いた手紙類を整理して渡す。

◆留守中の来訪者や電話など，留守中に起こったことを報告する。

◆経費精算や持ち物の整理をするほか，上司の指示があれば，出張報告書の作成の手伝いや出張中に世話になった人に礼状を書くなどする。

SELF STUDY

過去問題を研究し
理解を深めよう！

POINT 出題 CHECK

「日程管理」では予定表の作成と管理に関する問題が中心に出題されるが，関係者に配布する予定表には私事の予定は書かないなど基本的なことを押さえておけば解ける問題が多い。この他，予定変更や出張事務に関する問題などが出されるが，いずれも基本問題。予定変更を知らせる際にメールを使う場面も設定されているが，メールの特性を考えれば解ける問題である。

予定表の作成と管理

上司のスケジュール管理で行っていることである。

○　①上司の仕事に関係ある人の予定は，上司の予定表の備考欄に書き留めている。

×　②上司の私的な予定は，自分のノートに控えておいて，前日に上司に確認している。

②上司の私的な予定は控えていても管理の対象外なので確認はしない。

予定変更

上司から「明後日の課長会議の開始時刻を変更したいので，課長たちに知らせてもらいたい」と指示されたので，メールで知らせることにした。

○　①G課長は遅刻と聞いていたので，開始時刻が変更になるが間に合わないか，と書き添えておこう。

×　②H課長は休暇を取っていて，明日から出社することになっているので明日送信しよう。

②メールは知らせる必要があるときに送信しておけばよい。

出張事務

上司が出張することになったので確認したことである。

○　①希望の交通機関と宿泊ホテル。

×　②出張先での面談の回数と目的。

②出張先での面談の回数や目的を秘書が聞いても意味がないことである。

CHALLENGE 実問題

1 難易度 ★★★☆☆

次は営業部長秘書Aが，社内ネットワークで公開している上司のスケジュール表に入れた予定である。中から不適当と思われるものを一つ選びなさい。

1）人間ドック受診
2）部内予算編成会議
3）恩師の受章祝い会食
4）業界紙インタビュー
5）N社主催ゴルフコンペ参加

2 難易度 ★★★☆☆

次は秘書Aが，上司のスケジュール管理で行っていることである。中から不適当と思われるものを一つ選びなさい。

1）私的な予定も仕事の予定と区別せずにスケジュールの調整をしている。
2）予定表を変更するときは，前の予定がどのようなものであったかが分かるようにしている。
3）私的な予定は，公開スケジュールには詳細を書かず「外出」や「面談」のように書いている。
4）上司の出社時と退社時には口頭で予定を確認しているが，時間に余裕のないときはメモでしている。
5）予定が変更になり時間が空いてしまったときは，次の予定を前倒しにして空き時間をなるべく減らしている。

【解答・解説】1＝3）恩師の受章祝い会食は，上司の私的な予定。従って，公開しているスケジュール表に入れることではないので不適当。上司が不在であることを知らせる必要があれば，「外出」などと記入すればよい。
2＝5）予定が変更になり時間が空いた場合，次の予定を前倒しにするかどうかは上司に確認して決めなければいけない。スケジュール調整をするのは秘書の仕事だが決定するのは上司。空き時間をなるべく減らすなどは不適当ということである。

Lesson 2 オフィス管理

エアコンの風が気になる上司のために……

秘書Aが依頼事があって後輩Dを訪ねたら，Dは上司の机を移動している最中でした。上司がエアコンの風が気になると言っていたので出張中に机を動かして風が当たらないようにしておこうと思った，とのこと。このような場合，AはDにどのようなアドバイスをすればよいのでしょうか。

対処例

机を元に戻し，エアコンの風の吹き出し口を調整するように助言すればよいでしょう。

スタディ !!

エアコンの風が気になるということは，風が上司に直接当たるということでしょう。そうであればエアコンの風の向きを調整すればよいことになります。上司の意向を聞かないで，勝手に机を移動するようなことをしてはいけません。

事務用品とオフィス機器の知識

秘書は，日常的に使用する「事務用品」や「オフィス機器」についての知識を身に付けておく必要があります。

●事務用品の管理

秘書は使いやすい事務用品を選んでそろえておくようにします。そのためには，一般的な事務用品の用途を知るだけでなく，新しい製品や使いやすいメーカーの製品などを研究しておくことが大切です。また，事務用品が不足したりすると仕事に支障が出てくるので，消耗品は予備を用意しておき，補充を怠らないように気を配ります。

秘書は，以下のような事務用品をそろえて管理します。

◆事務用品の種類

◎事務用備品としては，「机」，「椅子」，「キャビネット」，「保管庫」，「トレー」，「チェックライター＊1)」，「ナンバリング＊2)」，「ホチキス」，「穴開け器」，「ファスナー＊3)」，「日付印」など。

◎事務用消耗品としては，「鉛筆」，「シャープペンシル」，「ボールペン」，「サインペン」，「マーカー」，「消しゴム」，「朱肉」，「スタンプ台」，「透明テープ」，「両面テープ」，「クリップ」，「のり」，「メモ用紙」，「付箋＊4)」，「ホチキスの針」，「シャープペンのしん」など。

◆事務用品の管理

秘書は日常的に次のことを点検する。

◎上司の日付印の日付が今日の日付になっているか。

◎不足している消耗品はないか。あれば補充する。

◎故障品や破損品はないか。あれば，メーカーに修理・補修を依頼するか，総務の担当者に相談する。

●オフィス機器の知識

秘書は，オフィス機器についての知識を持ち，どの機器も一通り使いこなせるようにしておきます。機器が故障したらすぐ担当者に連絡を取りますが，ちょっとした故障や不具合は自分で直せるくらいの知識を身に付けておきましょう。よく利用する事務機器には次のようなものがあります。

◆「複写機」は一般にコピー機と呼ばれ，文書を複写する機械。

◎フルカラーで出力できるものや，数十枚を自動でコピーできるものなど多くの機能を持ったものがある。

◎コピーだけでなく，ファクス機能，スキャナー機能などを備え，パソコンと連動して使う複合機が主流になっている。

◆「ファクシミリ」は一般にファクスと呼ばれ，電話回線を通じて画像を遠隔地に送信する機械。

◎電話が通じていれば，海外でも送信可能。

◎郵送と違って文書が手元に残る利点があるが，写真原稿などを送る場合は解像度に限界があるので実物と同じというわけにはいかない。

＊1）チェックライター＝金額を打刻する器具。
＊2）ナンバリング＝自動的に番号を印字していく器具。
＊3）ファスナー＝穴開け器で開けた文書をとじるためのファイル用具。
＊4）付箋＝原稿などに疑問点などを書いて貼り付ける小さな紙。何度も付けたり取ったりできる化学のりが付いているものがよく利用される。

プロローグ 受験ガイド / 第1章 必要とされる資質 / 第2章 職務知識 / 第3章 一般知識 / 第4章 マナー・接遇 / 第5章 技能 / エピローグ 模擬試験

◎相手先の電話番号を間違えると情報が他に漏れることになるので，重要文書などはファクスで送らないのが原則。

◎相手がすぐに文書を見るかどうかは分からないので，急ぎの場合は前もって電話してから送信する。

◆「パソコン（パーソナルコンピューター）」は，今やあらゆるオフィスにあり，社員一人に１台，専用で利用するほど普及している。

◎ソフトがあればさまざまな作業をすることができ，文書作成ソフトや計算ソフトを利用すれば，事務で必要とされるあらゆる文書が作成できる。

◎相互にインターネットに接続していれば，電子メールでデジタルデータに加工した文書のやりとりができる。

◎インターネットを利用して多くの企業や官公庁が公開しているホームページに接続すれば，さまざまな情報を入手することができる。

◆「プリンター」は，パソコンと接続して作成した文書をプリントする機械。

◎白黒だけでなくカラープリンターも普及している。

◆「スキャナー」は，文書や画像をデジタルデータ化してパソコンに取り込む機械。

◆「プロジェクター」は，図や文字をスクリーンに映し出す機械。

◎プレゼンテーションや会議，研修会でよく利用される。

◆「シュレッダー」は，文書を廃棄する際，機密を保持するために文書を細かく切り刻む機械。文書細断機ともいう。

◆「ホワイトボード」は，水性インクで文字などを書くための白地のボード。

◎会議によく利用される。

◎電子ホワイトボードもあり，そこに書いたものを縮小してプリントすることもできる。

プロジェクターは研修会や講演会などで資料を多くの人に見せて説明するときに使用します。

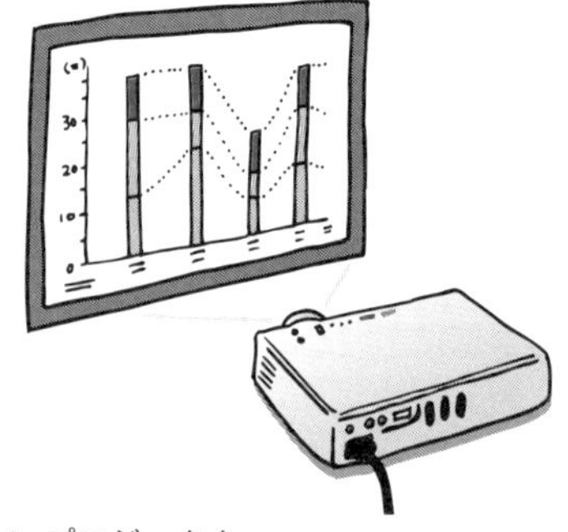

↑プロジェクター。

環境整備

上司が気持ちよく仕事ができるように，室内環境を快適に整備しておくのも秘書の役目です。空調や照明などの知識，部屋の掃除や整理整頓(せいとん)の仕方を心得ておくようにします。

●照明，防音，色彩調整，空気調節に関する留意点

秘書は快適な環境をつくるために「照明」，「防音」，「色彩調整」，「空気調節」にも気を配らなくてはなりません。

◆照明に関する留意点

◎オフィスの照明について，JIS（日本産業規格）では下表の照度を基準としている。

場　所	範　囲
事務所	1,000～500ルクス
役員室	750～300ルクス
会議室	750～300ルクス
応接室	500～200ルクス

◎照明には以下の方式がある。

直接照明	光源から目的物を直接照らす方式。蛍光灯など。
間接照明	光源からの光を壁などに当て，その反射光を利用して目的物を照らす方式。

◎ブラインドなどを利用して自然光を上手に取り入れる工夫も必要。

◆防音に関する留意点

◎上司の執務室はできるだけ静かに保つよう努力する。

◎ドアの開閉時の音を消すためにドアチェック（ドアクローザー）を付ける。

◎電話の呼び出し音の音量を調節したり，適切な種類の音を選ぶ。

◎外がうるさい場合は，二重窓にしたり厚手のカーテンを用いるなどしてできるだけ外部の音が入ってこないようにする。

◆色彩調整に関する留意点

◎応接室には，クリーム色などやわらかい雰囲気が出る色を用いる。

◎役員室や会議室には，茶やベージュなど落ち着いた雰囲気が出る色を用いる。

◆空気調節に関する留意点

◎エアコンの風が直接上司や来客に当たらないように工夫する。

◎各季節に適した部屋の温度や湿度は以下の通り（省エネルギー対策を取っている場合は会社の指示に従う）。
春・秋＝気温22～23度　夏＝気温25～28度　冬＝気温18～20度
湿度は年間を通して50～60%にする。

※近年，省エネの観点から，照度は低く，夏の温度は高めに設定しているオフィスが多い。

●掃除・整理整頓における留意点

秘書は，上司の執務室や応接室などを毎日清掃して清潔に保ち，見た目にも快適な環境を整えるため整理整頓を心がける必要があります。掃除は，掃除する対象によって掃除用具や洗剤などが異なるので注意しましょう。

◆掃除をするときの留意点

◎家具は羽根ばたきでほこりを払い乾いた布でから拭きする。汚れがひどいときは家具用洗剤を使用する。

◎じゅうたんは，毎日掃除機をかける。落ちにくい染みは中性洗剤を付けて拭く。

◎ブラインドは羽根ばたきでほこりを払う。

◎応接セットの椅子は，布張りの場合はブラシで汚れを取り，革(かわ)張りの場合はから拭きする。

◎応接セットのテーブルは，使用後，水を含ませた布を固く絞って拭く。テーブルに水分が残っているようなら，その後から拭きする。また，テーブルに置いてある灰皿は，中の吸い殻(がら)を捨てて水洗いし，その後乾いた布で拭く。

◎テーブルクロスやカバーの布はクリーニング業者に依頼する。

◎置物は羽根ばたきでほこりを払うか，から拭きする。

◎観葉植物は，水を含ませた布を固く絞って葉の部分を軽く拭く。

◎油絵は，筆などでほこりを払う。

◎電話機や受話器，パソコンのキーボードやマウスは毎日から拭きする。

◆上司の執務室や応接室を整理整頓するときのチェック項目

◎机や椅子，応接セットは正しい位置にあるか。

◎ブラインドやカーテンが中途半端になっていないか。

◎掛け時計の時刻は正しいか，また日付がある時計は正しい日付と曜日になっているか。

◎部屋にかけてあるカレンダーをめくり忘れていないか。

◎くずかごにゴミが残っていないか。定位置に置いてあるか。
◎新聞や雑誌はマガジンラックに整理され，最新のものになっているか。
◎上司の机の上の備品は正しい位置にあるか。余分なものが置いてないか。
◎書棚の本やバインダーなどは整理されているか。
◎壁の絵画や飾り棚の置物が正しく置かれているか。
◎観葉植物に水をやったか。枯れ葉が植木鉢に落ちていないか。
◎テーブルの上に設置してあるライターの火は付くか。
◎灰皿はきれいになっているか。

オフィスレイアウト

部屋のレイアウトを一任されたら，まず上司の机，応接セットの配置を考え，後は動線を考慮して備品類を配置していきます。

上司の机，秘書の机，応接セットなどの配置は以下のようなことに留意します。

◆上司の机は部屋の奥の，直接入り口から見えないところに配置する。

◎秘書と同室の場合は，秘書と対面しないようにする。秘書は電話応対や来客接遇など，デスクワーク以外の仕事もするため，向き合っていると上司が落ち着いて仕事ができないからである。ついたて，パーティションなどを利用して部屋を仕切るなど，それぞれ独立したスペースが確保できるように工夫する。

◎手暗がりにならないように，上司が座ったとき窓が左側か後ろになるように配置する。

◆秘書の机は来客の出入りがすぐ分かるように入り口の近くに配置する。

◎キャビネットは秘書が使いやすい場所に配置する。

◆応接セットは上司の近くに置き，上司が座りやすいように配置する。

◎来客が座ったとき，秘書と向かい合わないようにする。

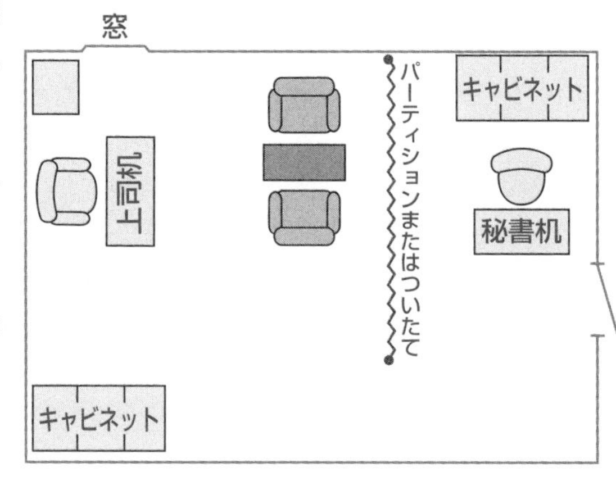

オフィスレイアウトの一例。

SELF STUDY

過去問題を研究し
理解を深めよう！

POINT 出題 CHECK

「オフィス管理」では事務用品とオフィス機器の知識，環境整備，オフィスレイアウトがほぼ同じ割合で出題されているが，出題数そのものは少ない。事務用品とオフィス機器の知識ではコンピューターの周辺機器に関することも問われるので，新しい機器についての知識も身に付けておく。環境整備では室内の照明や温度調節などの基本的な問題が出る。オフィスレイアウトに関しても基本的な知識を押さえておけば問題はない。

事務用品とオフィス機器の知識

インターネットやコンピューターに関する用語とその説明である。

○ ①「プロバイダー」とは，インターネットの接続業者のこと。

○ ②「ソフトウエア」とは，コンピューターを動かすための利用技術のこと。

× ③「スキャナー」とは，コンピューターなどで文字や図を表示する画面のこと。

③説明は「モニター」のこと。「スキャナー」とは画像情報を読み取ってコンピューターに入力する装置のこと。

環境整備

上司の部屋の環境整備について述べたものである。

○ ①日差しや外光の調節，視界の遮断はブラインドでするのが簡便でよい。

○ ②ドアが閉まるとき音がしないように，ドアチェックの調整に気を使う。

× ③室内には温度計を備え，一年を通じて25℃くらいの室温を保つ。

③室内温度は，外気との温度差やそのときの服装によって快適な温度が決まる。従って一年を通じて同じ温度を保つのがよいわけではない。

オフィスレイアウト

上司と秘書が同室で仕事をする場合の室内レイアウトのことである。

× ①応接セットは上司の机より，秘書の机に近い方にあるのがよい。

○ ②応接セットのソファーは，入り口から見て奥の方にあるのがよい。

①来訪者と面談するのは上司だから，上司の机に近い方がよい。

CHALLENGE 実問題

1　難易度 ★★☆☆☆

次はコンピューターに関する用語の説明である。中から不適当と思われるものを一つ選びなさい。

1)「外字」とは，仮名や漢字以外の外国文字，数字，記号のことである。
2)「圧縮」とは，特定の処理手順に従ってデータの容量を小さくすることである。
3)「ブラウザー」とは，ウェブページを表示するためのソフトウエアのことである。
4)「バグ」とは，コンピューターのプログラムに含まれる誤りや不具合のことである。
5)「最適化」とは，ハードディスク内の断片化されたファイルを整理して処理能力を改善することである。

2　難易度 ★★★☆☆

秘書Aは，上司の出張中に上司の部屋の整備をすることにした。次はそのために，出張前の上司に尋ねたり頼んだりしたことである。中から不適当と思われるものを一つ選びなさい。

1) 書棚を整理したいので，廃棄してよい雑誌をまとめておいてもらえないか。
2) 壁にかけてある絵画を，昨年と同じように季節に合わせた絵に替えてもよいか。
3) 上司の机を少しずらせばじゅうたんのほつれが隠れるので，動かしてもよいか。
4) 上司のロッカー内に不要な物があれば，分かるようにしておいてもらえないか。
5) 雰囲気を変えるため，観葉植物の種類を替えようと思うがどうか。希望はあるか。

【解答・解説】1＝1)「外字」とは，ＪＩＳ（日本産業規格）で定めている文字コード表にない，ユーザーまたはメーカーが独自に作成した文字のことである。
2＝1) 上司の部屋の書棚を整理するのだから，廃棄するものは上司に確認することになる。が，まとめておくよう頼むのは，上司に整理するよう言っているのと同じなので不適当ということである。

模擬試験

SECTION 1 仕上げ1

SECTION 2 仕上げ2

● 試験時間　2時間 ●

区分	領域	問題数	正解数	合計正解数
理論編	Ⅰ　必要とされる資質	5問		/13問
	Ⅱ　職務知識	5問		
	Ⅲ　一般知識	3問		
実技編	Ⅳ　マナー・接遇	12問（2問が記述式）		/22問
	Ⅴ　技能	10問（2問が記述式）		

● 評価 ●

◆理論編

【正解数】	【評価】
8問以上	クリア
7問	あと一息でクリア
6問	やや努力が必要
5問	さらに努力が必要
4問以下	かなり努力が必要

◆実技編

【正解数】	【評価】
14問 以上	クリア
12・13問	あと一息でクリア
10・11問	やや努力が必要
8・9問	さらに努力が必要
7問以下	かなり努力が必要

注）理論編，実技編それぞれが60%以上正解のときに合格になります。
合格の目安は早稲田教育出版編集部が独自に付けたものです。

仕上げ 1

TEST

模擬試験にチャレンジし
実力を確かめてみよう!!

【必要とされる資質】

1 秘書Aは他部署の秘書Bから相談された。「上司が代わった。前の上司は何事も大ざっぱだったが，新しい上司は秘書を使うのが初めてということもあり，細かいことも気になるようだ。資料作成などにも時間がかかり，何かとやりにくい。どうすればよいか」というものである。このような場合，AはBにどのようなことを言うのがよいか。次の中から不適当と思われるものを一つ選びなさい。

1）時間がたてば新しい上司の性格に慣れて，気にならなくなるのではないか。
2）新しい上司は秘書を使うのが初めてということなのだから，少し様子を見たらどうか。
3）秘書は上司に合わせて仕事をしなければいけないのだから，仕方がないのではないか。
4）機会を見て新しい上司に前の上司の指示の仕方を話してみたら，参考にしてくれるのではないか。
5）資料作成などに今までより時間がかかるというなら，それを見込んだ計画を立てればよいのではないか。

2 秘書Aの上司（営業部長）は，「ちょっと私用で銀行に行ってくる。そう遅くはならないと思う」と言って出かけている。そこへ経理部長から電話があり，「先月の売り上げについて，営業部長に確認したいことがある」と言われた。このような場合Aは，経理部長にどのように対応すればよいか。次の中から不適当と思われるものを一つ選びなさい。

1）「上司はちょっとと言って外出している。戻り次第連絡するので少し待ってもらえないか」と頼む。
2）「上司は外出しているが，売り上げなら課長が分かると思う。よければ課長に代わろうか」と言う。
3）「上司は出かけているが，そう遅くはならないと言っていた。戻ってからでも間に合うか」と尋ねる。
4）「上司はちょっと私用で銀行に行くと言って外出している。戻ったら連絡するがそれでよいか」と言う。
5）「上司はそう遅くはならないと言って外出したが，出先の状況次第では時間がかかるかもしれない。どうするか」と尋ねる。

3 部長秘書Aが本部長との打ち合わせから戻ってきた上司にお茶を持って行ったところ，「本部長には付いていけないな」と不機嫌そうに話しかけてきた。Aは，上司と本部長はうまが合わないことを日ごろ感じていた。このような場合Aは上司にどのように言えばよいか。次の中から**適当**と思われるものを一つ選びなさい。

1）「何があったのでございますか」
2）「いつも何かと大変なご様子でございますね」
3）「どちらかが譲ればよいことなのでしょうけれど」
4）「考え方の違いは何ともしようがないことですね」
5）「無理に合わせる必要はないのではございませんか」

4 秘書Aは，秘書課長が「Bは秘書向きではないと思う」と言っているのを耳にした。Bは経理課からの異動で，先月配属になったばかりである。次はこのときAが，先輩としてBに言っておこうと思ったことである。中から<u>不適当</u>と思われるものを一つ選びなさい。

1）初めのうちは，何事も先輩秘書の仕事の仕方を見習ってするのがよい。
2）秘書として配属されたのだから，上司の意向に沿えるように努力しないといけない。
3）来客応対に事務的なところがあるので，明るくにこやかに接するよう心がけること。
4）秘書の仕事の特性は経理課とは違うので，これまで学んだことは参考にしない方がよい。
5）秘書は来客と接することが多いので，身だしなみや言葉遣いにも気を配らないといけない。

5 秘書Aが受付の前を通ると，取引先のS氏が新人Bに何か文句を言っている。どうやらBの対応に不手際があったらしい。このような場合，Aはどのような対処をすればよいか。次の中から**適当**と思われるものを一つ選びなさい。

1）S氏に事情を尋ね，Bは新人なので今日のところは許してもらいたいと頼む。
2）S氏とBにこうなった理由を尋ね，どのようにすればよかったのかを話し合う。
3）Bは新人だから教育のために最後まで対応させ，自分はそばで見守るだけにする。
4）S氏に，Bの不手際をわびてBにもわびさせ，その後は自分が代わって対応する。
5）Bにまずわびさせ，よい機会なのでS氏に断って，来客の対応についてその場で指導する。

【職務知識】

6 次は，秘書Aが日ごろ心がけていることである。中から不適当と思われるものを一つ選びなさい。

1）上司を理解するために，趣味や交友関係について知る機会があれば覚えておくようにしている。
2）仕事のミスは上司に報告すると迷惑がかかるので，自分で責任を持って処理するようにしている。
3）上司へのいろいろな手助けは，上司が仕事に専念できるようにするためということを意識して行っている。
4）社内のうわさなどで上司の耳に入れておいた方がよいものは，なるべく早くそのまま伝えるようにしている。
5）急がないと言われて指示されたことでもすぐに取りかかれないときは，そのことを言って了承を得るようにしている。

7　秘書Aが後輩Bと部長会議で使用する資料のセットをしようとしたとき，Aに急ぎの仕事が入った。Bは前回もAと一緒にセットしたので要領は分かると言う。そこでBに任せたところ，後で上司からセットの順番が間違っていて困ったと注意された。次はAが，このようなミスを起こさないためにはBにどう対応すればよかったか考えたことである。中から不適当と思われるものを一つ選びなさい。

1）見本を一つ作り，見本通りにセットするようにと言えばよかった。
2）自分が急ぎの仕事をしていても，途中でBの仕事を見に来ればよかった。
3）セットし終えたら上司にチェックしてもらうように，と言っておけばよかった。
4）資料のセットだからといって安易に考えないように，と言っておけばよかった。
5）Bからセットの仕方は分かると言われたとしても，一通り説明しておけばよかった。

8　秘書Aのところに，取引先Y社の総務部長秘書Kから宅配便が届いた。開けるとZ社宛てのもので，Kが宛先を間違えたらしい。このような場合，Aはどのように対処したらよいか。次の中から**適当**と思われるものを一つ選びなさい。

1）上司に，「Y社のKから宅配便が間違って届いたが，どうすればよいか」と尋ねる。
2）Kに，「Z社宛ての宅配便が間違って届いたので送り返す」と連絡して，運賃着払いで送る。
3）Z社に電話で，「Z社宛ての宅配便が間違って届いたので，こちらからそちらに送ろうか」と言う。
4）Z社に，「宅配便が間違って届いたので転送する」と書いた手紙を入れて送り，Kにそのことを伝えておく。
5）Y社の総務部長に電話で，「宅配便の宛先に手違いがあったようでこちらに届いたが，どうすればよいか」と尋ねる。

9 次は総務部長秘書Aが，電子メールで行った社内連絡である。中から不適当と思われるものを一つ選びなさい。

1）歓送迎会の案内を部員全員に。
2）部内会議の議事録を会議のメンバーに。
3）取引先の担当者が代わったことを関係者に。
4）取引先から面談の依頼があったことを上司に。
5）上司が来週，急に出張することになったことを関係者に。

10 秘書Aが出社すると上司（販売部長）から電話があり，「常務の指示で今日と明日出張する。明後日は出社するが，この出張は課長以外には内密にするように」と言うことで，予定の変更について指示された。次はこのようなときAが行ったことである。次の中から不適当と思われるものを一つ選びなさい。

1）面会の予約客には，来訪を待ってわび，次の都合のよい日時を聞いておいた。
2）明日予定されている部長会議には，理由は言わず都合がつかないため欠席すると連絡した。
3）広報部長が，急ぎでL社との取引額を知りたいと言ってきたので，課長に頼んで答えてもらった。
4）取引先T社に，今日の新製品発表会に出席できなくなったとわび，資料を送ってもらいたいと頼んだ。
5）課長に，明日の業界団体の懇親会に代理で出席してもらいたい，と部長から指示があったことを伝えた。

【一般知識】

11 次は会社における役職名とその説明の組み合わせである。中から不適当と思われるものを一つ選びなさい。

1）顧問　＝　主に取締役の仕事の管理をする人。
2）相談役　＝　経営上の相談に乗り助言をする人。
3）監査役　＝　会計や業務を監視して検査する人。
4）常務取締役　＝　取締役の一員で日常の経営業務を行う人。
5）代表取締役　＝　取締役の一員で会社を代表する権限を持つ人。

12　次の「　」内は下のどの用語の説明か。中から**適当**と思われるものを一つ選びなさい。

「株式会社などで，組織や業務に関する基本的な規則を記した文書」

1）社訓
2）社是
3）内規
4）定款
5）約款

13　次は用語とその意味（訳語）の組み合わせである。中から<u>不適当</u>と思われるものを一つ選びなさい。

1）クオリティー　＝　品質
2）アビリティー　＝　能力
3）コミュニティー　＝　伝達
4）オーソリティー　＝　権威者
5）ポテンシャリティー　＝　可能性

スタディガイド
領域：理論編
領域：実技編
テスト

【マナー・接遇】

14 次は秘書Aが，上司からかかってきた電話に対して言ったことである。中から<u>不適当</u>と思われるものを一つ選びなさい。

1）応接室から，ちょっと来てもらいたいと言われたとき
「すぐに参りますが，どのようなご用でしょうか」
2）外出先から，資料を調べてもらいたいと言われたとき
「早速調べますが，結果はどのようにお知らせいたしましょうか」
3）自宅から，午後には出社すると連絡があったとき
「課長が30分ほどお時間を頂きたいとのことですが，２時からでよろしいでしょうか」
4）外出先から，留守中に何かあったかと言われたとき
「ご友人のＴ様がいつものようにお立ち寄りになりました。他にはございませんでした」
5）出張先から，課長に代わってもらいたいと言われたとき
「課長は席を外されていますが，課長からそちらへご連絡するようにいたしましょうか」

15 秘書Aの上司は黙って席を外すことが多い。社内にはいるのだが，急用のときなどは困ることもある。今も予約客が時間通りに来訪したが，上司は席にいない。このような場合の来客への対応について，次の中から**適当**と思われるものを一つ選びなさい。

1）応接室に案内し，「少々お待ちくださいませ」とだけ言って，社内を捜す。
2）「席を外しておりますが，間もなく戻ってまいります」と言って応接室に案内し，待ってもらう。
3）「前の会議が長引いているようですので，少々お待ち願えませんか」と言って，受付で座って待ってもらう。
4）「急用で席を外しておりますが，どのくらいでしたらお待ちいただけますか」と尋ね，それによって対応する。
5）応接室に案内し，「お約束は覚えているはずですが，席におりませんので社内を捜してまいります」と言う。

16　秘書Ａは，上司の商談に随行して取引先のＮ氏を訪問した。次は，商談が終わった後のＡの言動である。中から<u>不適当</u>と思われるものを一つ選びなさい。

1）商談が終わったときＮ氏が応接室のドアを開けてくれたので，上司に続いて会釈しながら退室した。
2）Ｎ氏が上司をエレベーターまで見送ると言ったとき，「お忙しいと思いますので，お見送りは結構でございます」と言った。
3）受付の前を通るとき，「お世話になりました」と言って会釈をした。
4）上司は直帰すると言うので上司が持っていた資料を預かり，自分の資料とは別にしてバッグにしまった。
5）上司に，急ぎの用件がないか確認するので少し待ってもらいたい，と言って会社に連絡を入れた。

17　秘書Ａの上司は交友関係が広く頼まれ事も多い。しかし全部は引き受けられないので断ることもあり，そのときはＡが断っている。このような場合，どのようにして断るのがよいか。次の中から<u>不適当</u>と思われるものを一つ選びなさい。

1）曖昧な断り方は相手に期待を残すことになるから，はっきりと断るのがよい。
2）断る事情は相手には関係がないのだから，事情は説明しないで断るのがよい。
3）引き受けたいのはやまやまだがと上司は言っている，と言ってから断るのがよい。
4）断れば相手は不愉快な思いをすることもあるのだから，申し訳ないという気持ちで断るのがよい。
5）他に適任の人がいれば紹介するだろうがあいにく上司には心当たりがないようだ，と言って断るのがよい。

18　次は秘書Ａが，来客にお茶を出すときに心がけていることである。中から<u>不適当</u>と思われるものを一つ選びなさい。

1）親しい来客には，緑茶とコーヒーのどちらがよいかを尋ねている。
2）長時間の面談のときは，上司の指示がなくても途中でお茶を入れ替えるようにしている。
3）来客を待たせるときでも短時間であれば，上司が来てから二人分のお茶を出すようにしている。
4）お茶を出して応接室を出るときは，来客と上司が話し中なら何も言わずにお辞儀をして退室している。
5）コーヒーのときは上司にも来客用のカップで出すが，緑茶のときは上司だけ個人用の茶わんにしている。

19 新人秘書Aは先輩から，祝い金を贈るときの祝儀袋について次のように教えられた。中から不適当と思われるものを一つ選びなさい。

1）祝儀袋を選ぶときは，祝い金の金額に見合った体裁のものにすること
2）水引の結び方は祝いの内容によって異なるので，間違えないようにすること
3）金額は中袋の表側に書くが，記入欄があればそこに書くこと
4）部署でまとめて贈るときは，部署名の下に「一同」と書くこと
5）祝儀袋に贈る相手の名前を書くことがあるが，その場合は右上に書くこと

20 次は用語とその意味の組み合わせである。中から不適当と思われるものを一つ選びなさい。

1）献花　＝　霊前などに花を供えること
2）玉串　＝　榊の小枝に白い紙を付けたもの
3）奉納　＝　納棺のとき遺品を棺に納めること
4）寄進　＝　神社や寺に金品などを寄付すること
5）布施　＝　葬儀や法事での僧侶へ謝礼すること

21 次は秘書Aの，上司への報告の仕方である。中から不適当と思われるものを一つ選びなさい。

1）報告することが幾つかあるときは，時間のかからないものから先にしている。
2）内容が複雑なときはメモに図示するなどして，それを見てもらいながら報告している。
3）特にその必要がないと思っても，報告が終わったら，何か不明な点はなかったか尋ねている。
4）外出中の電話を伝言メモに書いて上司の机上に置いても，上司が戻ったら口頭で報告している。
5）上司が会議から戻ってすぐに外出するときは，報告事項をメモしておいて出がけに渡している。

22　次の「　　」内は，秘書Aの上司（営業部長）に対する言葉遣いである。中から不適当と思われるものを一つ選びなさい。

1）常務と車で行くのかということを
「常務とお車でいらっしゃるのですか」
2）L社にはどの書類を持って行くのかということを
「L社にはどちらの書類をお持ちになりますか」
3）資料のコピーは誰に渡せばよいかということを
「資料のコピーはどなたにお渡しすればよろしいでしょうか」
4）上司が今言ったのは，○○の件についてかということを
「部長がただ今おっしゃいましたのは，○○の件についてでしょうか」
5）さっき経理部長が来て，部長を捜していたということを
「先ほど経理部長がおみえになられて，部長をお捜しでいらっしゃいました」

23　秘書Aは課長に同行して，入院した上司（部長）を見舞いに行くことになった。次はこのときAが順に行ったことである。中から不適当と思われるものを一つ選びなさい。

1）課長に，見舞い品などについて指示してもらえば，自分が用意すると言った。
2）上司の家族に，課長と見舞いに行くこととその日時を伝えた。
3）そのとき，上司が仕事のことで何か話していなかったか尋ねた。
4）上司から何か指示があるかもしれないので，メモを取る準備をしていった。
5）見舞いに行くときの服装は，特に気を使わずに普段着ているスーツにした。

スタディガイド
領域：理論編
領域：実技編
テスト

【技能】

24 秘書Aは，外出中の上司（部長）から「取引先での商談が長引いてしまい帰社が遅れる。2時からの部内会議は30分遅らせるよう手配してもらいたい」との連絡を受けた。会議室の使用時間の変更をしたところ次に使用する部署と10分重なってしまったが，他の会議室はふさがっていたので10分短く予約した。次はそのときAが順に行ったことである。中から不適当と思われるものを一つ選びなさい。

1）30分遅れることと10分短くなったことを進行役の係長に伝え，時間配分に注意して進行するようにと言った。
2）会議のメンバーに時間変更を伝えたとき，途中で退席することになるという人がいたので，係長に伝えると言った。
3）会議終了後に打ち合わせをすることになっていた他部署の部長に，20分ほど遅れるがよいかと尋ねた。
4）2時までに切り上げる予定で客と面談している課長に，開始が30分遅くなったことをメモで知らせた。
5）帰社した上司に状況を報告し，10分短くなって申し訳ないとわびた。

25 次は秘書Aが，祝賀会などの招待状に同封されている返信はがきを，欠席として出すときの書き方である。中から不適当と思われるものを一つ選びなさい。

1）「ご出席」と書いてある箇所は，二本線で消す。
2）「ご欠席」と書いてある箇所は，「ご」を二本線で消す。
3）「ご芳名」と書いてある箇所は，「ご」を二本線で消す。
4）欠席の理由は，「所用のため」や「出張のため」などと書く。
5）「ご盛会をお祈りいたします」などと書き添える。

26　次は社内文書の書き方について述べたものである。中から**適当**と思われるものを一つ選びなさい。

1）頭語は「前略」，結語は「草々」を使う。
2）横書き文書の数字は，算用数字に統一する。
3）発信者名は，職名だけで個人名は書かなくてもよい。
4）文体は，「です」より「である」の方が命令的でよい。
5）箇条書きは，文が短く説明が不十分になるので避ける。

27　次は手紙の慣用語と，それを分かりやすい言い方にしたものとの組み合わせである。中から不適当と思われるものを一つ選びなさい。

1）ご引見ください　――――　お会いください
2）ご高見を承りたい　――――　ご意見をお聞きしたい
3）ご休心ください　――――　安静になさってください
4）ご放念ください　――――　心配なさらないでください
5）ご査収ください　――――　よく調べてお受け取りください

28　次は秘書Aが行った郵送方法である。中から不適当と思われるものを一つ選びなさい。

1）上司から指示されて契約書類を送るとき，「簡易書留」にした。
2）A４判２枚の文書を急ぎで送るとき，三つ折りにして「速達」で送った。
3）上司の知人に香典を送るとき，不祝儀袋に悔やみ状を添えて「現金書留」で送った。
4）回収率20％予想のアンケート用紙を500人に送るとき，返信用封筒は「料金受取人払」にした。
5）役員交代のあいさつ状を取引先300社に送るとき，切手を貼る手間が省けるので「料金別納」にした。

29 秘書Aは上司宛ての郵便物を次のように処理した。中から不適当と思われるものを一つ選びなさい。

1）社長就任のあいさつ状は，名簿の役職名を変更してから上司に渡した。
2）上司宛てだったが，担当者が別にいる用件だったのでその担当者に渡した。
3）上司宛ての請求書だったが，上司に確認印を押してもらい経理課に回した。
4）現金書留は開封して金額を確かめ，Aの確認印を押してから上司に渡した。
5）業界団体臨時理事会の招集通知は，当日の予定をメモして一緒に上司に渡した。

30 次は用語とその説明の組み合わせである。中から不適当と思われるものを一つ選びなさい。

1）草稿　＝　下書きのこと。
2）校正　＝　下書きなどをきれいに書き直すこと。
3）改訂　＝　先に発行された本の内容を，一部改め直すこと。
4）再版　＝　既に発行されている本を，同じ形で再び発行すること。
5）奥付　＝　本の終わりの著者名，発行所名，発行日などが記されている部分のこと。

31 次は秘書Aが，上司（部長）のスケジュール管理で行っていることである。中から不適当と思われるものを一つ選びなさい。

1）外出の時間が迫っているのに他の部署で話し込んでいるときは，外出の時間だと，その部署に知らせに行っている。
2）「ちょっと出かけてくる」と言って外出するときは，行き先は尋ねないで帰社予定時間だけを尋ねるようにしている。
3）外出していて，外出先から直帰すると連絡があったときは，念のため明日朝一番の予定だけは伝えるようにしている。
4）後に予定が入っているとき，予約客が遅れて来たら，後に予定があるので十分な時間が取れないと話すようにしている。
5）急な部長会議の招集があったとき，他の予定と重なる場合は，調整はするが代理は可能かと主催者に確認するようにしている。

記述問題

【マナー・接遇】

32　次の「　　」内は秘書Aが，外出中の上司宛てにかかってきた取引先からの電話に対して言ったことである。意味を変えずに丁寧な言い方を答えなさい。

1）「すまないが急ぎか」

2）「伝言は確実に聞いた」

3）「もう一回言ってもらえないか」

33　次のような場合，「お返しの上書き」は何と書けばよいか。（　　）内に漢字で1つずつ答えなさい。ただし，2）と3）の解答は重複しないこと。

1）香典　　（　　　　　）

2）お祝い　　（　　　　　）

3）病気見舞い　　（　　　　　）

【技能】

34 次の下線部分を手紙の慣用語に直して（ ）内に答えなさい。

1)「ますますお元気のこととお喜び申し上げます」
2)「万障都合をつけてご出席くださるようお願い申し上げます」
3)「企画書を同封いたしましたので、調べて受け取ってください」

1)（ ） 2)（ ）
3)（ ）

35 秘書Aの上司（販売本部長）主催の支店長会議が長引いていて，5時に終わる予定が5時30分の今も続いている。予定では，上司と出席者，社内関係者の懇親会を6時から，車で10分ほどの会場で行うことになっている。そこへ上司から，会議は6時ごろ終わる，懇親会は6時30分からという連絡が入った。このような場合，Aはどのようなことをしなければいけないか。箇条書きで三つ答えなさい。

解答・解説

1【解　答】4)
【解　説】上司が代わったら，仕事の仕方はその上司に合わせるのが秘書。参考ということであっても前上司の指示の仕方を話してみるということは，上司が秘書に合わせることを期待していることになり，秘書の仕事の仕方としては不適当である。

2【解　答】4)
【解　説】この場合，上司は遅くはならないと言っているのだから，そのことを伝えてどうにかしてもらうのが秘書の対応。私用は隠すようなことではないが，このような場合に私用と言えば経理部長への印象が悪い。不手際なので不適当ということである。

3【解　答】2)
【解　説】上司がAに話しかけたのは本部長に対する愚痴のようなこと。このような場合は秘書が具体性のあることを言うものではない。従って，2）のように言うのが適当ということである。

4【解　答】4)
【解　説】異動したら，異動先の仕事の仕方や雰囲気に合わせるのがよい。が，これまで学んだことは異動先でも生かせるものである。それなのに，参考にしない方がよいと言うなどは見当違いで不適当ということである。

5【解　答】4)
【解　説】取引先のK氏に対して新人Bに不手際があったらしいということだが，このような場合の対処は新人には難しい。よって，Aがわびた上でBにもわびさせ，その後の対応はAが代わると言うことが適当。新人の指導をその場でするようなことはしない。

6【解　答】2)
【解　説】仕事のミスは周囲や対外的に影響する場合もあるから，自分で処理できる微細なことは別として，すぐ上司に報告し早めの対処をしないといけない。報告すると迷惑がかかるなどは見当違いなので不適当ということである。

7【解　答】3)
【解　説】資料のセットはAがBに任せたのだから，Bの間違いはAの責任である。よって，ミスを起こさないためにはどうすればよかったかとなると，Aがチェックしないといけなかったということ。上司にチェックしてもらうようにになどということは不適当である。

8【解　答】2)
【解　説】届いた宅配便は，Y社Kの送り間違いだったのである。Z社宛てのものだと分かったとしても，送り主に返すのが適切な対処である。その場合，運賃着払い（Y社が運賃を支払う）でよいが，先方にも都合があるし，間違って届いたことを知らせるためにもKに連絡してからにするのがよいということである。

9【解　答】4)
【解　説】取引先から面談の申し込みがあったら，上司の意向を確認したり，面談の日にちを決めるなどをしないといけない。そのような場合，メールでは上司に手間をかけさせることにもなるので，口頭でのやりとりの方がよい。よって，メールで確認したことは不適当。

10【解　答】1)
【解　説】上司の予定変更はAが出社したときすぐに分かったのだから，面会が予定されていた客には，すぐに連絡してわび，次の都合のよい日時を聞かないといけない。来訪を待ってわびると，予約客に無駄足を踏ませてしまうことになるので不適当である。

スタディガイド　領域：理論編　領域：実技編　テスト

11【解　答】1)
【解　説】「顧問」とは，会社などで相談を受けて助言を与える役目の人のことである。

12【解　答】4)

13【解　答】3)
【解　説】「コミュニティー」とは，地域社会や共同会社のこと。

14【解　答】1)
【解　説】上司から応接室に来るようにと言われたのに，その電話で「何の用か」と尋ねているのが不適当。電話で済む用ではないから来るように呼んだのだろうから，「すぐに参ります」と言うだけでよいということである。

15【解　答】1)
【解　説】予約客があるのに席を外しているということは，近くにいるはずである。上司を捜すのにそう長くはかからないであろう。このような場合，時間通りに来訪した客には，余計なことは言わずに通常の案内をする方がよい。

16【解　答】2)
【解　説】N氏がエレベーターまで見送ると言ったのは，Aの上司に対してである。Aは秘書として随行している立場。よって，上司が言われたことにAが見送りは結構と言うのは，出過ぎていて不適当である。

17【解　答】2)
【解　説】頼んでくるのは引き受けてくれることを期待してのこと。また，頼める関係があるから。それを断るのだから，事情の説明はしないといけない。断る事情は相手に関係ないから説明しないなどは不適当ということである。

18【解　答】5)
【解　説】個人用の茶わんは私的なものなので，公の場である接客の席では使わないものである。また，客にお茶を出すときの茶わんは同じものにするのが慣例でもある。上司だけ個人用の茶わんにするなどは不適当ということである。

19【解　答】5)
【解　説】祝い金を贈るとき，祝儀袋に相手の名前を書くことがある。その場合は，左上に書くのがマナーにかなった書き方。右上に書くのは不適当ということである。

20【解　答】3)
【解　説】「奉納」とは，神仏に供え物や踊りなどをささげることである。

21【解　答】1)
【解　説】報告は，急ぐもの，重要なものから先に行うのが基本なので，時間のかからないものから先にしているなどは不適当ということである。

22【解　答】5)
【解　説】「おみえになられて」は，尊敬語の「おみえになる」に，さらに「れる」という尊敬語を加えた言い方（二重敬語）なので不適当。適切な言い方は「おみえになりまして」などである。

23【解　答】3)
【解　説】上司の見舞いに行くことを家族に連絡するなら，誰がいつ行くかを伝えればよい。仕事のことは家族には関係ないし，何かあれば見舞いのときに上司から話があるはず。よって，家族に仕事のことを尋ねたのは不適当ということである。

24【解　答】1)
【解　説】進行役の係長に，時間配分に注意して進めるようにと言ったのが不適当。時間が 10 分短くなったら，時間配分に注意するのは進行役として当たり前のこと。それをAにとって上役である係長にわざわざ言うのは，余計なことである。

25【解　答】3)
【解　説】「ご」を消すのはよい。が,「芳名」は名前という意味の尊敬語だから，返信するときは「ご芳」の2文字を消さないといけない。よって，3)は不適当。
26【解　答】3)
【解　説】社内文書は簡潔という理由から，発信者名は職名または部署名にするのが一般的。職名とは，例えば「総務部長」など，担当職務の名称のこと。職名を書けば誰であるかは特定できるので，個人名を書かなくても文書は機能するということ。よって，3）が適当。1）社内文書に頭語と結語は不要。2）数字は場合により漢数字も使う。4）文体は「です」「ます」がよい。5）具体的な内容は,「記」の中に箇条書きで書く。
27【解　答】3)
【解　説】「休心」とは心を休めることで，手紙の慣用語で安心という意味である。よって「ご休心ください」を分かりやすい言い方にすれば「ご安心ください」になる。「安静になさってください」は病気療養中などに静かにして体を休めることなので，意味が違い不適当である。
28【解　答】5)
【解　説】手紙を同時に多数発送する場合，切手を貼る手間が省ける「料金別納」は便利である。しかし，この場合は役員交代のあいさつ状。儀礼の文書であり格式を重んじる必要があるので，切手を貼らない効率優先の送付方法はなじまないということである。よって5）は不適当。
29【解　答】4)
【解　説】上司宛ての現金書留は，受信簿に記録したら開封せずに渡すのが適切な渡し方。よって，開封して金額を確認するとか確認印を押すなどは不適当である。書留類（一般書留・簡易書留・現金書留）は受信簿に記録して，開封せずに上司に渡す。
30【解　答】2)
【解　説】「校正」とは，原稿と試し刷りを照らし合わせて文字や体裁などの誤りを正すこと。下書きなどをきれいに書き直すことは,「清書（浄書)」である。
31【解　答】5)
【解　説】部長会議とは，部長が集まって，部長の職務の範囲のことを話し合ったり決めたりするのだから，代理が可能ということはない。よって，それを確認しているということは不適当。
32【解　答】1）恐れ入りますがお急ぎでしょうか
2）ご伝言は確かに承りました
3）もう一度おっしゃっていただけません（でしょう）か
33【解　答】1）志・忌明　　2）内祝　　2）快気祝・全快祝
34【解　答】1）ご健勝
2）お繰り合わせの上
3）ご査収
35【解　答】1．社内の関係者に，会議の終了予定時間と懇親会の開始時間の変更を連絡する。
2．懇親会の会場へ遅れることを連絡する。
3．手配した車の時間を変更する。

SECTION 2 仕上げ2

TEST

模擬試験にチャレンジし
実力を確かめてみよう!!

【必要とされる資質】

1 秘書Aは上司（営業部長）から，「取引先のT社から新商品発表会の案内状がまだ届いていないと連絡があった。漏れがないようにしてもらわないと困る」と注意を受けた。しかし，案内状のリストにT社は入っていない。このような場合，Aはどのように対応すればよいか。次の中から**適当**と思われるものを一つ選びなさい。

1）T社に電話で，遅れた理由を説明してわびて日時や会場などを伝え，すぐに送る。
2）T社はリストにないが送ってよいかと上司に確認し，よいと言われたらすぐに送る。
3）リストになぜT社がなかったのかを上司に尋ね，T社にはわび状を添えてすぐに送る。
4）上司にすぐに送ると言って，送り状にわびの言葉を書いて送り，リストに追加しておく。
5）T社には電話で不手際をわびてすぐに送ると言い，リストに追加してよいかを上司に確認する。

2　秘書Aが急ぎの仕事をしているとき，上司から「来客との商談資料に間違っている箇所がある」と言われた。資料はAが作成したもので，商談は明日の11時からである。このような場合，Aは上司にわびた後どのように対応したらよいか。次の中から<u>不適当</u>と思われるものを一つ選びなさい。

1）「どこをどのように直せばよいのか」と尋ねて，急ぎの仕事が終わったらすぐに取りかかると言う。
2）「今，急ぎの仕事をしているので，後でどのように直せばよいかを教えてもらいたい」とお願いする。
3）直し方を確認し，「今日中に直すが少し遅くなるので，提出は明日の朝一番になると思うがよいか」と尋ねる。
4）どこが間違っているのかを教えてもらい，「直すのは急ぎの仕事が終わってからになるが，今日中でよいか」と尋ねる。
5）間違っている箇所を教えてもらい，「今，急ぎの仕事をしているが，できるだけ早く直して間に合うようにする」と言って了承してもらう。

3　秘書Aの上司（K部長）は，「しばらく広報部長のところに行っている。このことは内密に」と言って席を外した。そこへ他部署のR部長が，「K部長に直接聞きたいことがあって来た。さっき見かけたが」と言って訪れた。このような場合，AはR部長にどのように言って対応すればよいか。次の中から**適当**と思われるものを一つ選びなさい。

1）「さっき見かけたというのは，広報部長のところか」と言う。
2）「行き先を言わずに席を立ったので，戻ったら連絡する」と言う。
3）「他部署で打ち合わせをしているが，戻る時間は分からない」と言う
4）「席を外しているが社内にいるので，急ぎであれば連絡を取ろうか」と言う。
5）「少し前までいたが今は席を外している。自分に分かることなら答えるが」と言う。

4 部長秘書Aは取引先のW氏から，「いつも世話になっているお礼に食事に招待したいが，部長の都合はどうか」という電話を受けた。上司は最近体調がよくないので早めに帰宅している。このような場合，Aはこの電話にどのように言うのがよいか。次の中から**適当**と思われるものを一つ選びなさい。

1）上司に確認して返事をするが，日にちは少し先にさせてもらうことになるかもしれないと言う。
2）食事の招待なら応じられそうなので，日にちや場所が決まっているなら教えてもらいたいと言う。
3）このようなことは上司と直接話してもらった方が話が早いので，後で上司から連絡させてもらうと言う。
4）上司は最近体調が思わしくないのでまたの機会にさせてもらいたい，体調がよくなったら知らせると言う。
5）上司は最近忙しいので，すぐには招待に応じられないと思うが，招待の電話があったことは伝えておくと言う。

5 秘書Aは上司が友人のS氏に電話をして「では11時半に」と昼食の約束をしているのを耳にした。上司は，S氏とはときどき昼食をともにしており行き先は近くの店と大体決まっているが，このような場合戻ってくるのはいつも1時過ぎである。上司は1時に来客の予定があるが，このようなことにAはどのように対応すればよいか。次の中から不適当と思われるものを一つ選びなさい。

1）上司が出かけるとき，1時に来客の予定があることを伝える。
2）上司が1時近くになっても戻らないとき連絡できるように，行き先を確認する。
3）上司に，1時に来客の予定があることを伝えて戻りはいつごろになるか尋ねる。
4）上司に，上司が戻る前に予約客が来たら何と言って待ってもらえばよいかと尋ねる。
5）上司に，1時に来客の予定が入っているが，それはそのままにしておいてよいか確認する。

【職務知識】

6　販売部長秘書Aは廊下で擦れ違った取引先のF氏から「広報部へ来たがすぐに済むと思う。帰りにそちらに寄る」と言われた。Aは上司にそのことを伝えたが，上司は20分後には外出することになっている。ところが，そろそろ出かける時間になるがF氏は来ない。このような場合Aは，上司にどのように言うのがよいか。次の中から不適当と思われるものを一つ選びなさい。

1）「F氏は用事があって寄ると言ったのだろうから，外出を少し遅らせて待つことはできないか」と言う。
2）「F氏が帰りに寄ると言ったのは不意のことなので，予定通り外出しても構わないのではないか」と言う。
3）「F氏を電話口まで呼び出してもらい，上司は出かけてしまうがどのようにするか尋ねてみようか」と言う。
4）「F氏が寄ると言ったのは予定されていたことではないので，来たらどのような用件かを尋ねておく」と言う。
5）「広報部に電話して，しばらく待っていたが外出の時間になったので出かけたと伝えてもらおうか」と言う。

7　秘書Aの上司（部長）はD支店に出かけている。次はこの留守中に上司を訪ねてきたり，問い合わせをしてきたりした人へのAの対応である。中から不適当と思われるものを一つ選びなさい。

1）他部署の部長が「部長に貸してある資料が必要になった」と言ってきたので，上司の机上にあった資料を返した。
2）常務から「部長に会わせたい人がいるから来るように」と連絡があったので，留守と伝え出向いて名刺を預かった。
3）上司の友人からの紹介状を持って訪れた客に，「後で連絡するので出直してもらいたい」と言って紹介状を預かった。
4）上司の家族から「部長と直接連絡を取りたい，急いでいる」と電話があったので，D支店の電話番号を教えてかけてもらった。
5）取引先から「先日交わした契約書について確認したいことがある」と電話があったので，後で連絡すると言って内容を尋ねた。

スタディガイド
領域：理論編
領域：実技編
テスト

8 次は秘書Aが上司に言ったことである。中から<u>不適当</u>と思われるものを一つ選びなさい。

1）資料を見ていた上司が，字が薄いので読みにくいと言ったとき
「それでは私が読み上げましょうか」
2）会議に出ようとする上司の机上に，会議の資料らしきものが置いてあるのを見て
「机の上の書類はよろしいのでしょうか」
3）自社の記事が載った新聞を上司に渡すとき
「当社の記事が載っておりましたが，もうご覧になりましたか」
4）これから外出する上司が忙しそうにしていたので
「私にできることがございましたら，何なりとご指示くださいませ」
5）朝出社した上司が，昨日は飲み過ぎたと言ったとき
「いつものお茶でよろしいでしょうか。何か他のものをご用意いたしましょうか」

9 次は営業部長秘書Aが，電子メールで行った社内連絡である。中から<u>不適当</u>と思われるものを一つ選びなさい。

1）歓送迎会の案内を部員全員に。
2）部内会議の議事録を会議のメンバーに。
3）取引先の担当者が代わったことを関係者に。
4）取引先から面談日時の変更依頼があったことを上司に。
5）上司が来週，急に出張することになったことを関係者に。

10　秘書Aの上司のところに不意の来客があった。上司と先日会った際，今日あたりなら会えると聞いたと言う。そこでAが上司に来客のことを伝えたところ，「いると言ったのか」と迷惑そうである。このような場合，Aは上司にどのように対応すればよいか。次の中から**適当**と思われるものを一つ選びなさい。

1）相手は会えると思って来ているので，会った方がよいのではないかと言う。
2）来客には，すまないが急用ができてしまったと言って私から断ろうかと尋ねる。
3）いると言ってしまったので，今日のところは何とか会ってもらえないかと頼む。
4）今日あたりなら会えると確かに言ったのか，念のため来客に尋ねてみようかと言う。
5）迷惑なら断るが，いると言ってしまったので断る理由はどのようにすればよいかと尋ねる。

【一般知識】

11　次の「　　」内は下のどの用語の説明か。中から**適当**と思われるものを一つ選びなさい。

「企業の経営や技術などについて，指導や助言をする専門家」

1）エージェント
2）プロモーター
3）アドバタイザー
4）コンサルタント
5）コーディネーター

12　次は直接関係ある用語の組み合わせである。中から不適当と思われるものを一つ選びなさい。

1）重役　――　取締役
2）定款　――　人事異動
3）定年　――　継続雇用
4）給与　――　年末調整
5）考課　――　勤務評定

13　次の用語の説明の中から不適当と思われるものを一つ選びなさい。

1）「流動資産」とは，短期間に現金化できる資産で，現金預金，売掛金，商品などのことである。
2）「固定資産」とは，長期的に使用または保有する資産で，土地，建物，機械，特許権などのことである。
3）「貸借対照表」とは，会社などの財務状態を知るために，全ての資産と負債，純資産とを表示した書類のことである。
4）「損益計算書」とは，会社などの経営成績を表すために，収益と費用を対応させ，純利益を表示した書類のことである。
5）「財務諸表」とは，会社などの経営成績を従業員に知らせるために，定期的に発表する経営数字を表示した書類のことである。

【マナー・接遇】

14 秘書Aの上司（上田部長）と面会の約束をしていた取引先のF氏が，20分遅れて来社した。上司にはこの後予定があり，あと15分くらいしか時間はない。このことは上司も承知している。次はこのとき，AがF氏と上司に順に言ったことである。中から不適当と思われるものを一つ選びなさい。

1）F氏を応接室に案内するとき，「お時間を15分ほどしかお取りできなくなってしまいました。申し訳ございません」と言った。
2）応接室で，「上田はすぐに参りますので，少々お待ちくださいませ」と言った。
3）上司に取り次ぐとき，「F様にお時間を15分ほどしかお取りできないことをお話しいたしました」と伝えた。
4）上司が応接室に行こうとしたとき，「面談のお時間が短いので，すぐに飲めるよう冷たい飲み物をお出しいたします」と言った。
5）F氏が面談を終えて帰るとき，受付で「短時間だったが話ができてよかった」と言ったので，笑顔でお辞儀をした。

15 秘書Aの上司が，終業時間の1時間前に新人Bに仕事を指示した。2時間ほどかかる仕事だが急ぎではないはずである。またAはBから，今日は家の用事のため定時に退社したいと聞いていた。このような場合，Aは先輩としてどのようにするのがよいか。次の中から**適当**と思われるものを一つ選びなさい。

1）上司に，「終業時間を過ぎてしまうので，急ぎなら自分も手伝うがよいか」と尋ねる。
2）Bに，「用があるので急ぎならAに頼んでもらいたい，と上司に頼むように」と言う。
3）Bに，「急ぎではないはずだから，今日は途中まで行って明日仕上げればよい」と言う。
4）上司に，「これから取りかかると終業時間を過ぎてしまうが，どのようにすればよいか」と尋ねる。
5）指示されたのはBだし，時間のやりくりも仕事のうちだから，Bが何も言ってこなければ何もしない。

スタディガイド 領域：理論編 領域：実技編 テスト

16 秘書Aの上司は交友関係が広く頼まれ事が多い。全部は引き受けられないので断ることもあり，そのときはAが断っている。このような場合，どのようにして断るのがよいか。次の中から<u>不適当</u>と思われるものを一つ選びなさい。

1）曖昧な断り方は相手に期待を残すことになるから，はっきりと断るのがよい。
2）断る事情は相手には関係がないのだから，事情は説明しないで断るのがよい。
3）引き受けたいのはやまやまだがと上司は言っている，と言ってから断るのがよい。
4）断れば相手は不愉快な思いをすることもあるのだから，申し訳ないという気持ちで断るのがよい。
5）他に適任の人がいれば紹介するだろうがあいにく上司には心当たりがないようだ，と言って断るのがよい。

17 秘書A（山中）が電話を取ると，上司（高橋部長）宛てにM氏からだった。M氏は先日，上司が社外の会合で知り合った人で，名刺交換をしたので整理しておくようにと上司から名刺を渡されていた。このような場合Aは「M様でいらっしゃいますね」と言った後，何と言って応対するのがよいか。次の中から**適当**と思われるものを一つ選びなさい。

1）「お名刺で存じ上げております。私は秘書の山中と申します」
2）「先日は高橋がお世話になりまして，ありがとうございました」
3）「高橋からお名前は聞いております。お電話ありがとうございます」
4）「先日頂いたお名刺は，高橋から整理するようにと言い付かっております」
5）「先日の会合で，高橋が名刺交換をさせていただきましてありがとうございました」

18　秘書Aは，歳暮などの頂き物は記録しておいた方がよいのではないかと考えた。次はそのとき考えた記録する項目である。中から不適当と思われるものを一つ選びなさい。

1）贈り主名
2）届いた日にち
3）送り状の有無
4）品物の種類と推定金額
5）頂き物の理由（歳暮など）

19　次は秘書Aが新人に，応接室でのお茶の出し方について教えたことである。中から不適当と思われるものを一つ選びなさい。

1）来客に出すときは「失礼いたします」と言うのがよいが，話の最中なら黙礼だけでよい。
2）お茶を出すときは，サイドテーブルで茶たくに茶わんを載せて，一人一人に出すのがよい。
3）来客の上位者から先に出すが，誰が上位者か分からないときは上座に座っている人から出すこと。
4）面談中にお茶を入れ替えるときは，茶たくはそのままにし，お茶を入れた茶わんだけ替えればよい。
5）お茶を持って行ったとき上司がまだ入室していなくても，すぐに入室の予定なら上司の分を出しておいてもよい。

20　次は秘書Aが，ちょう結びの祝儀袋に書こうとした上書きである。中から不適当と思われるものを一つ選びなさい。

1）「御礼」
2）「薄謝」
3）「快気祝」
4）「御餞別」
5）「開店御祝」

21 秘書Aは上司から,「購入を検討しているＹＺ事務機の説明会へ行き，説明を聞いてきてもらいたい」と指示された。次は，説明会から戻ったAが上司に報告したことである。中から不適当と思われるものを一つ選びなさい。

1）最初に，事務機のパンフレットを渡して説明会の概況を簡単に話した。
2）全部を説明すると長くなるので，上司に関心のありそうな箇所を選んで説明した。
3）特に強調されていた事務機の特長があったので，聞いた通りに説明した。
4）具体的な操作方法など，上司が知らなくてもよいことは説明しなかった。
5）説明を聞いて自分が理解しにくかった箇所は誰でも同じであろうから，特に丁寧に説明した。

22 次は秘書Aが，外部の人を招いた会議の受付をしたときに言ったことである。中から不適当と思われるものを一つ選びなさい。

1）同じ会社の人（佐藤氏）が既に来ているとき
「御社の佐藤様が，先にお越しになっています」
2）当初欠席予定だった人が時間を割いて来てくれたとき
「ご多用のところおいでくださいまして，恐れ入ります」
3）無理なことを言われ，受け入れられないとき
「そのようなことをおっしゃいましても，お受けいたしかねますが」
4）机上札のあるところに座ってもらいたいとき
「もしよろしければ，お名前の札がございますところにおかけください」
5）大きな荷物はどこに置けばよいかと言われたとき
「会議室内に置くスペースをご用意いたしましたので，そちらをお使いいただけますか」

23　次は秘書Aが新人に，電話応対の心がけとして教えたことである。中から不適当と思われるものを一つ選びなさい。

1）かけた電話が途中で切れてしまったときは，すぐにかけ直して「失礼しました」とわびること。
2）相手から伝言を頼まれたときは，メモを取った方がよい量かどうかを尋ねてから聞き始めるのがよい。
3）電話中の態度は声の調子に表れるので，礼などを述べるときはお辞儀をしながらするようにするのがよい。
4）上司宛ての電話で上司がすぐに出られない場合は，出られない理由を言って後でこちらから電話すると伝えること。
5）かかってきた電話を取ったとき，こちらが名乗る前に自分の名前を言う人がいるが，遮らずに聞いてから対応すること。

【技能】

24　次は秘書Aが，会議などの会場を設営するときに行っていることである。中から不適当と思われるものを一つ選びなさい。

1）記録係の席は，発言者の顔が見えやすい位置にしている。
2）オブザーバーの席は，他の出席者からよく見える位置にしている。
3）説明会など参加人数が多い場合は，机をスクール形式にしている。
4）会議では意見交換がしやすいように，机をロの字形に配置している。
5）研修会でスクリーンを使用するときは，机をVの字形に配置している。

25　秘書Aは上司から取引先の祝賀パーティーの返信はがきを渡され，「出張と重なっているので　欠席で出しておくように」と言われた。次はAがそのはがきに書いたことである。中から不適当と思われるものを一つ選びなさい。

1）わびの言葉
2）欠席の理由
3）祝いの言葉
4）担当者としてAの名前
5）上司の名前と役職名，会社名

26 秘書Aは上司から，「精算を頼む」と専門書の領収書を手渡された。見ると収入印紙が貼ってあり，領収書にかけて印が押されていた。この印のことを何と言うか。次の中から**適当**と思われるものを一つ選びなさい。

1）捺印
2）合印
3）消印
4）領収印
5）認め印

27 次は手紙の慣用語の一部と，下線部分の用語の意味の組み合わせである。中から不適当と思われるものを一つ選びなさい。

1）ご健勝の由　＝　様子
2）努力いたす所存　＝　考え
3）ご引見くださるよう　＝　会う
4）格別のご愛顧　＝　ひいき
5）ご案内かたがた　＝　の代わりに

28 次は秘書Aが行った郵送方法である。中から不適当と思われるものを一つ選びなさい。

1）上司に言われ親展にしたが，他に指示はなかったので「普通郵便」で送った。
2）重要文書で急ぐということだったので，「簡易書留」にして「速達」で送った。
3）市場調査のアンケート用紙を送るとき，300通あったので「料金別納」で送った。
4）香典と悔やみ状を送るとき，香典は「現金書留」で，悔やみ状は別に封書で送った。
5）祝賀会の招待状を200通出すとき，手間はかかったが封筒に慶事用の切手を貼って「普通郵便」で送った。

29　次は秘書Aが，事務用品をインターネットで注文するときの注意として，後輩に教えたことである。中から<u>不適当</u>と思われるものを一つ選びなさい。

1）代金の支払い方法を確認すること。
2）注文は，注文先の会社が忙しい朝の時間帯は避けること。
3）品物が届くまでは，注文したデータは保存しておくこと。
4）製品番号や注文数は，間違えないように気を付けて入力すること。
5）注文後は，在庫切れなどのメールが届いていないか気にしていること。

30　次は秘書Aが新人秘書に「秘」文書の取り扱いについて教えたことである。中から<u>不適当</u>と思われるものを一つ選びなさい。

1）廃棄するときは，シュレッダーにかけること。
2）コピーを指示されたときは，指示の枚数だけにすること。
3）貸し出すときは，紛失に備えてコピーしたものを渡すこと。
4）離席するときは，短時間であっても引き出しにしまうなどすること。
5）配布するときは封筒に入れて，「秘」文書と分からないようにすること。

31　次は部長秘書Aが，上司のスケジュール管理で行っていることである。中から<u>不適当</u>と思われるものを一つ選びなさい。

1）他の人の予定表でも特に知っておいた方がよいものは，上司の予定表の備考欄に書き入れている。
2）上司が出先から戻ったら，場合により約束などをしてきたか確かめ，それによって予定の変更をしている。
3）上司の私的な予定は自分の手元の予定表に書いているので，予定を確認するときは併せて見るようにしている。
4）急な予定ができ，既に入っている予定と重なるときは，どのように調整するかAの考えを上司に提案するようにしている。
5）上司の不在中に面会申し込みがあったときは，急ぎであれば日時を仮で押さえておき，上司が戻ったら了承を得るようにしている。

記述問題

【マナー・接遇】

32 宣伝部の兼務秘書Aが外線電話を取ると，相手の用件は宣伝部ではなく販売部が担当する内容だった。電話は販売部へ回すことになるが，このような場合かけてきた相手にはどのように言うのがよいか。その言葉を答えなさい。

33 次の場合，どのような上書きの不祝儀袋がよいか。それぞれ異なる上書きを（　　　　）内に一つずつ答えなさい。

1）葬儀・告別式の形式が不明のとき　（　　　　　　　）
2）仏式の葬儀・告別式のとき　（　　　　　　　）
3）神式の葬儀・告別式　（　　　　　　　）
4）香典返しの品　（　　　　　　　）
5）葬儀や法事での僧侶への謝礼　（　　　　　　　）

【技能】

34 手紙で次の頭語を書く場合，対応する結語を答えなさい（答えは重複しないようにすること）。

1）前略

2）拝啓

3）謹啓

35 秘書A（松田）は上司（販売部長）から，「書類を杉山課長に届けて，明日の打ち合わせまでに見てもらいたいと伝えるように」と指示された。届けに行ったところ課長は不在だった。この場合，書類にメモを付けて机上に置いてくるとすると，メモはどのように書くのがよいか。枠内に書きなさい（今日は11月10日，現在の時刻は14時30分）。

解答・解説

1 【解　答】4）
【解　説】リストに入っていなかった理由は不明だが，漏れがないようにしてもらわないと困ると注意されたのだから，T社は送る対象だったということである。また，案内状が届いていないとT社から連絡があったのだから，送り状にわびの言葉を書いて送り，リストに追加しておくという対処が適当になる。

2 【解　答】2）
【解　説】上司から間違いを指摘されたら，急ぎの仕事をしていてすぐには取りかかれないとしても，間違いの内容はその場で教えてもらうのが筋。それを，後で教えてもらえないかとお願いするなどは不適当ということである。

3 【解　答】2）
【解　説】上司から「このことは内密に」と言われたのだから，Aは，行き先は知らないこととして対応しなければならない。また，直接聞きたいことがあると言うのだから，2）のような対応が適当ということである。

4 【解　答】1）
【解　説】招待を受けたのは上司だから，上司に確認して返事をすることになるが，上司は最近体調がよくないのですぐには受けられない可能性もある。となると，日にちは少し先になるかもしれないと言っておくのがよいということである。

5 【解　答】4）
【解　説】上司はS氏との昼食のときはいつも1時過ぎに戻るということだが，今日はその時間に来客の予定がある。このような場合は，予約客を待たせないような配慮をしないといけない。予約客を待たせることを前提とした確認は不適当ということである。

6 【解　答】1）
【解　説】AはF氏と廊下で擦れ違い，「すぐに済むと思う」と聞いて上司に伝えたのである。上司の出かける時間になっても来ないのなら，F氏にはAがわびるなどして対応するしかない。それを，上司に予定を変更するよう言うなどは不適当ということである。

7 【解　答】4）
【解　説】急いでいても上司の出先へ，仕事上上司に関係する人以外の人が電話するなどしてはいけないことなので不適当。このような場合はAが仲介して，上司から家族に連絡してもらうなどがよいことになる。

8 【解　答】1）
【解　説】資料を見ていた上司が文字が薄いので読みにくいと言ったら，秘書としては読みやすい代わりの資料，例えば濃いめにコピーするなどを考えないといけない。資料は読みながら考えたりするものだから，読み上げようかと言うなどは不適当ということである。

9 【解　答】4）
【解　説】取引先から面談日時の変更依頼があったら，上司の意向を確認するなどしないといけない。そのような場合，メールでは対処が遅くなるかもしれず上司に手間をかけさせることになるので，口頭でのやりとりがよい。従って，メールで連絡したのは不適当ということである。

10 【解　答】2）
【解　説】「いると言ったのか」と迷惑そうなのだから，上司は会いたくないのであろう。このような場合は断ることになるが，会えると聞いてきた客には「急用ができた」などと言うのが適当ということである。

11 【解　答】4）

12【解　答】2)
【解　説】「定款」とは，会社などの組織や業務についての基本的な規則のこと。「人事異動」とは会社などの組織の中で，担当する職務や勤務地などが変わること。直接関係のある組み合わせではないので不適当ということである。

13【解　答】5)
【解　説】「財務諸表」とは，会社などの一定期間の財務状態や経営成績を，利害関係者に明らかにする目的で作る書類の総称のことである。

14【解　答】4)
【解　説】来客に出す飲み物には，温かいものも冷たいものもある。何を出すかはその会社や部署で決めることであり，例えば暑い日だから冷たいものをなどということはあろう。が，秘書の立場で，面会の時間が短いから冷たいものを出すと決めてそのように言ってしまうのは，不適当ということである。

15【解　答】1)
【解　説】Aは先輩だから，新人がこのような状況に置かれたら方策を考えて助けるのが役目である。それには上司に1）のように尋ねるのが適当ということである。

16【解　答】2)
【解　説】頼んでくるのは引き受けてくれることを期待してのこと。また，頼める関係があるから。それを断るのだから，事情の説明はしないといけない。断る事情は相手に関係ないから説明しないなどは不適当ということである。

17【解　答】2)
【解　説】M氏は上司が先日会合で知り合ったという人で，Aは，整理するようにと渡された名刺で名前を知っている。そのM氏からの電話といってもAは単なる取り次ぎだから，「先日は高橋が世話になった」というさりげない応対が適当ということである。

18【解　答】3)
【解　説】中元などの頂き物を記録しておくのは，礼をする際の参考にするなどで必要だからである。送り状の有無はそれに必要なことではないので，記録の項目としたのは不適当ということである。

19【解　答】4)
【解　説】お茶を客に出すときや下げるときは，茶わんは持たず茶たくを持ってするもの。従って，入れ替えも茶たくを持ってすることになるから，茶わんだけを替えるというのは不適当ということになる。

20【解　答】3)
【解　説】ちょう結びの水引きは，何度あってもよい祝い事のときに使うものである。「快気祝」は病気やケガで見舞いをもらったときのお返しの品などに使うもの。繰り返したくないものだから不適当ということである。「快気祝」は水引が結び切りの祝儀袋に書くのが適切である。

21【解　答】5)
【解　説】説明は必要のあるところだけをして，分かりにくい点があって尋ねられたら答えればよい。自分が理解しにくかった箇所が上司も同じとは限らないのに，特に丁寧に説明するなどは不適当ということである。

22【解　答】4)
【解　説】会議のときの席次は，参加者の顔ぶれなどによって前もって決めていることもある。そのようなときは名前を書いた机上札を置いて，参加者にはそこに座ってもらいたいと言えばよい。「もしよろしければ」などは不要ということである。

23【解　答】2)
【解　説】相手からの伝言は，内容や量に関係なくメモを取りながら聞くのが基本である。メモを取るかどうかは聞く側の問題でもあり，相手に尋ねるようなことではない。従ってこのように教えたのは不適当ということである。

24【解　答】2)
【解　説】オブザーバーとは正式なメンバーでない参加者のことで，発言はできるが議決権はない。従って，他の出席者からよく見える位置にする必要はないので不適当ということである。

25【解　答】4)
【解　説】この場合Aは，返信はがきを代筆しているだけである。パーティーの出欠にAは何の関わりもないのだから，Aの名前を書いたのは不適当ということである。

26【解　答】3)
【解　説】「消印」は，使用済みの証拠として押す印のこと。５万円以上の領収書には税金がかかるが，それは収入印紙を貼って消印をすることで，納税したことになる。

27【解　答】5)
【解　説】「かたがた」とは「を兼ねて」という意味である。

28【解　答】4)
【解　説】香典を送るなら悔やみ状と一緒に送ったほうがよい。現金書留には現金の他に手紙を同封できるのだから，別に送るなどは不適当ということである。

29【解　答】2)
【解　説】インターネットでの注文は，電話で注文するときのような人の関わりはないのだから，いつしても構わない。従って，忙しい朝の時間帯を避けるなどは不適当ということである。

30【解　答】3)
【解　説】「秘」文書は内容が漏れてはいけないので必要分しか存在させないもの。必要があって貸し出すなら厳重な管理の下で貸し出すことになる。従って，紛失に備えてコピーして貸すなどはあり得ないので不適当ということである。

31【解　答】4)
【解　説】上司のスケジュールなのだから，予定が重なったときはどちらを優先させるか上司に確認するのが，秘書としての対応になる。調整案をAが提案するというのは，立場をわきまえておらず不適当ということである。

32【解　答】申し訳ございません。こちらは宣伝部でございます。そちらのご用件は販売部が担当しておりますので，ただ今お電話をつなぎます（おつなぎします）。少々お待ちいただけますでしょうか。

33【解　答】1）御霊前　2）御香典　3）御玉串料　4）忌明　5）御布施

34【解　答】1）草々　　2）敬具　　3）敬白

35【解　答】

> 杉山課長
> 　こちらは販売部長からお預かりした書類でございます。明日の打ち合わせまでに見てもらいたいとのことです。よろしくお願いいたします。
> 　　　　　　　　　　　　　11月10日　14時30分
> 　　　　　　　　　　　　　　　　　　　松田

【解　説】メモに書くのは，誰宛てか，書類の説明と部長からの伝言，届けにきた日時と時間，Aの名前である。これらが見やすく書かれていればよい。

イラスト：高崎祐子

秘書検定 2級 集中講義 改訂新版

2024年３月10日　　　初版発行

編　者　公益財団法人 実務技能検定協会 ©
発行者　笹森 哲夫
発行所　早稲田教育出版
〒169-0075 東京都新宿区高田馬場一丁目4番15号
株式会社早稲田ビジネスサービス
https://www.waseda.gr.jp/
電話（03）3209-6201